GOLPE DE ESTADO

GOLPE DE ESTADO
HISTÓRIA DE UMA IDEIA
NEWTON BIGNOTTO

© Newton Bignotto, 2021
© Bazar do Tempo, 2021

Todos os direitos reservados e protegidos pela
Lei nº 9610 de 12.2.1998. É proibida a reprodução total
ou parcial sem a expressa anuência da editora.

Este livro foi revisado segundo o Acordo Ortográfico da
Língua Portuguesa de 1990, em vigor no Brasil desde 2009.

EDIÇÃO Ana Cecilia Impellizieri Martins
PRODUÇÃO EDITORIAL Clarice Goulart e Meira Santana
COPIDESQUE Maria Clara Jeronimo
REVISÃO Elisabeth Lissovsky
PROJETO GRÁFICO Thiago Lacaz
IMAGEM DA CAPA "Tomada do Forte de Copacabana, madrugada de 1 de abril de 1964", Evandro Teixeira / Instituto Moreira Salles

CIP-Brasil. Catalogação na Publicação
Sindicato Nacional dos Editores de Livros, RJ

Bignotto, Newton (1957-)
Golpe de Estado: história de uma ideia / Newton Bignotto.
Rio de Janeiro: Bazar do Tempo, 2021. 384 p.
ISBN 978-65-86719-78-9
1. Golpes de Estado 2. Golpes de Estado - Brasil
3. Brasil - Política e governo I. Título
21-73809 CDD 321.09 CDU 323.27

Camila Donis Hartmann, bibliotecária CRB 7/6472

BAZAR DO TEMPO
Produções e Empreendimentos Culturais Ltda.
Rua General Dionísio, 53, Humaitá
22271-050 Rio de Janeiro RJ
contato@bazardotempo.com.br
bazardotempo.com.br

Para Janete, sempre.

"Nós somos a minoria e agiríamos como se fôssemos a maioria. Nós somos uma parte da Assembleia e agiríamos como se fôssemos a Assembleia inteira. Nós que condenamos a usurpação, seríamos usurpadores. Nós levantaríamos a mão sobre um funcionário que só a Assembleia tem o direito da mandar prender. Nós, os defensores da Constituição, a destruiríamos. Nós, homens da lei, violaríamos a lei. Isto é um golpe de Estado."

"Um golpe de Estado bem-sucedido não se intimida com nada. Esse tipo de sucesso se permite tudo."

Victor Hugo, *História de um crime*

Agradecimentos

Uma parte importante deste livro foi escrita durante a pandemia do coronavírus. Num período tão difícil, o afeto e a paciência de Janete e Francisco foram essenciais para que a vida continuasse a fazer sentido. Da mesma forma, a presença, ainda que virtual, dos amigos e parceiros foi essencial para ajudar a suportar os medos e as angústias do tempo. Sem esses apoios este livro não teria chegado ao termo.

Luís Falcão foi desde o início um companheiro de percurso atento e rigoroso. Ao longo da preparação dos capítulos, ele não apenas sugeriu correções, mas apontou falhas e caminhos para solucioná-las. Fica aqui meu mais profundo agradecimento.

Como sempre, Hugo Amaral foi fonte de inspiração e me prestou um apoio decisivo com suas observações lúcidas e profundas. Helton Adverse e Adauto Novaes tiveram a generosidade de acompanhar a feitura do livro, lendo com atenção e rigor os capítulos na medida em que foram sendo elaborados. Heloisa Starling tem sido ao longo dos anos uma amiga e parceira fundamental. O diálogo constante com ela tornou-se imprescindível para meu caminho pela história das ideias.

As conversas frequentes com Francisco Gaetani sobre as duras realidades vividas pelo Brasil são um convite para a manutenção da serenidade e do equilíbrio no exame das agruras de nosso tempo. Fica aqui meu agradecimento por sua amizade fraterna.

Os debates com Jésus Santiago, Lucíola Macedo e Ram Mandil trouxeram uma luz nova para meus trabalhos com a introdução de referências à psicanálise que ajudaram a ampliar o escopo de minhas investigações.

Ter como referência um conjunto de amigos e parceiros como os membros do Grupo de Trabalho em Ética e Política no Renascimento é um privilégio imenso e tem sido essencial em minha vida. Meus mais sinceros agradecimentos a Alberto de Barros, Fabrina Magalhães, Flávia Benevenuto, Gabriel Pancera, José Antônio Martins, José Luiz Ames, Luiz Carlos Bombassaro, Sérgio Cardoso.

Quando este livro ainda era apenas um projeto, o acolhimento de Ana Cecília Impellizieri no seio da editora Bazar do Tempo foi essencial para que as ideias iniciais pudessem maturar e constituir o núcleo deste escrito. A ela minha gratidão e admiração pelo trabalho precioso que faz à frente da casa editorial, num momento em que a cultura é alvo de ataques constantes de defensores da barbárie.

Sumário

INTRODUÇÃO
Afinal, o que é um golpe de Estado? 16

Os romanos e as conjurações 23
As camadas de significados 30
Maquiavel e a tópica da conquista e conservação do poder 35

SÉCULO XVI
Maquiavel e a época das conspirações 48

Maquiavel na prisão 55
O que é uma conjuração? 60
A organização do ataque ao poder 64
A tomada do poder 66
Conservar o poder conquistado 70
O lobo solitário 72

SÉCULO XVII
Gabriel Naudé e a invenção de um conceito 80

Monarquia, religião e política: um território em ebulição 84
O pensamento político do século XVII e a razão de Estado 92
Gabriel Naudé e os golpes de Estado 100
Golpes de Estado depois de Naudé: o caso de Locke 114

SÉCULO XVIII
Revolução e golpe de Estado 120

Os golpes de Estado saem de cena 123
Jean-Paul Marat 126
O espírito de 1789 133
O Diretório: fábrica de golpes de Estado 149
O 18 Brumário: nascimento de uma nova era 163

SÉCULO XIX
Golpe de Estado na idade da Revolução Industrial 176

O reaparecimento de uma ideia 179
Benjamin Constant, teórico dos golpes de Estado 188
Só se fala de golpe de Estado 197
1830-1848: de uma revolução a outra 206
1851: um novo golpe de Estado 222
Victor Hugo: historiador republicano de seu tempo 232
Proudhon: o anarquismo e a revolução social 244
Marx e o 18 Brumário: uma visão de classes do 2 de dezembro 250
O fim de uma época 254

SÉCULO XX
O século da técnica e os golpes de Estado 260

Carl Schmitt e os juristas alemães do início do século 267
Malaparte e seus herdeiros 289
O golpe de Estado permanente 315
As ciências sociais e a tomada do poder pela força 330

SÉCULO XXI
A atualidade dos golpes de Estado 352

Referências bibliográficas 366

INTRODUÇÃO
Afinal, o que é um golpe de Estado?

Os meses que antecederam o 31 de março de 1964 no Brasil foram dominados por uma série de intervenções dos atores políticos que povoavam a cena pública brasileira e por muitos boatos. Durante toda a Segunda República, foram muitas as tentativas de interferir nos rumos da nação por meio de um golpe de Estado, de tal maneira que a prática parecia para muitos algo normal, que fazia parte do arsenal da disputa pelo poder. Naquele ano, no entanto, as coisas estavam mais explícitas. De um lado, o presidente João Goulart (Jango) apostava todas as suas fichas na realização de suas "reformas de base", que deveriam promover mudanças na economia e na política capazes de colocar o Brasil na trilha da superação de suas tremendas desigualdades. Ele contava com o apoio de alguns sindicatos, principalmente de funcionários públicos, de metalúrgicos e de setores das Forças Armadas, sobretudo de cabos e sargentos. Do outro lado, a direita conspirava. Ela contava com a fala inspirada e radical de Carlos Lacerda, e se apoiava no descontentamento de amplos setores da hierarquia militar e de parcelas da classe média urbana. No dia 19 de março daquele ano ocorreu em São Paulo uma gigantesca marcha contra o governo. Os manifestantes denunciavam Jango e seus supostos laços com o comunismo, defendiam os valores tradicionais do catolicismo mais conservador e contavam com o apoio decisivo do governo dos Estados Unidos.[1]

O presidente não levou muito a sério o movimento de oposição que naquele dia parou a cidade com uma multidão estimada em 500 mil pessoas. Preferiu se fiar no apoio dos setores de esquerda da sociedade e no pretenso apego à legalidade da hierarquia militar, que, na verdade, estava a cada dia mais revoltada com a quebra da ordem supostamente patrocinada pelo governo por meio de seu apoio aos marinheiros e sargentos rebelados.[2] O fato é que, de maneira atabalhoada, no dia 31 de março, o general Olímpio Mourão Filho, comandante da 4ª Região Militar sediada em Juiz de Fora, colocou as tropas na estrada pensando em tomar o Ministério da Guerra no Rio de Janeiro e dar início à deposição de Jango. Sua ação não foi planejada com cuidado, atropelava os planos de outros conspiradores, mas o certo é que, ao colocar os tanques em movimento e contar com a hesitação de Jango, que preferiu ir para Brasília no lugar de enfrentar o general e suas tropas no Rio de Janeiro, acabou dando início a um golpe de Estado que instituiria uma ditadura que durou 21 anos. O golpe, de fato, só se consumou na madrugada do dia 2 de abril, quando o presidente do Senado, Auro de Moura Andrade, depois de uma sessão secreta das duas casas legislativas, declarou vaga a presidência da República. Como o presidente João Goulart estava no Brasil, o ato não tinha fundamento legal algum. Mas os dados estavam lançados e o país mergulhou num longo período de arbítrio e violência.

A literatura sobre o golpe de Estado de 1964 é abundante e permite termos uma visão aprofundada de cada momento que antecedeu ao fatídico 31 de março e seus desdobramentos nos anos seguintes. Como é natural, existem muitas pesquisas em

---

1 L. M. Schwarcz e H. M. Starling, *Brasil: uma biografia*, p. 442-451.
2 Ibid., p. 445.

curso sobre o significado daqueles acontecimentos, mas nenhum historiador sério pensa em contestar que se tratou de um golpe de Estado. Os militares procuraram colocar um véu sobre suas ações e a consequente destruição das instituições democráticas chamando o movimento de 1964 de "revolução". Com isso, pretendiam, e alguns setores da sociedade brasileira atual ainda pretendem, conferir prestígio a uma ação de ruptura com a ordem constitucional democrática. Vamos ver, no curso do livro, que essas noções, a de golpe de Estado e revolução, aparecem juntas em muitos momentos históricos, mas isso, a meu ver, não é motivo para confundi-las. Falar em Revolução de 64 é apenas uma maneira de negar a realidade e a natureza das ações que botaram fim à Segunda República e inauguraram um longo período ditatorial.

Mas deixemos a década de 1960 e nos transportemos ao mês de abril de 2016. Como cinco décadas antes, os meses que antecederam a derrubada da presidente Dilma Rousseff foram povoados por movimentos de rua, articulações políticas e muitos boatos.[3] Numa tarde de domingo, no dia 17 de abril de 2016, escolhida talvez para dar mais visibilidade ao ato, a Câmara dos Deputados se reuniu para votar o processo de *impeachment* da presidente, municiada por um parecer de rara mediocridade jurídica e muito barulho nas ruas e nos órgãos de imprensa, que muitas vezes não hesitaram em tomar o partido dos que desejavam destituir Dilma do cargo. Esse movimento começara já ao fim das eleições de 2014, quando o opositor da presidente no segundo turno das eleições, o senador Aécio Neves, recorreu à Justiça Eleitoral, alegando que tinha havido fraude no processo. Sua reclamação se mostrou infundada, mas deu início a um movimento de destituição da presidente que dificultou e, a partir de

---

[3] R. de Almeida, *À sombra do poder: bastidores da crise que derrubou Dilma Rousseff*, 2016.

um certo momento, inviabilizou o governo eleito. Assim, quando se iniciou a votação naquele dia, comandada pelo deputado Eduardo Cunha, que mais tarde viria a ser preso por corrupção, havia pouca esperança entre os assessores de Dilma de que o resultado lhe fosse favorável. Ao fim, 367 deputados votaram a favor, 137 contra e não houve abstenções. Nos meses seguintes, o Senado confirmaria, no dia 31 de agosto, a destituição que colocou fim à presença do Partido dos Trabalhadores (PT) no poder.[4]

A indigência intelectual da maioria dos deputados surpreendeu muitos observadores estrangeiros pouco acostumados com o perfil dos representantes do povo brasileiro; os pareceres que serviram de base para as votações eram destituídos de coerência jurídica e revelavam apenas o desejo de muitas forças do Congresso de colocar um fim aos governos do PT. Setores variados da sociedade foram às ruas pedir o *impeachment* da presidente. Poucas foram as análises serenas do que estava acontecendo. Diante das evidências de que algo escapara do curso normal da vida democrática, o significado do ato de destituição da presidente logo se tornou matéria de debate. Excluindo os textos publicados por movimentos políticos claramente orientados e por alguns jornalistas, que preferiram participar diretamente da luta política no lugar de fazer jornalismo sério, a questão de compreender a natureza do acontecido povoou corações e mentes de políticos, jornalistas, cientistas sociais e cidadãos comuns. Talvez o problema mais agudo tenha sido o de saber se o que ocorrera fora um golpe de Estado ou um processo normal de destituição de uma governante, que cumprira todos os ritos previstos na lei. Para os defensores da segunda interpretação, a suposta legalidade dos atos era suficiente para garantir-lhes a lisura e, portanto, a correção das votações do Legislativo. No segundo polo, se alinharam os que viram em todo o processo

[4] Ibid., p. 209-216.

uma farsa política destinada a desalojar do poder sua ocupante legítima, para transferi-lo para grupos de interesse que se mostraram incapazes de seguir a vontade da população, que havia votado na candidata do PT. Os que foram contrários ao *impeachment* observaram que a Lei nº 1.079, de 10 de abril de 1950, e o artigo 85 da Constituição de 1988, que caracterizam como crimes de responsabilidade do presidente da República vários comportamentos, entre eles quando ele/ela pratica atos contra a lei orçamentária ou a probidade na administração, não especificam exatamente quais são esses crimes e não poderiam ser usados naquela ocasião. A Lei nº 10.028, de 19 de outubro de 2000, em seu artigo 3º, aprofunda a questão sem permitir ter clareza, no entanto, se as chamadas "pedaladas fiscais", termo jornalístico que não designa nada de específico na lei brasileira, podem ser enquadradas como crime de responsabilidade. O que chamou a atenção de muitos foi o fato de que houve muito pouco debate sobre a natureza dos supostos crimes praticados pela presidente e uma enxurrada de pedidos para sua deposição vindos de atores de vários partidos. Mas, como lembrou o jornalista Elio Gaspari, firme opositor dos governos petistas, havia muita vontade de se livrar do PT, mas nenhum fundamento jurídico sólido para expulsar a presidente do Palácio do Planalto.[5] Sem aprofundar no exame dos acontecimentos dos últimos anos, mas para que o leitor não fique aguardando a revelação de minha posição pessoal sobre os acontecimentos de 2016, basta dizer que me alinho com os que acreditaram que se tratou de um golpe.[6] Apesar da surpresa de alguns analistas e de suas

---

5   Ibid., p. 214.
6   L. M. Schwarcz, "O autoritarismo e o sentido da história. Ou, então, quem tem medo de golpes democráticos", p. 131-143. Ver também: F. Carpentier, "Destitution de Dilma Rousseff: farce juridique, coup d'État constitutionnel ou naissance d'une nouvelle convention de la Constitution?",

dúvidas quanto à natureza das ações levadas a cabo por vários atores da cena pública brasileira naquele período, o que ocorreu foi um golpe de Estado parlamentar que, como veremos, faz parte da tradição da política ocidental e não teve nada de excepcional com relação ao que já ocorreu várias vezes na história moderna e contemporânea.[7]

O que importa é que a noção de golpe de Estado é tão popular quanto mal compreendida. Mesmo entre cientistas sociais, historiadores e filósofos o conceito não é unívoco e costuma produzir debates ásperos entre os que se dedicam a estudar casos particulares e os que buscam formular teorias gerais capazes de explicar as razões subjacentes aos muitos acontecimentos que povoam a história e que são associados ao conceito. Meu propósito não é escrever uma história exaustiva das diversas teorias que ao longo dos séculos trataram do tema. A simples apresentação dos debates mais recentes já exigiria um grande esforço sem que eu possa dizer que ao fim estaríamos de posse de um quadro completo das investigações em curso em várias partes do mundo. Este é um livro de história das ideias, mas não apenas. Ao longo dos capítulos procuro situar os pensadores em sua época, em face dos acontecimentos que os motivaram a escrever, mas também procuro mostrar como a leitura dos argumentos de cada um permite conversar com eles desde nosso tempo. O que me interessa são as teorias que ao longo da história investigaram a natureza e o significado de ações radicais que interrompem o curso normal do poder político regido por leis ou costumes assentados.

---

p. 5-22. Uma dissertação interessante sobre o tema: R. P. A. Kritski, *A natureza de classe do golpe jurídico-parlamentar de 2016: um olhar a partir do conflito de classes no Brasil contemporâneo (2003-2016)*.

[7] M. Napolitano, "Golpe de Estado: entre o nome e a coisa", p. 397-420.

Os romanos e as conjurações

Muitos autores já usaram o termo golpe de Estado para se referir a eventos que ocorreram em épocas distantes da nossa, mais especificamente na Antiguidade greco-romana.[8] Num primeiro momento, isso ocorreu no terreno das histórias gerais, que não se preocupam com a precisão conceitual, mas sim com o fato de que há muito a tomada do poder pela força e por meios excepcionais atrai a atenção dos estudiosos e dos que viveram os acontecimentos. Mais recentemente, historiadores especializados no período greco-romano passaram a associar acontecimentos como a conjuração de Catilina à noção de golpe de Estado, mesmo resguardando a especificidade do mundo político antigo.[9] Esse procedimento não é incorreto, mas arriscaria me conduzir para um terreno de investigação distante do que pretendo explorar no livro.

Para não deixar, no entanto, de lado uma bibliografia interessante sobre a questão que interessa aqui, tomamos como exemplos Salústio e Cícero e o que eles disseram sobre as conspirações. Em *A conjuração de Catilina*, Salústio narra os acontecimentos que cercaram a tentativa de Catilina, personagem ao mesmo tempo turbulento e importante da vida política de seu tempo, de tomar o poder pela força. Tendo sido preterido na disputa para ocupar o posto de cônsul da República, ele não se conteve e passou a conspirar para destituir os governantes, entre eles Cícero, e passar a governar Roma como ditador. Os historiadores são unânimes em apontar esse momento, em torno de 63 a.C., como um ponto de virada sem volta na derrocada da República romana. As ações de Catilina e de seus amigos, que já

---

8 Ver por exemplo: J. Dumont, *Les coups d'État*.
9 H. Amon, "Usurpation et coup d'État dans l'empire romain: nouvelles approaches".

haviam ameaçado a vida de outros cônsules em 65 a.C. e tentaram matar Cícero durante o exercício de seu mandato de cônsul, inflamaram as imaginações e mostraram o quanto as conspirações são perigosas quando o corpo político não tem mais vigor.[10]

Essa é a linha de argumentação de Salústio, que desde o início do livro insiste na ideia de que Roma estava em pleno processo de decadência quando a conspiração estourou. "A partir do momento em que as riquezas passaram a conferir prestígio" – diz ele – "e com elas se granjeava glória, comandos e poder, pôs-se a definhar a virtude, a ser a pobreza um desdouro, a honestidade a despertar animosidade."[11] Ao seguir os eventos de perto, o historiador não se preocupou apenas em ser fiel à marcha dos acontecimentos. Ele procurou explicar as razões que tornaram possível que as instituições romanas fossem diretamente ameaçadas pelas ações de particulares, que em nada ficavam a dever aos bandidos mais abjetos.[12] "Pois", diz ele, "para dizer a verdade em poucas palavras, a partir dessa época todos que com belas palavras participaram de agitações políticas, uns sob o pretexto de defender os direitos do povo, outros para que o poder do Senado fosse o maior possível, cada um lutava pelo poder próprio, alegando o bem comum."[13]

O que se deduz das análises do historiador é que as conspirações são acontecimentos complexos, que têm uma dinâmica interna difícil de ser elucidada, mas que existem sempre num território no qual os interesses particulares pretendem ocupar o lugar do bem comum. Por isso, as conspirações tendem a prosperar lá onde a corrupção já começou a solapar os alicerces da república. Nesse contexto, vale lembrar que a noção de república

---

10 P. Grimal, *Cicéron*, p. 132.
11 Salústio, *A conjuração de Catilina*, p. 103.
12 Ibid., 36, p. 115.
13 Ibid., 38, p. 116.

se refere aqui ao período inicial da história política romana. Falar de sua corrupção posterior é uma referência à perda dos referenciais de virtude cívica e à preponderância do público sobre o privado. Salústio não diz que não existiram conspirações no período republicano, mas sim que a corrupção dos valores e das instituições da república tornaram o terreno propício aos sonhos de poder de particulares ambiciosos.[14] Catilina era ambicioso e ousado, mas não se distinguia de muitos nobres de seu tempo, que há muito haviam deixado de se preocupar com os destinos da cidade para visar apenas seu bem privado. Tentar ocupar o poder para uso próprio ou de seu grupo de amigos é a marca que une as conjurações da Antiguidade aos golpes de Estado de nosso tempo.

De maneira semelhante, Cícero, nas *Catilinárias*, traça um perfil sombrio dos acontecimentos e do que fez para deter Catilina e seus seguidores. Antes de se tornar cônsul em 63 a.C., Cícero já havia ocupado cargos importantes em Roma, no chamado "curso das honras", que definia o caminho a ser seguido pelos que ambicionavam interferir diretamente nos destinos da cidade. Erudito, grande conhecedor do pensamento grego, a ponto de ser até hoje considerado um pensador eclético pelo número de referências que povoam seus escritos, ele não deixou de ser um político hábil e consciente de que para ter sucesso na vida pública era preciso saber transformar as ideias em ações, que respeitassem os dados da realidade de seu tempo.[15] Uma amostra desse realismo e do conhecimento que tinha do funcionamento da política romana está no livro que seu irmão Quintus Cícero lhe endereçou por ocasião de sua eleição para o consulado. Nele estão expostas as vias que deveriam ser percorridas para se ganhar uma eleição. Com ele aprendemos como seduzir

---

14 Ibid., 53, p. 129.
15 P. Grimal, *Cicéron*, p. 137.

os eleitores e, se possível, como atacar de forma contundente seus adversários. Quintus era um militar de talento, mas também conhecia muito bem a vida romana e a descreveu de forma direta e fria, para ajudar o irmão a ocupar o cargo máximo da República.[16] O pensador não deixou de seguir à risca os conselhos do irmão. Na verdade, partilhava com ele o sentimento de que a vida política romana se desenvolvia nas vias que ligavam o fórum ao Senado e aos muitos espaços de discussão e debate que constituíam as veredas do poder romano.

Naquele ano, a República estava ameaçada não apenas por complôs, que desde 65 a.C. atentavam contra sua integridade, mas também pela luta interna, que opunha o Senado ao povo. De forma resumida, podemos dizer que as guerras civis, as ditaduras como a de Sulla, os assassinatos e exílio de políticos, há muito infernizavam Roma e passavam o sentimento de que o melhor da vida republicana ficara no passado e de que o destino da cidade estava a cada dia mais condicionado à capacidade que seus cidadãos e atores políticos tinham de recuperar a antiga virtude.

Catilina, portanto, não era um fenômeno isolado na história romana no período final da República. Ele não tinha a grandeza de outros personagens históricos. Comportava-se como um bandido, cercado por jovens ambiciosos e desvairados, mas conhecia os meandros da cidade e a corrupção de muitos de seus atores políticos. Ao ver que sua carreira política não ia deslanchar, serviu-se de suas relações e da ambição de senadores e populares para ocupar o poder pela força e fora das regras que regiam as disputas políticas.[17] Se a conspiração que ele tramou junto com homens como Cornelius Lentulus, um antigo aliado do ditador Sulla, se tornou paradigmática para se pensar o fenômeno no mundo antigo, talvez isso se deva não apenas ao

---

16 Q. T. Cícero, *Como ganhar uma eleição*.
17 P. Grimal, *Cicéron*, p. 149.

caráter radical de seus proponentes, mas também aos muitos escritos que a ela foram consagrados. Entre eles as *Catilinárias* ocupam um lugar especial.[18]

Cícero enfrentou uma grande dificuldade para derrotar Catilina. Conhecido por sua violência e seu desregramento, o conspirador tinha uma rede poderosa de amigos e mesmo de admiradores. Por isso, convencer o Senado de que ele tramava tomar o poder foi mais complicado do que se poderia imaginar. Nas *Catilinárias*, podemos seguir a estratégia de Cícero e tomar conhecimento de seu pensamento sobre a natureza das conspirações em geral. Por se tratar de um movimento interno à cidade, elas não são tão facilmente desmascaradas, pois misturam as ambições pessoais com o desejo de poder de grupos sociais diversos. Mesmo no interior do Senado, por exemplo, existiam aliados de Catilina, dispostos a encobrir suas ações independente dos riscos que corriam e faziam a cidade correr.

No primeiro discurso, apresentado no dia 8 de novembro de 63 a.C., Cícero revela duas facetas de sua ação. Para ele, os conspiradores deveriam ser mortos imediatamente,[19] mas isso era muito mais complicado do que poderia parecer. Em primeiro lugar, a lei romana não permitia que o Senado condenasse um cidadão à morte sem um processo que tivesse a participação popular. O segundo ponto é que o cônsul sabia que entre os senadores havia vários que apoiavam ou silenciavam sobre a conjuração. Assim, como veremos no primeiro capítulo, se uma das condições para o sucesso de uma conspiração é a manutenção do segredo das tratativas entre os poucos participantes, do lado dos que as combatem, desvelar a trama dos conspiradores para o grande público é ao mesmo tempo um passo essencial e cheio de riscos. Em seu primeiro discurso, Cícero empregou toda sua

18 Cicéron, *Catilinaires*.
19 Ibid., I, I, 1.

força oratória para colocar à luz do dia os atos dos conspiradores e com isso colocou a si mesmo em risco.[20] "Não existirá nenhum cidadão tão cego", diz ele, "para não perceber que existe uma conjuração, tão desonesto para não admiti-la."[21]

Vencida a batalha da imagem, no entanto, nada estava assegurado. Restava agir contra os conspiradores, o que não era nada fácil. Cícero tomou um partido estranho, pois, no lugar de mandar prender Catilina, ordenou que ele deixasse a cidade. Assim fazendo, acreditava encontrar a melhor forma de fazer dele um rebelde, de tal maneira que, depois de sua partida, "todos os complôs pudessem ser desvelados, iluminados, sufocados e punidos".[22]

A tentativa de conquistar o poder por meio de uma conspiração só é bem-sucedida se visa o coração da república, com suas leis e costumes, e os destrói. Diferentemente das guerras tradicionais, as conjurações são ambíguas e se misturam às querelas habituais da vida política ordinária, até que tenham minado a estrutura de sustentação do poder vigente. É o caráter ambíguo das tramas, o segredo que as envolve, a presença de cidadãos que se aliam entre eles e com inimigos externos para tomar o poder, que faz com que estudiosos modernos não hesitem em aproximar a conjuração dos romanos dos golpes de Estado modernos.[23] Cícero compreendia que a dinâmica das conjurações as aproximava das "discórdias civis", que há muito ameaçavam a integridade da cidade, mas apontava para o fato de que no caso das conjurações não se desejava apenas ocupar os cargos mais altos, como no passado fizeram Sulla e Marius, mas transformar os fundamentos do poder por meio de uma "guerra única na memória dos homens, por sua grandeza e por sua crueldade; uma guerra que nem os

---

20 Ibid., I, III, 8.
21 Ibid., I, XII, 30.
22 Ibid., I, XIII, 32.
23 P. Grimal, *Cicéron*, p. 153.

bárbaros empreenderam contra sua gente; uma guerra na qual Lentulus, Catilina, Céthegus, Cassius transformaram em inimigos todos aqueles para os quais a salvação era compatível com a salvação da cidade".[24] Pode-se alegar que os discursos das *Catilinárias* tinham um tom exageradamente retórico e que acabaram por exagerar o perigo da conjuração de Catilina. É preciso lembrar, no entanto, que os discursos foram endereçados ao Senado e ao povo no intuito de convencê-los de que a cidade corria perigo e precisava ser protegida. Nesse sentido, estava em plena sintonia com a maneira como a política era praticada nos anos finais da República romana e em conformidade com a linha de ação do maior orador de seu tempo. Cícero ajuda a compreender a dinâmica interna das conjurações, seu alcance externo e suas consequências para a liberdade. Se elas não devem ser confundidas com as dissensões civis nem com as guerras civis, fazem parte do mesmo universo teórico e prático e colocam igualmente em risco a unidade do corpo político. Por isso, precisam ser levadas a sério e combatidas com todas as forças, como fez Cícero, se se quiser preservar a cidade de seus inimigos internos.

De minha parte, reconhecendo a proximidade das preocupações dos escritores antigos com aquelas dos que usaram nos tempos modernos o termo golpe de Estado, acho mais conveniente restringir o estudo à modernidade, partindo, no entanto, de um século no qual ainda não circulava amplamente a noção: o século XVI. Essa escolha tem um caráter antes de tudo metodológico, pois me permite traçar com precisão os caminhos pelos quais a noção chegou até nós e como foi sendo modificada ao longo do tempo. Mas é claro que deixa no ar algumas questões sobre os pressupostos que estão por trás de muitas teorias sobre a tomada do poder. Para sanar parcialmente as dúvidas, vou expor o ponto de vista teórico que vai me orientar em minhas buscas.

24 Cicéron, *Catilinaires*, III, x, 25.

As camadas de significados

Para escrever uma história das teorias do golpe de Estado, é preciso levar em conta que o termo esteve longe de ter um significado único ao longo dos séculos. Seu primeiro emprego parece ter sido no século XVI. Ele indicava uma ação do príncipe soberano, levada a cabo, por vezes de maneira extrema, para preservar o corpo político, mesmo se fosse necessário se servir da violência para atingir seus fins.[25] Nesse contexto, tratava-se de um ato que não estava necessariamente em contradição com a lei. Ao contrário, o recurso à força servia para preservar o Estado de seus inimigos.[26] Esse momento, que colocou para circular o termo e o compreendeu de maneira positiva, será objeto do segundo capítulo. Nele, vou explorar a proximidade da noção com aquela de "razão de Estado" e de maquiavelismo. Na Europa, desde o século XVI, a política era abordada por dois ângulos. De um lado estavam os que mantinham a ética no centro de suas considerações; de outro, os herdeiros de Maquiavel, que deixavam as considerações de natureza ética e procuravam pensar a conquista e, sobretudo, a manutenção do poder de maneira autônoma. Giovanni Botero estava entre os que pensavam a noção de razão de Estado do ponto de vista da organização da satisfação das necessidades materiais da população, teoria que alcançou grande sucesso a partir do século XVIII.[27] Desse lugar, falava dos princípios éticos e criticava Maquiavel, mesmo se sua interpretação do papel do Estado tinha mais do florentino do que ele admitia. Já Gabriel Naudé, que, embora não tenha inventado o termo golpe de Estado, o tornou conhecido, representava

---

25 R. Nigro, "Quelques considerátions sur la fonction et la théorie du coup d'État", p. 69-81.
26 Ibid., p. 70.
27 G. Botero, *Della ragion di Stato*.

uma vertente na qual a conservação do poder passava na frente de tudo. O Estado, para ele, é obra do príncipe e não de um direito natural prévio contra o qual não se pode agir.[28] O pensador francês estará no centro de minhas investigações e, por meio de suas considerações polêmicas, vai me guiar pelo território fechado das monarquias absolutas da Europa. Esse momento, associado ao nascimento dos Estados modernos e sua posterior consolidação, revela uma primeira camada de significado que, como mostrarei, já estava presente em textos do passado, mas que se tornaram mais visíveis a partir do século XVII. Trata-se da associação direta do conceito e suas relações com o estudo do papel da força e da violência na política, sobretudo quando se trata da manutenção do poder.

Durante o Antigo Regime, o conceito não sofreu grandes alterações, mas, assim como as velhas instituições e costumes, sucumbiu à Revolução Francesa e adquiriu um novo significado. Desde esse tempo, golpe de Estado e revolução passaram a se opor, mesmo se nem sempre as fronteiras entre os dois conceitos puderam ser traçadas com total nitidez. Alguns autores chegam a dizer que nada impede que um golpe de Estado venha a se transformar em revolução, mas a maioria dos intérpretes prefere manter a diferença entre as duas noções, até para poder explorar os meandros dos processos de transformação das sociedades modernas.[29] No terceiro capítulo, vou mergulhar nos momentos decisivos da Revolução Francesa, que, a partir de 1793, colocou em cena os atores que iriam implantar o Terror e os que queriam "parar" a Revolução. Nesse cenário, a noção de revolução se radicalizou e abriu espaço para se pensar a natureza das ações que, alterando o perfil das instituições, ou destruindo-as, abriu as portas para eventos como o 18 Brumário,

---

28 M. Senellart, *Machiavélisme et Raison d'État*.
29 P. X. Boyer, "Coup d'État et Révolution", p. 20.

que vai se transformar numa referência paradigmática para os historiadores dos golpes de Estado.

Com os acontecimentos do século XVIII, a noção de golpe de Estado ganhou uma segunda camada de significado. Sua associação com o emprego da força na arena pública não desapareceu, mas perdeu a conotação positiva associada à manutenção do poder soberano. O golpe passou a ser visto como uma interrupção forçada do ritmo da vida política em contraposição com outra forma de mudança radical das formas políticas que tinha, no entanto, um caráter positivo: a revolução. A contraposição entre os dois conceitos nem sempre significa uma diferença conceitual clara, mas não resta dúvida que revolução pôde incorporar um sentido positivo a seus significados, enquanto golpe de Estado conservou para sempre um sentido negativo. Na esteira dessa agregação de novos significados, os golpes de Estado passaram a ser pensados também como uma forma de conquista do poder e não apenas de manutenção do *status quo* do regime vigente. Como veremos, essa nova realidade foi fundamental para que pudéssemos compreender, do ponto de vista teórico, a extensão dos campos da política, que são abarcados pelo conceito ao longo de sua história na modernidade.

É claro que a fronteira entre os conceitos de revolução e golpe de Estado não é tão fácil de ser determinada, sobretudo porque essa região teórica também é habitada por discussões, por exemplo, de temas como o da usurpação do lugar do poder. Desde então, nenhum ator político quer ter seu nome associado a um golpe, mas muitos pretendem realizar a transformação positiva das instituições por meio de suas ações. Seja como for, a aproximação dos dois conceitos serviu desde então como um marco na história das teorias dos golpes de Estado.

Chegamos ao século XIX, que seria marcado por golpes e revoluções, sobretudo na França. Foi nesse país que um acontecimento, que se seguiu a uma revolução em 1848, iria ganhar um estatuto paradigmático: o golpe de Luís Napoleão de 1851. O acontecimento foi ironizado por Marx em um de seus textos mais conhecidos, *O 18 de Brumário*, mas teve uma importância ainda maior para mim, pois tornou visível o fato de que uma terceira camada de significado tinha se juntado às duas anteriores. Desde então, a análise dos golpes passou a ser comandada pelo arsenal teórico do direito e não mais exclusivamente da política. Golpe de Estado passou a ser olhado como um atentado às leis e à Constituição. No fim do século XIX, em 1883, o Dicionário Littré já havia incorporado esse terceiro estrato de sentido quando definiu o golpe de Estado como uma "medida violenta pela qual um governo muda violentamente e fora das leis da Constituição".[30] Ao lado dessa definição, o dicionário também citava o caráter violento do ato, pelo qual alguém toma o poder, e mesmo o velho sentido de dois séculos antes, segundo o qual um golpe pode ser "uma ação que decide algo importante para o bem do Estado".[31] O importante é que o verbete mostra que ao conceito foram sendo agregados significados e que eles não foram abandonados inteiramente ao longo do tempo. Ao contrário, o recurso a um dos estratos passou a ser essencial para guiar os pensadores em suas *démarches* investigativas.

Quanto mais os regimes políticos passaram a ser pensados a partir da natureza de suas leis e instituições, mais a associação do golpe de Estado com as leis se tornou visível, a ponto de um estudioso contemporâneo ter dito que: "Desde então, todas as definições do golpe de Estado têm a ver com a Constituição."[32] Num certo sentido, o autor nada mais fez do que valorizar um dos sentidos da noção que aos poucos foi se tornando dominante na literatura acadêmica sobre o assunto. Com isso, no entanto, ele não pretendeu deixar de lado o caráter violento e irruptivo

---

30 E. Littré, *Dictionnaire de la langue française*, tomo I, p. 844.
31 Ibid., p. 844.
32 S. Caporal, "Coup d'État et Constitution", p. 263.

dos atos de tomada do poder. Nesse sentido, ele se acordava com a definição presente em um dicionário contemporâneo e que, como aquela de Littré, mais de cem anos antes, fez questão de nomear os vários significados do conceito ao dizer que um golpe de Estado "é a tomada do poder por meios ilegais (em geral com recurso à força armada) ou a tentativa nesse sentido, ato incriminado pela lei penal quando ele se traduz por ações violentas sob o nome de atentado".[33]

Uma quarta camada de significado seria agregada à noção no século XX. Ela será um dos temas do último capítulo, quando analisarei alguns autores contemporâneos. Curzio Malaparte, responsável por um dos livros mais conhecidos sobre a questão, apontou para a existência desse novo estrato de sentido.[34] Para ele, a tomada do poder não decorre de um processo racional do qual seria possível descobrir as causas mais profundas. O golpe existe na superfície das sociedades, como algo que surge numa circunstância específica de que se aproveitam os atores mais determinados e que compreendem que estão diante de uma brecha nas instituições da qual é possível se aproveitar para ocupar o poder. Por isso, é um ato tático e não estratégico, uma técnica e não um saber científico. Esta é a quarta camada: a associação entre os golpes de Estado e o mundo da técnica no qual vivemos.[35] Nem todos os autores que escreveram depois do literato italiano estão de acordo com suas teses, sobretudo com a ideia de que os golpes não possuem uma dimensão estratégica, mas apenas tática e, por isso, não podem ser objeto de um saber científico.[36] O certo, no entanto, é que ele atualizou a linguagem dos estudos sobre o problema acrescentando-lhe o estrato da

---

33 Vocabulaire juridique, p. 232.
34 C. Malaparte, *Technique du coup d'État*.
35 J. Denquin, "Malaparte et le coup d'État", p. 40-51.
36 Ibid., p. 49.

técnica, que terá grande impacto ao longo do século xx. Estudar os passos práticos dos golpes de Estado se tornou um exercício comum entre os estudiosos, como se com esse olhar simplificador pudessem finalmente desvendar os mistérios de um ato que transforma a cena política e a vida das pessoas sem que a ele possa ser agregado qualquer valor positivo.

Maquiavel e a tópica da conquista e conservação do poder

Deixei até aqui de lado o primeiro capítulo. Ele terá um papel especial no livro. Melhor dizendo, o autor ao qual ele é consagrado, Maquiavel, está no centro de minha *démarche*. No referido capítulo, vou me dedicar a investigar seu olhar sobre o que chamava de conjurações. O termo era empregado amplamente na época e se referia a acontecimentos quase corriqueiros na Itália. O secretário florentino não se referia a golpes de Estado e, num certo sentido, nem poderia tê-lo feito, pois não conhecia os Estados modernos, ainda que os tenha pressentido em suas formas básicas. As conjurações se referiam à luta pelo poder por todos os meios e eram conhecidas desde a Antiguidade, como apontei. Um primeiro aspecto que me interessa é o fato de que Maquiavel serviu de ponte entre o mundo antigo e a modernidade. Fazendo a ligação entre o tema presente em autores como Cícero e Salústio com as disputas violentas pelo poder de sua época, ele sugeriu uma continuidade, que merece ser estudada. Mas o mais importante é que suas obras estarão no centro dos debates que se seguirão nos séculos seguintes, mesmo se na maioria das vezes pelas lentes deformadas do maquiavelismo. No capítulo primeiro, vou lidar com a maneira como Maquiavel teorizou o problema das conjurações e como as viveu, uma vez que teve seu nome envolvido em uma trama (da qual não havia de fato participado) contra os Médici em 1512, o que o levou a ser torturado e a enfrentar a solidão do exílio em sua pequena propriedade rural.

Esse será o tema do primeiro capítulo, mas há mais. Ao me lançar no estudo da história dos golpes de Estado senti falta de uma baliza para me conduzir pelos mundos habitados por autores tão diversos quanto Naudé e Malaparte. Meu guia foi Maquiavel. Não se tratou de ter uma teoria prévia, que fosse usada como ponto fixo a partir do qual todas as teorias seriam julgadas. Nada mais longe de meus propósitos. O que queria era ter uma referência teórica capaz de situar meu problema no terreno mais amplo das grandes teorias políticas modernas. Posso resumir minha posição assim: se o tema do golpe de Estado é importante, ele não pode ser pensado como uma ação totalmente diferente daquelas que interessaram aos pensadores políticos. Dizendo de outra maneira. Um golpe de Estado é algo específico que, assim como as revoluções, não ocorre todos os dias. Ao mesmo tempo, não se trata de algo misterioso, que escapa ao terreno de investigação tradicional das teorias políticas. Minha aposta é que o pensamento do florentino é uma boa referência para olhar o problema de um ponto de vista mais amplo.

Colocado esse ponto de partida, voltarei meu olhar, em primeiro lugar, para *O Príncipe*. Desde o começo do livro, o secretário florentino coloca no centro de suas preocupações as dificuldades e os passos necessários para conquistar o poder. Embora não seja meu objetivo seguir todo o seu caminho analítico, é possível afirmar que a conquista é uma tópica essencial de seu pensamento e que ela se casa com a necessidade de manutenção do poder conquistado para formar uma das estruturas básicas do livro. Os muitos temas de *O Príncipe* se enquadram em uma construção teórica que tem na tópica da conquista e da manutenção do poder um de seus sustentáculos principais. Os dois eixos de sustentação do texto não existem de forma isolada. Quando se alcança o poder, por quaisquer meios, a necessidade de conservá-lo se coloca imediatamente. Não existe um intervalo entre a posse de um novo território, ou o comando de um conjunto de instituições, e o surgimento de problemas que dizem respeito à sua conservação diante das muitas forças que se movem, quando um determinado equilíbrio de poder é quebrado. Da mesma maneira, um poder construído e solidificado sobre bases institucionais sólidas nunca pode deixar de lado o fato de que ele é sempre o objeto do desejo de conquista de alguém ou de algum grupo.

Muitos teóricos da política, desde a Antiguidade, se lançaram em busca da forma política capaz de resistir à passagem do tempo e se manter estável. Do regime misto dos antigos aos pensadores institucionalistas do presente, pensadores se dedicaram a encontrar o ponto de equilíbrio que tornaria o corpo político infenso aos movimentos que ocorrem em seu interior e à sua volta. Não há nada de errado nessa busca por um regime que resista à passagem do tempo, mas é claro que ela tem pouco a nos dizer sobre o lugar que o problema dos golpes de Estado ocupa no pensamento ocidental. Mais interessante é a dialética que Maquiavel estabelece entre conquista e conservação do poder, que aponta para uma dinâmica que não pode ser quebrada, ainda que possa se expressar de formas e ritmos diferentes em momentos e lugares variados. Seu interesse maior está nos príncipes que saem do ordinário, que enfrentam situações novas e desafiadoras. Mas o problema da conservação e da conquista não está ausente nos principados ancorados na tradição, como é o caso dos principados eclesiásticos e naqueles hereditários. Na tipologia de *O Príncipe*, no entanto, a figura que mais se aproxima de meus interesses é aquela dos "príncipes novos", ou seja, daqueles que chegaram ao poder sem contar com a herança de seus antecessores, ou com um processo aceito de sucessão.[37] Essa figura está presente em vários lugares da obra de Maquiavel, mas é no terceiro capítulo

---

37 Vou me servir aqui da tradução de Diogo Pires Aurélio: N. Maquiavel,

que faz sua aparição. Ele afirma: "É, porém, no principado novo que residem as dificuldades."[38] A conquista de um novo poder não tem para Maquiavel nada de extraordinário. De um lado, ela se ancora no desejo comum entre os homens de "mudarem de bom grado de senhor, crendo melhorar",[39] mas também pelo fato de que: "É uma coisa verdadeiramente muito natural e ordinária desejar adquirir: e sempre que os homens, podendo, o fazem, serão louvados ou não censurados; mas quando eles não podem e querem de todo modo fazê-lo, aqui é que está o erro e o censurável."[40]

O desejo de conquistar, portanto, funda-se na natureza humana e não pode ser descartado por critérios externos aos que dizem respeito à luta política. Em anos recentes, no entanto, alguns intérpretes do pensador italiano têm insistido sobre a dimensão moral de seu pensamento.[41] Para eles, afirmações como as que acabamos de mencionar são apenas um dos aspectos de seu pensamento. Ao ler outros textos do autor, descobre-se que, ao lado da luta aberta e difícil pela conquista e manutenção do poder, existe a possibilidade de que a cooperação sincera entre os membros de um corpo político ofereça uma solução melhor para os problemas surgidos pela aparição de um "príncipe novo". Dessa maneira, o realismo "amoral" de Maquiavel pode ser complementado por um realismo "colaborativo", que propugna como solução para os conflitos que dividem os corpos políticos a busca pelo entendimento e colaboração entre as partes.[42]

O Príncipe. Como se trata de uma edição bilíngue, vou me referir apenas a ela no correr do texto.
38 N. Maquiavel, *O Príncipe*, p. 97.
39 Ibid., p. 97.
40 Ibid., p. 107.
41 Esse é, sobretudo, o caso de: E. Benner, *Machiavelli's Ethics*; E. Benner, *Machiavelli's Prince*.
42 E. Benner, "The Necessity to Be Not-Good: Machiavelli's Two Realisms", p. 171.

Não me interessa entrar aqui no mérito dessas interpretações, com as quais não estou de acordo, mas apenas indicar de que lugar estou falando, quando recorro ao secretário florentino para orientar minha pesquisa. A sequência do capítulo três sugere que Maquiavel busca elucidar as diversas rotas que se abrem quando o problema da conquista se coloca. Fiel ao procedimento que adota em toda sua obra, ele procura desvendar as várias situações que devem ser pensadas para esclarecer o que ocorre quando os atores políticos escolhem determinados caminhos. Assim, não é o fato de que alguém deseja conquistar o poder que deve ser interrogado, pois isso é algo absolutamente natural. O importante é ver como ser bem-sucedido diante dos obstáculos que se erguem no caminho da conquista. O que o pensador busca é o que chama ao fim do texto de "regra geral, que nunca ou raramente falha".[43] O ato de conquistar pode ser pesquisado racionalmente, desde que se leve em conta suas regras e as circunstâncias na qual ele se desenrola. Em Maquiavel, a diferença entre a conquista interna do poder, ato perpetrado por grupos de habitantes de uma mesma cidade, e a conquista efetuada por agentes externos ao corpo político não é tão nítida quanto será mais tarde em outros autores. Ainda assim é importante para meus propósitos. O fato de que a conquista, ou o desejo de conquistar, possa ser considerado um fato universal da política mostra que, mesmo sem uma distinção fina entre as modalidades de tomada do poder, a questão deve ocupar um lugar central em todo pensamento político.

Nesse sentido, sinto-me muito mais próximo das conclusões de uma das mais influentes interpretações do pensamento político moderno do século passado. Estou falando do livro de John Pocock, *The Machiavellian Moment*, que abriu um amplo campo

---

[43] N. Maquiavel, *O Príncipe*, p. 109.

de investigações quando surgiu em 1975.[44] Nele o intérprete destaca o fato de que *O Príncipe* pode ser compreendido como um grande tratado sobre a inovação.[45] Esse não é seu único tema, mas não temos como abordá-lo sem levar em conta que a questão da conquista está no seu centro. Isso explica por que Maquiavel diz que as dificuldades se encontram nos principados novos e não naqueles que estão ancorados em um poder estabilizado pelos costumes ou por boas leis. Em todas as formas políticas existe a possibilidade de que alguém queira derrubar o regime vigente, o que é natural, mas isso é menos provável de acontecer quando estamos falando de regimes fortes. Na verdade, eles não oferecem para o teórico da política um campo muito instigante de estudos. A inovação interessa porque ela abre a pergunta sobre a ação política que se desenvolve num terreno de risco, no qual inclusive as amarras morais estão frouxas. Pocock define com muita precisão essa situação: "Inovação, a derrubada de um sistema estabelecido abre as portas para a fortuna porque ofende alguns e atrapalha outros, criando uma situação na qual (os habitantes das cidades) ainda não tiveram tempo para se acostumar com a nova ordem."[46]

Aceita essa definição, posso formular a hipótese de que os golpes de Estado se situam no interior das inovações políticas, em especial na tópica da conquista. Se é difícil defender moralmente um golpe de Estado, e, por isso, seus atores em geral recusam essa designação, é possível dizer que eles são parte do universo da política e podem ser analisados como parte de um processo que não apenas é natural, mas que ocorre com frequência, que é aquele da inovação. Com isso não se está dizendo, na esteira de Maquiavel, que são atos desejáveis ou mesmo

---

44 J.G.A Pocock, *The Machiavellian Moment*.
45 Ibid., p. 160.
46 Idem.

recomendáveis, mas sim que não podem ser postos de lado pelos pensadores da política pelo fato de serem moralmente condenáveis. Para Maquiavel, seu interesse reside no fato de que colocam o ator diante de circunstâncias difíceis e imprevisíveis. Como alerta Pocock, a inovação expõe o inovador à *fortuna,* face a todos os riscos. Isso ajuda a compreender por que golpes de Estado são tão imprevisíveis e complicados para os atores envolvidos. Veremos no primeiro capítulo que em Maquiavel o termo que melhor se aproxima do que virão a ser os golpes de Estado é o de conjuração. Para ele, mais até do que as conquistas militares, a tomada do poder a partir do interior tem de enfrentar obstáculos que fazem com que sejam ações de altíssimo risco.

Isso se deve ao fato de que mudanças podem até ser bem recebidas no início, mas, com o tempo, têm dificuldades de serem aceitas. Falando nos *Discursos sobre a primeira década de Tito Lívio*, sobre a transformação de uma cidade acostumada a viver sob determinados costumes, Maquiavel afirma que seus habitantes acabam por resistir às mudanças.[47] Isso se deve ao fato de que "a maior parte se contenta com as aparências tanto quanto com a realidade, com alguma frequência a aparência os atinge e os satisfaz mais do que a realidade".[48] Sendo assim, ele recomenda que os inovadores conservem alguns "modos antigos" para não serem tragados pelos movimentos internos dos povos, que são complexos e expõem o inovador não apenas à sua recusa mas também aos poderes da *fortuna*.

Pensando nos golpes de Estado podemos, num primeiro momento, aproximá-los da tópica da conquista e aprender a conhecê-los por meio dos estudos detalhados que Maquiavel consagra a esse problema. Mas a divisão analítica entre o momento da

---

[47] N. Machiavelli, "Discorsi sopra la prima Deca di Tito Livio", vol. I, I, 25, p. 256.
[48] Ibid., p. 257.

conquista e o da conservação não deve nos enganar. Todo ato de conquista faz surgir imediatamente o problema da conservação do poder. Assim, como golpes de Estado são naturais, eles estão submetidos às mesmas leis da política e, portanto, enfrentam as resistências dos habitantes do território conquistado. Por essa razão, no curso de minhas investigações, escolhi pensar a partir da tópica maquiaveliana da conquista-conservação, que é uma estrutura fundamental de sua filosofia política. Assim procedendo, acredito oferecer uma referência que cobre todo o espectro das teorias que irei estudar. Na maioria dos casos, em particular a partir do século XVIII, os golpes de Estado podem ser vistos como atos de conquista do poder por meios não convencionais. Mas, como veremos no segundo capítulo, esse não foi o sentido original do termo, que no século XVII significava um ato de manutenção do poder pelo soberano e não sua conquista, que já ocorrera no passado por vias variadas. O que importa é que as balizas teóricas que escolhi continuam a funcionar mesmo quando não se trata de pensar a inovação, mas seu segundo momento: o da conservação do poder.

Tendo como referências os parâmetros teóricos que escolhi, resta saber se são suficientes para nos guiar num mundo no qual um dos problemas mais importantes do pensamento político é o da revolução e, em meu caso, o de sua oposição aos golpes de Estado. Mais uma vez não se trata de buscar em Maquiavel uma formulação prévia de um problema que ele não poderia ter conhecido, mas as bases teóricas que o aproximam por vias indiretas do tema central do livro. Quem nos ajuda nesse caso é Hannah Arendt. Em seu livro *Sobre a revolução*, ela associa o evento revolucionário ao problema da fundação que, segundo ela, constituía o núcleo do pensamento político romano.[49] Num primeiro momento, podemos pensar que a fundação se situa

---

49 H. Arendt, *Sobre a revolução*, p. 266.

fora dos quadros normais da vida política. Analisando uma série de pensadores políticos desde a Antiguidade até a modernidade, ela mostra que esse não é o caso. É claro que os grandes fundadores sempre procuraram esconder as origens "humanas" de suas obras conferindo-lhes um caráter divino ou extraordinário. Atribuir uma dimensão simbólica e imaginária às suas ações é parte do ato de criar um novo corpo político, que deveria parecer fora do tempo, ou melhor, seu começo absoluto, para os que passariam a viver sob novas leis.[50] Como nos alerta Arendt, no entanto, não podemos confundir as estratégias de fundação com sua realização efetiva, que se dá quase sempre num contexto histórico no qual o passado interfere nos atos presentes. Revoluções são, assim, ao mesmo tempo um novo começo e uma continuação da presença humana no seio da história.

O tema da fundação também é central no pensamento de Maquiavel e aponta para as duas dimensões que acabamos de assinalar. No nono capítulo do primeiro livro dos *Discursos*, ele comenta a fundação de Roma e os eventos que a cercaram: assassinatos e expulsões que, segundo ele, poderiam levar os cidadãos a considerar o comportamento de seu "príncipe" movido por ambição e vontade de comandar como algo indesejado.[51] Maquiavel conserva nesse capítulo uma linguagem próxima daquela de *O Príncipe* falando da ambição do príncipe e de seu desejo de comandar. Não é fortuito que ele continue a se referir aos atores políticos como príncipes, pois isso fornece um elemento indiscutível de continuidade entre seus escritos. Se ele mostra, desde o começo de *O Príncipe*, que repúblicas e principados são formas políticas diferentes, não faria sentido mencionar a fundação de Roma e suas especificidades se ela não pudesse ser ao mesmo tempo identificada e distinguida das operações

---

50 Ibid., p. 269.
51 N. Machiavelli, op. cit., vol. I, I, 9, p. 223.

tradicionais de conquista do poder levadas a cabo em seu tempo. Por isso, depois de alertar para o caráter humano das ações de fundadores como Rômulo, ele formula uma ideia interessante: "É necessário estabelecer como regra geral que nunca, ou muito raramente, se viu uma república ou reino ser bem constituída desde o começo, ou perfeitamente reformada, se não for por um único indivíduo."[52] Isso é particularmente importante quando o legislador tem em mente o bem comum e não seu próprio interesse. Nesse contexto, é provável que ele tenha de recorrer a meios extraordinários, à violência, mas não deve transmitir o poder excepcional que teve em mãos a seus sucessores.

A fundação é operada, portanto, numa fronteira perigosa, que em muitos aspectos se assemelha aos movimentos de conquista levados a cabo por atores radicais. Ela altera a face do corpo político, introduz métodos radicais como o uso da violência e cria uma narrativa diferente para a formulação da identidade da nova entidade política. O recurso a meios extremos gera um risco que pode ser a contaminação do corpo político com a violência, pois "não é a violência que repara, mas aquela que destrói que deve ser condenada".[53] A solidão do legislador é uma condição essencial para a fundação de uma república, pois deixa fora da história um poder que só pode ser excessivo e que destrói a liberdade assim que penetra no exercício normal dos poderes. O legislador deve existir no plano do simbólico e do imaginário, mas não deve habitar o tempo presente sob pena de transformar numa tirania o que deveria ser uma república livre.

Pensando na contraposição entre revolução e golpe de Estado, sobre a qual tanto se debate até hoje, podemos nos servir das tópicas da conquista-conservação e daquela da fundação para criar uma referência conceitual que nos ajude a formular a

---

[52] Ibid., p. 223.
[53] Idem.

relação entre os dois atos, sem esquecer que se trata de problemas da modernidade, que Maquiavel não poderia ter conhecido em suas formulações atuais. O primeiro ponto a ser ressaltado é que a diferença entre as duas noções não as coloca em terrenos teóricos incomunicáveis. Como vimos, os golpes de Estado podem ser associados aos atos de conquista e manutenção do poder, sobretudo quando se pensa nos "príncipes novos", que realizam uma inovação na política e nas instituições. Ora, as revoluções, que associamos mais facilmente aos atos de fundação, tal como pensados pelo secretário florentino, também são atos de inovação, que devem se haver com os antigos costumes e leis. O legislador, agindo sozinho, faz supor que busca fora da história os fundamentos do poder que pretende implantar. Isso é fundamental para o sucesso de sua empreitada e é tanto mais eficaz quanto mais ele puder situar no terreno do imaginário e do simbólico as explicações para os passos que deve cumprir. Isso se deve ao fato de que revoluções – a fundação de um novo corpo político – podem reivindicar sua total originalidade, mas, confrontadas com as forças concretas da história, com a oposição de grupos políticos e de classes sociais no terreno da luta, elas também são vistas como atos de conquista do poder, assim como aqueles de príncipes que se lançam na busca de novos territórios de mando.

    Com isso não quero dizer que não existem diferenças substanciais entre uma revolução e um golpe de Estado. Como veremos no terceiro capítulo, esse não é o caso. Maquiavel nos ajuda, no entanto, a ver que as diferenças encobrem proximidades, que não podem ser deixadas de lado se pretendemos pensar a política de um ponto de vista realista. Para tanto, devemos deixar de lado considerações de ordem moral, para nos concentrar nos aspectos essencialmente políticos dos atos de fundadores e príncipes.

    No décimo capítulo do primeiro livro dos *Discursos*, o pensador italiano aponta para a existência de uma verdadeira escala de valores que serve de referência para os estudiosos da política. No topo dessa escala, ele situa os criadores de religiões, para em seguida colocar os fundadores de repúblicas e reinos. A escala nomeia também os que conquistam novos territórios para suas pátrias e os que constroem obras de cultura. Mas acrescenta: "São, ao contrário, infames e detestáveis os homens destruidores de religiões, dissipadores de reinos e de repúblicas, inimigos da virtude, das letras e de toda arte que seja útil e honrada para a espécie humana, como são os ímpios, os violentos, os ignorantes, os ociosos, os desprezíveis e os vis."[54]

Essa não é uma escala de valores morais, mas sim de julgamento político. Ela reflete o olhar dos homens sobre as coisas da política. Sua importância está no fato, já lembrado, de que, para Maquiavel, o juízo político se orienta no mais das vezes pelas aparências e, por isso, nenhum ator escapa da história e das narrativas que a cercam e informam os habitantes de um corpo político. Os que perpetram um golpe de Estado estão mais próximos de criar uma tirania, e, por isso, são mais facilmente detestáveis e devem se precaver de todas as maneiras se quiserem conservar o poder que adquiriram. Mas os que fazem uma revolução também podem ser tragados pela violência à qual tiveram recurso e se transformar em tiranos violentos e odiáveis. Não se pode fugir do julgamento dos súditos e cidadãos e não há como negar-lhes a importância e força uma vez que nunca são inteiramente controláveis pelo novo príncipe ou pelo fundador cujo sucesso dependerá também da maneira como souberem negociar com as condições que presidiram seus atos de inovação.

Reveladas as balizas que me orientam em minha aventura conceitual, vamos aos autores e atores que criaram o instigante percurso das teorias dos golpes de Estado na modernidade e na contemporaneidade.

---

54 Ibid., I, 10, p. 225.

SÉCULO XVI
Maquiavel e a época das conspirações

No imaginário político ocidental, quando pensamos na conquista do poder com o uso da força, dois caminhos ocupam um lugar especial. O primeiro, que mobilizou Maquiavel durante toda a vida, é o mais óbvio, mas nem por isso mais fácil de entender: a conquista por meio da guerra. O segundo, que até hoje nos é familiar, é a conquista do poder por meio de uma conjuração, ou, numa linguagem da modernidade, por meio de um golpe de Estado. No primeiro caso, a força parece a todos um componente essencial, pois é claro que não se acredita que um exército que se disponha a conquistar um território ou uma cidade possa fazê-lo sem possuir os meios para derrotar as resistências que contra ele se armam. Nosso autor passou a vida tentando mostrar que a aparente simplicidade dessa fórmula contém uma série de armadilhas, pois, para colocar em marcha um exército vitorioso, é preciso muito mais do que dar-lhe as armas mais eficazes e atualizadas. Fazer a guerra em muitas circunstâncias é tão complexo quanto fazer política. O motivo para o fracasso de muitas expedições militares em seu tempo era atribuído por Maquiavel a uma série de fatores que nada tinham de material.[1]

No caso da conquista do poder por meio de uma conjuração,

---

[1] Este capítulo é uma versão bastante modificada de um texto publicado por mim em 2019, "Maquiavel e as conjurações".

as coisas são ainda mais complicadas. Em primeiro lugar, é preciso lembrar que, embora numa conjuração o apoio externo à cidade que se quer conquistar possa ser decisivo, o processo de desalojar do poder um príncipe, ou um conjunto de cidadãos, se desenrola no interior do corpo político e é constituído por uma mistura de segredo e concentração de meios de ação, que raramente é bem-sucedida. Em suas obras principais o pensador explorou os meandros desses atos extremos e perigosos que o conectavam diretamente com o passado e com seu tempo. Esse é o tema deste capítulo.

* * *

Maquiavel tinha quase nove anos quando um acontecimento terrível abalou a vida de Florença: a tentativa de assassinato de Lourenço de Médici e de seu irmão Giuliano em plena missa em abril de 1478.[2] No começo do ano, uma série de conspiradores se reuniu sob a liderança de Jacopo de' Pazzi. Sua família estava entre as mais poderosas da cidade, mas era constantemente atacada pelos Médici, que dominavam a política de Florença desde 1434, quando Cosimo de Médici passou a mandar em quase tudo com sua fortuna e sua rede de conexões, mesmo sem ocupar cargos formais que fizessem dele o governante maior da cidade. Esse domínio de uma só família no que devia ser uma república irritava as demais famílias, que eram seguidamente rebaixadas pelos Médici. Naquele ano, com o apoio do papa Sisto IV e do novo cardeal Salviati, os Pazzi passaram à ação. Durante uma missa na Igreja de Santa Reparata, os conspiradores atacaram os irmãos com armas brancas. Giuliano acabou sendo morto, mas o irmão Lourenço escapou e se transformou numa das figuras mais importantes do

---

2 Para um belo estudo sobre a conspiração dos Pazzi, ver: L. Martines, *Abril sangrento: Florença e o complô contra os Médici*.

Renascimento florentino e italiano. Seu poder, longe de diminuir depois do atentado, se firmou de maneira definitiva. Os conspiradores foram todos punidos com a morte e os Médici seguiram como os donos de Florença por mais de duas décadas.

Não temos como saber o que passou pela cabeça do menino Niccolò. Pelos registros de seu pai, sabemos que ele já estudava latim e em breve seria introduzido nos estudos de gramática e de aritmética, que eram a base da educação dos jovens florentinos das famílias remediadas. Ainda na infância, autores gregos e latinos faziam parte do universo mental dos jovens italianos. É possível, assim, que referências a eles tenham passado por sua cabeça, quando soube o que se passava e sofreu o impacto dos eventos que iriam transformar a vida da cidade onde vivia.[3] Seja como for, essa foi a primeira conjuração com a qual Maquiavel teve contato e que o acompanhou pelo resto da vida. Em suas obras posteriores, ele retornou várias vezes ao Pazzi e à sua desastrada tentativa de tomar o poder. Mas será somente em suas *Histórias florentinas*, escritas a partir de 1520, quando já tinha mais de 50 anos, que ele irá se debruçar detalhadamente sobre os acontecimentos, depois de ter pensado sobre o assunto em várias ocasiões de sua vida.

Escrever a história de sua cidade era uma tarefa honrosa, que Maquiavel aceitou em 8 de novembro de 1520, depois de anos de esquecimento e tristeza. Antes dele, chanceleres de Florença, como Leonardo Bruni, Poggio Bracciolini e Bartolomeo Scala, já haviam se dedicado ao tema, mas nenhum deles estava afastado dos círculos do poder quando o fizeram nem temiam as represálias de uma família que não dava mostras de apreciar as ideias do antigo segundo secretário de República.[4] Afinal, ele havia sido acusado de conspirar contra os Médici em 1512 e amargava

---

3   U. Dotti, *La révolution Machiavel*, p. 24-25.
4   Ibid., p. 469-471.

o exílio em sua própria cidade desde então. Voltar, ainda que modestamente, a conviver com os círculos do poder era algo que animava nosso autor, mas ele sabia que deveria ser cuidadoso, para não cair mais uma vez em desgraça.

A conjuração dos Pazzi, como veio a ser conhecido o acontecimento mais importante da infância de Maquiavel, foi tratada por ele no oitavo livro de suas *Histórias florentinas*.[5] Logo no início, ele adverte que já havia falado sobre uma conjuração ocorrida em Milão e que, dessa vez, vai tratar do que aconteceu em sua cidade. *Congiura* era a palavra usada de forma mais frequente na Itália, seja nos meios políticos, seja nos meios jurídicos, para nomear o fenômeno que nos interessa.[6] Maquiavel recorreu ao termo ao longo de toda sua obra, sempre associando-o à ideia de perigo, de algo perigoso ou mesmo perigosíssimo.[7] A recorrência dos adjetivos leva-me a aproximar o termo *congiura*, de uso corrente, da ideia de ação extraordinária, fora do comum. Ele oferece uma porta de entrada para a análise do tema que me interessa. Maquiavel, de fato, propõe uma abordagem da questão da ação por meio da análise da questão das conjurações. Esse caminho, no entanto, longe de simplificar sua compreensão da natureza da política expõe sua complexidade e a impossibilidade de reduzi-la a termos simples e puramente racionais.

Em suas *Histórias florentinas* Maquiavel não pretende voltar a analisar a questão do ponto de vista teórico, pois, como afirma, já o fizera antes.[8] Tratava-se de seguir os acontecimentos que fechavam o ciclo de estudos que iniciara na juventude sobre acontecimentos extraordinários que alteram a cena política. Nosso autor sabia que tinha de narrar os acontecimentos com fidelidade, mas

---

5 N. Machiavelli, "Istorie Fiorentine", p. 303-732.
6 E.F. Guarini, "Il termine congiura nell'Italia moderna", p. 67-85.
7 Ibid., p. 77.
8 N. Machiavelli, op. cit., livro 8, p. 678.

que, ao mesmo tempo, tinha de tomar cuidado pois os personagens principais eram da família Médici e seus inimigos. Longe, no entanto, de escrever uma história meramente descritiva dos fatos, Maquiavel interfere o tempo todo com observações teóricas, que ajudam o leitor a seguir o fio da história em sua significação mais profunda. Os Pazzi são apresentados como conspiradores, mas as razões que os levaram a tramar contra o poder dos Médici são explicitadas de maneira a mostrar ao leitor que uma conspiração é urdida na trama da política e não num conjunto abstrato de sentimentos e delírios. Tendo mostrado o quão potente era a família oponente dos Médici, nosso autor conclui: "Não podendo os Pazzi portadores de tanta nobreza e riquezas suportar tantas injúrias, começaram a pensar como deviam se vingar."[9]

Esse foi o ponto de inflexão, que levou os inimigos dos Médici à tentativa de eliminar os irmãos da cena pública e ocupar o poder. Mas isso todos já sabiam, afinal, a conjuração dos Pazzi era um dos eventos mais marcantes da época e matéria de conversas que não acabavam mais. O fato de que os conspiradores haviam tentado matar os Médici no interior de uma Igreja, a violência do assassino de Giuliano, que acabou ferindo a si mesmo em sua fúria, tudo era matéria de discussão e horror. A condenação moral dos Pazzi dominou durante anos os juízos sobre seus atos. O texto de Maquiavel oferece uma visão interna diferente do processo que deveria levar à mudança do eixo do poder em Florença. Habituado desde sua juventude, quando serviu à República de Florença na qualidade de segundo secretário da chancelaria, a narrar o comportamento dos atores políticos, ele não se detém diante do emaranhado dos fatos, sabendo que no interior dos acontecimentos se escondem suas razões e a deusa *Fortuna*, com sua capacidade de intervir por meio do acaso em todos os momentos da vida. Ele também não procura as razões para

[9] Ibid., p. 681.

a condenação moral dos envolvidos. O que lhe interessa, como apontamos na Introdução, é a dinâmica do poder e seus desvãos.

A conjuração nasce, portanto, no seio da vida política italiana, condicionada por suas necessidades e fraquezas. Maquiavel segue os passos dos conspiradores sublinhando a cada momento as dificuldades que encontraram para montar suas estratégias e agir no momento devido. No caso dos Pazzi, o grande número de pessoas envolvidas, o fato de que os irmãos Médici deviam ser mortos ao mesmo tempo, a recusa de passar ao ato de alguns conspiradores, que no curso do processo passaram a duvidar dos sucessos da empresa, tudo isso foi tornando a conjuração algo perigoso e difícil. O secretário florentino narra o assassinato de Giuliano, a resistência de Lourenço, que conseguiu se refugiar, a prisão de conspiradores e o exílio de alguns. O cenário é o da política em toda sua complexidade, o tema é o da conquista do poder por todos os meios. Por isso, Maquiavel pode passar sem transição no corpo do texto da conjuração à guerra, afirmando: "Não tendo ocorrido em Florença a mudança do estado (*stato*) como desejavam o papa e o rei, deliberou aquele que não tendo podido alcançar seus objetivos por meio de uma conjuração o faria por meio de uma guerra, e um e outro colocou seus acólitos com grande celeridade para atacar Florença, dizendo não querer nada mais da cidade do que a expulsão de Lorenzo de Médici, que entre os florentinos era o único inimigo."[10]

Sabemos que Lorenzo resistiu às pressões e consolidou seu poder, que só desapareceu com sua morte em 1492. Na limpidez da escrita do secretário florentino se afirma um dos pontos mais marcantes de seu pensamento, a saber, o fato de que a política tem suas leis e deve ser acompanhada sem preconceitos, se quisermos compreender suas vicissitudes. As conjurações são acontecimentos que mostram aos estudiosos a complexidade da

---

10 Ibid., p. 691.

ação em um dos terrenos nos quais os agentes mais se expõem ao acaso e às dificuldades naturais de todo empreendimento, que se desenrola nas franjas da vida em comum. Sem poder contar com fatores estabilizadores, como as instituições, esses atos extremos colocam o estudioso diante do terreno cru da luta pelo poder. Daí seu interesse para o pensamento político. Sem nenhum dos instrumentos que regulam as disputas políticas, os conspiradores possuem para movê-los apenas o desejo da conquista que, como mostramos, é o referencial para pensarmos o problema da tomada do poder por vias extraordinárias, que costuma definir na modernidade os golpes de Estado. É claro que não podemos confundir ação política e ação violenta. A primeira existe no terreno largo do agir humano, enquanto a segunda implica um encolhimento do mundo do viver juntos. O que o pensador florentino ensina é que não existe um muro a separar de forma definitiva as duas formas de ação, que convivem muitas vezes no mesmo corpo político, no mesmo tempo histórico.

Maquiavel na prisão

Voltemos um pouco no tempo. Com a queda da República florentina em 1512, Maquiavel teve uma experiência direta com as conjurações ao ser arrolado como um dos conspiradores desejosos de assassinar Giuliano de Médici. Expulso de seu cargo de segundo secretário da República e obrigado a prestar contas de sua atuação à frente das milícias da cidade junto aos novos governantes, ele foi surpreendido, no começo de 1513, no dia 19 de fevereiro, por uma ordem de prisão por ter supostamente participado da organização de um atentado contra a vida do novo governante.[11] A conjuração havia sido pensada por Agostino Capponi e Pietro

---

11 Referências à conjuração de 1512-1513 podem ser encontradas em:

Paolo Boscoli, que de forma ingênua e tola haviam redigido uma nota na qual listavam nomes de confiança, que poderiam ser acionados no momento devido, para a formação de um hipotético futuro governo republicano. Maquiavel era o sétimo nome da lista e, embora nada indique que tivesse participado de alguma maneira da trama, acabou sendo jogado na prisão e torturado.

O secretário florentino saiu-se muito bem dessa experiência, como ele mesmo disse em uma carta a seu amigo Vettori escrita em 18 de março,[12] quando já havia sido liberado. Submetido à tortura, resistiu aos tormentos e ainda encontrou forças para escrever poemas que enviou, ou pelo menos tentou enviar, para Giuliano de Médici. Esses escritos levantam até hoje muitas dúvidas nos intérpretes de como entendê-los e até mesmo de quando datá-los, tendo em vista o tom irônico e mesmo cínico que os compõem, o que pareceu a muitos como algo estranho para as circunstâncias de sua composição.[13] O certo é que, no momento da liberação de Maquiavel da prisão, a cidade vivia um clima de euforia depois que um membro da família Médici, Giovanni, fora feito papa naquele começo de ano com o nome de Leão x. O secretário, no entanto, estava mais preocupado em voltar a atuar na cena pública do que com qualquer outra coisa.[14] Isolado e abatido, ele iniciou uma correspondência com seu amigo Vettori, em quem depositava todas as esperanças para voltar ao circuito da política italiana. Esse desejo nunca se realizou plenamente.[15]

Seja como for, a experiência marcou Maquiavel, embora ele nunca tenha feito dela um mote direto para suas reflexões nem

---

R. Ridolfi, *Biografia de Nicolau Maquiavel*, p. 157-167; U. Dotti, op. cit., p. 311-328; M. Viroli, *Il sorriso di Niccolò*, p. 136-139.
12 N. Machiavelli, *Opere*, p. 237.
13 U. Dotti, op. cit., p. 315.
14 Ibid., p. 316-317.
15 Ibid., p. 320-328.

tenha voltado a falar dela de maneira enfática em escritos posteriores. O certo é que ele não precisava ter tido seu nome envolvido em um complô para poder aquilatar a importância que esse tipo de ação tinha na política de seu tempo. O Renascimento era uma "época das conjurações", quando a ação para depor governantes e tentar chegar ao poder por meios violentos era um caminho considerado quase como normal por atores centrais da política italiana.[16] Maquiavel não poderia ter ficado indiferente a esse fato. Sobre ele refletiu em vários momentos de sua obra. De forma particular, dedicou o mais longo capítulo dos *Discursos sobre a primeira década de Tito Lívio*[17] ao problema, além de observações em vários de seus escritos. Vou centrar minhas análises no sexto capítulo do terceiro livro dos *Discursos,* mesmo se a referência a outros escritos seja quase uma necessidade para a compreensão de certas passagens do texto.

Definido meu ponto de partida, é preciso dizer que não estou de acordo com alguns intérpretes que fizeram do capítulo que vou estudar uma chave para a compreensão de aspectos essenciais do pensamento de Maquiavel. O filósofo Leo Strauss, por exemplo, em seu estudo clássico e influente sobre o autor, faz questão de considerar a extensão do capítulo um dado essencial para a compreensão de seu lugar na obra do florentino. Para ele, Maquiavel não deixava nada ao acaso e, por isso, dedicar tanto espaço ao tema das conjurações tinha um significado especial.[18] Essa afirmação deve ser compreendida a partir da ideia de que

---

16 R. Fubini, *Italia Quattrocentesca*, p. 220-252.
17 N. Machiavelli. "Discorsi sopra la prima deca di Tito Livio", vol. I, III, 6, p. 426-444. No corpo do texto, vou me servir da tradução brasileira apresentada pela Editora Martins Fontes: Maquiavel, *Discursos sobre a primeira década de Tito Lívio*. A partir daqui vamos nos referir ao texto só como *Discursos*.
18 L. Strauss, *Pensées sur Machiavel*, p. 121ss. Vale lembrar que alguns intérpretes afirmam, à luz de textos da época, que o referido capítulo foi

para o intérprete, para bem compreender o pensamento do florentino, é preciso lembrar que ele inova tanto no terreno do pensamento político quanto naquele da moralidade.[19] Ora, à luz da novidade do pensamento de Maquiavel é que podemos entender o caráter "simultaneamente diabólico e equilibrado de seu pensamento".[20] Visando "ensinar" algo novo e revolucionário, o secretário florentino tinha ao mesmo tempo de expor conteúdos extraordinários e mascará-los com as roupas da tradição.[21] É por isso que Strauss acredita que o fato de Maquiavel ter lido muitos dos capítulos para os jovens que se reuniam nos *Orti Oricellari* é um dado essencial. "Somos tentados a descrever a relação de Maquiavel com os jovens" – afirma ele – "como uma conspiração em potência."[22] Consciente do papel que eles poderiam ter na política florentina, Strauss conclui: "Nós preferimos sustentar que esse mestre das conjurações os ensina sem ser ele mesmo um conspirador."[23]

Nessas afirmações polêmicas de Strauss está presente uma síntese do que acredita ser a natureza do pensamento de Maquiavel. Para ele, o pensador florentino foi não apenas um revolucionário, mas também um sedutor, que nunca deixou de pensar no efeito de suas palavras sobre seus leitores, sobretudo os mais jovens, que lhe pareciam mais aptos não apenas para compreender seus ensinamentos, mas também para colocá-los em prática. Nesse universo teórico, as conjurações pareciam ser a forma de intervenção na cena política mais de acordo com os desejos de Maquiavel, embora ele mesmo soubesse que eram por

concebido inicialmente como um escrito autônomo, o que iria contra as hipóteses de Strauss.
19 Ibid., p. 253.
20 Ibid., p. 264.
21 Idem.
22 Ibid., p. 188.
23 Ibid., p. 189.

demais perigosas para serem postas em prática sem grandes cuidados. Na mesma trilha, mas com menos arroubos retóricos, outros intérpretes também consideraram o capítulo dos *Discursos* uma chave importante para entender o que Strauss chamou de "pedagogia do mal".[24] Dar tanta atenção ao tema mostra, segundo alguns, que Maquiavel pretendia fornecer uma chave para o leitor compreender seu pensamento ao fazer das conjurações um problema central para o esclarecimento da natureza da ação política. Ainda que esses intérpretes o digam com outras palavras, é possível afirmar que acreditam que Maquiavel foi uma espécie de profeta da força, em contraposição ao "profeta desarmado", que fora o monge Savonarola, que dominou a vida política florentina entre 1494 e 1498.[25]

Se não há como negar que o tema tem importância para Maquiavel, estou longe de acreditar que ele seja uma "chave" para seu pensamento. Na verdade, não acredito que exista uma "chave" para se compreender a política, seja ela a conspiração, ou a força, como pensaram os jovens aristocratas ligados aos Médici, que escutaram as falas do secretário florentino nos *Orti Oricellari*.[26] Parece-me mais razoável pensar que Maquiavel tinha plena consciência de que vivia num "tempo das conjurações" e que não era possível, nem desejável, para um pensador da política fugir da questão. Conhecendo o ímpeto de muitos dos que o escutavam, talvez ele tenha sido levado a dar um tratamento extensivo ao tema porque ele fazia parte do imaginário político da época.

---

24 H. Mansfield, *Machiavelli's New Modes and Orders. A Study of the Discourses on Livy*, p. 317-343.
25 L. Polizzotto, *The Elect Nation: the Savonarolan movement in Florence. 1494-1545.*; L. Martines, *Savonarola*.
26 F. Gilbert, "Le idee politiche a Firenze al tempo di Savonarola e Soderini", p. 67-114.

O que é uma conjuração?

O sexto capítulo do terceiro livro dos *Discursos* se inicia com um alerta de que não é possível deixar de lado o tema das conjurações, pois muitos príncipes e governantes perderam o poder por meio delas. Sendo "coisa perigosa" para todos os atores políticos, os que conspiram deveriam seguir, segundo Maquiavel, os conselhos de Tácito de que "os homens devem honrar as coisas passadas e obedecer às coisas presentes", para evitar se lançar em aventuras que, no mais das vezes, são catastróficas para seus participantes.[27] Muitos intérpretes viram nessa referência ao escritor romano, e em seu apelo à prudência, uma ironia, pois as análises posteriores estão longe de confirmar a verdade da máxima do romano.[28] Na verdade, me parece que há uma dupla ironia na frase. A primeira no fato de que o longo tratamento conceitual dedicado ao tema das conjurações desmente a ideia de que a simples recusa em participar delas seria suficiente para afastá-las da vida pública. A segunda ironia está no fato de que Maquiavel havia experimentado na pele as consequências de uma conjuração mal preparada, da qual nem mesmo havia participado. Se ele tivesse agido como Tácito recomenda, ainda assim teria sido tragado pelos acontecimentos, que não dependeram de sua vontade, mas que o atingiram da mesma forma. Ao colocar o tema no centro de suas preocupações, nosso autor pretende não apenas dar-lhe um tratamento exaustivo, mas mostrar de que maneira ele se liga com as ideias que até então havia apresentado para seu leitor e que estão longe de poderem ser resumidas a um simples apelo à obediência de máximas que aconselham respeitar o poder estabelecido em todas as circunstâncias.

A questão das conjurações não somente faz parte dos

---

27 N. Machiavelli, "Discorsi sopra la prima deca di Tito Livio", III, 6, p. 426.
28 C. Lefort, *Le travail de l'œuvre Machiavel*, p. 616.

desenvolvimentos conceituais dos *Discursos*, mas aponta para uma região da política que até então não havia sido contemplada em suas análises. Assim, longe de ser um tema lateral na *démarche* argumentativa de Maquiavel, o problema das conjurações alarga a compreensão da política e do papel que a força tem nela.

Para efetuar esse giro em direção a uma nova posição de visada da política, é necessário reconstruir o campo de ação no qual evoluem os conspiradores. Maquiavel inicia esse trabalho de escalada de um novo ponto de vista adotando um procedimento analítico que nos lembra aquele de *O Príncipe*. Depois de ter observado que as conjurações podem ser dirigidas contra o príncipe ou contra a pátria, ele nota que a razão mais forte para que possamos esperar o desencadeamento de uma conspiração é o fato do príncipe "ser odiado pelo povo".[29] Essa condição é a que em geral determina a fragilidade do poder. Ser odiado pelo maior número de cidadãos define a condição do tirano e, portanto, do tipo de poder que tem enorme dificuldade para se manter e se obriga a recorrer a procedimentos extraordinários o tempo todo. Nesse primeiro movimento do texto, nosso autor se coloca de um ponto de vista próximo daquele de *O Príncipe*, pois o que lhe interessa são as condições da conservação do poder. Dessa maneira, tudo se passa como se ele continuasse uma conversa que já havia começado no décimo nono capítulo de sua obra mais famosa, quando recomenda aos detentores do poder fugir do ódio de seus súditos, para evitar o perigo das conjurações.[30] De forma direta, ele conclui sua análise do problema dizendo: "Concluo, portanto, que um príncipe deve levar pouco em conta as conjurações, quando o povo lhe quer bem. Mas quando ele é seu inimigo e o odeia deve temer a tudo e a todos."[31]

---

29 N. Machiavelli, op. cit.
30 N. Machiavelli, "Il Principe", vol. I, XIX, p. 168.
31 Ibid., XIX, p. 169.

As razões pelas quais se conspira são listadas e podem ser resumidas inicialmente em três: "injúrias contra o patrimônio, o sangue ou a honra".[32] A esses motivos Maquiavel acrescenta o fato de que muitas vezes se conspira para retomar a liberdade perdida de uma república, o que representa uma ameaça sempre presente nos horizontes de quem ocupou uma cidade livre. Até aqui, o capítulo parece seguir um caminho já trilhado antes tanto nos *Discursos* quanto em *O Príncipe*. Com efeito, a questão é posta tendo em vista a tópica da conquista e da manutenção do poder. A referência inicial a um problema que já fora tratado a partir de uma posição central do pensamento maquiaveliano pode levar-nos a pensar que o capítulo citado dos *Discursos* nada mais faz do que aprofundar o estudo iniciado em outro lugar de sua obra. O próprio autor parece corroborar essa afirmação remetendo o leitor ao que dissera em outros momentos. Mas, depois de ter falado das dificuldades que os príncipes encontram para manter o poder, quando são odiados e atentam contra seus súditos, Maquiavel muda a direção de sua interrogação colocando-se no lugar dos conspiradores e abandonando aquele do príncipe, ou mais genericamente do poder. Falando dos perigos que rondam as conjurações, ele muda sutilmente de posição analítica passando a se situar num território fronteiriço àquele do poder e, por isso mesmo, sujeito a todos os riscos.

Para se colocar no lugar do conspirador basta estar vivo, pois, como mostra Maquiavel, até mesmo um homem solitário pode tentar matar o príncipe.[33] Embora esse seja um caso raro, quase nunca é bem-sucedido, pois, mesmo se o príncipe for ferido, disso não resulta necessariamente uma mudança do poder. Aquele que perpetrou o ato sempre coloca sua vida em risco, sem ter como recompensa algo além da vingança pessoal

---

32 N. Machiavelli, "Discorsi sopra la prima deca di Tito Livio", III, 6, p. 427.
33 Ibid., p. 428.

contra um governante detestado. Talvez nem possamos falar aqui propriamente em conspiração, pois não há um "outro" com o qual dividir o projeto de depor o governante. Nosso autor dá pouca importância a esses casos e prefere passar para as conjurações urdidas por muitos, que são para ele seu verdadeiro objeto de estudo. O uso solitário da força contra um governante não nos ensina muito sobre seu papel na política, no máximo introduz o tema da vingança pessoal, que não pode ser prevista pelo governante, como vemos em tantos assassinatos de governantes ao longo dos tempos, mas que produziram poucas modificações na cena pública.

Inicia-se então uma análise detalhada que, sem romper o fio narrativo dos capítulos anteriores, se desdobra em mais de um nível. O primeiro com o qual o leitor fora acostumado desde os capítulos memoráveis e intensos de *O Príncipe*, e que podemos chamar de fenomenológico, explora o campo das conjurações a partir das diferenças entre as várias possibilidades que se apresentam para os que desejam se lançar numa empreitada arriscada. Desse lugar, Maquiavel explora os resultados possíveis, os riscos e os casos célebres de conspiração do presente e do passado. Num segundo nível, Maquiavel explora o fenômeno do ponto de vista que chamaremos de topológico. Nele, o que importa é a geografia interna do poder e a maneira como cada ator se situa no terreno no momento em que o poder é ameaçado pelos conspiradores. Esse nível de reflexão aparece no texto entrelaçado com o primeiro nível, mas, como veremos, ilumina regiões da política que não podem ser apreendidas por meio de um estudo de sua fenomenologia. Ele foi sugerido pelo próprio autor que, no começo de *O Príncipe,* lembra o leitor que a posição da qual o príncipe olha o corpo político não é a mesma daquela de seus súditos e que isso impacta diretamente na formulação de seus juízos e na elaboração do caminho que trilha para tomar suas decisões.

As conjurações são vistas como ações que possuem três fases, todas relacionadas com a tomada do poder. Na primeira, o conspirador, ou os conspiradores, se preparam para atacar o governante. Se as motivações são uma parte importante para os que decidem se lançar nessa empresa, as possibilidades são julgadas muito mais pela topologia do poder do que por uma visão clara do futuro. A preparação mostra o entrelace perfeito entre os dois níveis de análise que me orienta nesse estudo. A segunda fase é a da execução. Nela os perigos resultam de uma ação que desvela seus objetivos e da qual não se pode recuar. Os conspiradores sabem que estão diretamente expostos à morte e, por isso, não podem voltar atrás, ou tentar explicar ao príncipe que ele se enganara ao pensar que seu poder estava ameaçado. O momento da execução é o que permite construir de forma clara uma fenomenologia da ação. Por fim, na terceira fase, a da consolidação do poder adquirido, o perigo diminui, mas permanece no horizonte, caso subsista alguma memória positiva do poder anterior, ou alguém disposto a vingar a destituição dos antigos governantes.

A organização do ataque ao poder

A primeira fase expõe com clareza o entrelace dos dois níveis de análise que mencionamos antes. De fato, a melhor posição para desfechar um ataque contra o príncipe é aquela dos solitários. Mas essa posição é também a menos eficaz, como já observei. Podemos então pensar que a eficácia das conjurações aumenta com o aumento do número dos participantes. Ora, essa é uma observação verdadeira apenas do ponto de vista formal, pois o pretenso aumento da eficácia implica também aumento dos perigos. Segundo Maquiavel: "a descoberta se dá por delação ou por conjectura", o que faz com que muitas conjurações sejam "reveladas e debeladas já desde o início; e quando alguma permanece secreta entre muitos homens, durante muito tempo, diz-se que é por milagre".[34]

Vemos, portanto, que desde o início Maquiavel se opõe à ideia de que é possível construir um saber positivo sobre as conjurações. Se tomássemos como referência apenas a dimensão topológica das ações de ataque ao poder dos governantes, poderíamos imaginar que as conjurações poderiam ser pensadas como um tipo de ação que seria mais eficaz quanto maior o número e o segredo mantido entres os conspiradores. Ora, essa seria a fórmula perfeita para o sucesso do ataque ao poder dos príncipes se combinada com o fato de que é a proximidade com o poder um fator determinante no desencadeamento das ações. Ocorre que as conjurações bem-sucedidas, como foi aquela para matar Nábis, tirano espartano da Antiguidade, o foram porque seguiram a regra da combinação do número dos conspiradores com o segredo entre eles, mas também porque contaram com a perfeita concatenação entre os diversos fatores envolvidos na trama, o que, segundo Maquiavel, é algo raro, pois, "os homens, de ordinário, por pouco entenderem das ações do mundo, muitas vezes cometem erros gravíssimos, e ainda maiores nas coisas mais extraordinárias como essa".[35] Mesmo nos casos bem-sucedidos, a *fortuna* continua a estar presente e a ameaçar, pois não existe uma fórmula mágica de combinação entre o número de participantes e a forma de ação para assegurar o sucesso das ações em qualquer contexto.

O primeiro momento de uma conjuração é o mais perigoso, pois, ao mesmo tempo que coloca em risco a vida dos conspiradores, ainda não afetou em nada o equilíbrio do poder instituído, que conta com todas suas armas para se defender. Maquiavel não diz que as conjurações são ações impossíveis de serem

---

34 Ibid., p. 431.
35 Ibid., p. 433.

bem-sucedidas. Ele mesmo dá exemplos de tramas que derrubaram governantes poderosos. O que lhe interessa desde o início é sublinhar a natureza de uma ação que, embora encontrável em grande número ao longo da história, está entre as mais difíceis de serem executadas. A indeterminação da ação política, que é uma marca de seu pensamento, está sempre presente nas conjurações. Ao usar exemplos de várias épocas, Maquiavel mostra para o leitor que as conjurações são parte do universo das ações possíveis nas cidades e estão sujeitas às mesmas condições de todas as outras ações. Elas expõem uma face dos usos da força na política, mas estão longe de poderem ser tidas como a maneira mais eficaz para se agir na cena pública.

A tomada do poder

Iniciada a segunda fase, a da execução, o fator topológico perde importância. Em seu lugar, aparece a capacidade de ação dos atores envolvidos na trama, sua *virtù*, poderíamos dizer, que ocupa o lugar central dos acontecimentos. Quando um ator sozinho ou um conjunto de atores se lançam na aventura de destruir o poder vigente não há retorno possível. Visando o poder do ponto de vista daquele que quer destruí-lo, os participantes de uma conjuração são jogados num redemoinho do qual só escapam se souberem agir com toda a determinação. Maquiavel oferece assim um primeiro panorama das dificuldades com as quais se confrontam os conspiradores quando afirma: "Quanto aos perigos da execução podem provir de mudança nos planos, de falta de coragem por parte de quem deve executá-lo, de erro cometido por pouca prudência do executor ou de não se executar a coisa com perfeição, permanecendo vivos alguns daqueles que se pretendia matar."[36]

36 Ibid., p. 435-436.

Alterar os planos no meio das ações é algo perigoso pelo simples fato de que uma conjuração se assemelha a uma guerra e nela é sempre difícil se desviar da rota estabelecida sem perder o ímpeto original. Maquiavel aponta nesse momento do texto para o núcleo de suas análises da fase da execução, que é a noção de *virtù* dos atores. Com efeito, a aproximação com a guerra não é nada fortuita, pois permite ao leitor se situar no campo das ações que nosso autor vinha examinando ao longo dos *Discursos* e que permitiram alargar o campo de estudos da política. Sem a *virtù* necessária, "o executor perde a coragem por respeito ou por covardia. São tão grandes a majestade e a reverência provocadas pela presença de um príncipe que é fácil o executor abrandar-se ou amedrontar-se".[37]

Se na primeira fase o poder se conserva inteiro e o conspirador tem apenas uma dimensão – a do desejo de mando, ou de vingança –; na segunda fase, o ocupante do poder tem sua força posta em questão, mas ainda mantém intacto seus elementos simbólicos e imaginários. Ou seja, ainda é capaz de resistir ao assalto, pois nem todos os esteios do poder foram atingidos pelos primeiros ataques. Nesse momento, diferente do confronto direto das armas letais próprio das guerras, entra em linha de conta os aspectos de ordem simbólica. Os que querem conquistar o poder e derrubar o príncipe podem contar, em alguns casos, com a simpatia de parte da população, mas não com o poder simbólico de suas ações. Por isso, em certa medida, lutam com armas desiguais contra o príncipe, que desde o início tem seu poder ancorado em algo mais do que suas armas de repressão.

A instabilidade do terreno no qual se desenrola uma conjuração lhe é, portanto, constitutiva e não permite que os erros sejam corrigidos, salvo no caso raro de conspiradores de grande *virtù*. Envoltos em ações que podem lhes custar a vida,

---

[37] Ibid., p. 436.

os conspiradores são facilmente afetados por sinais exteriores, que adquirem significados extremos, ainda que se refiram apenas a algo corriqueiro e que nada indicariam se uma conjuração não estivesse em marcha. "Porque" – diz Maquiavel – "se tens a consciência pesada, acreditas facilmente que se fala de ti; podes ouvir uma palavra dita com outro fim, e teu ânimo se perturba, acreditando que ela foi dita acerca do teu caso; podes, então, fugir e assim levar à descoberta da conjuração, ou confundir toda a ação apressando-a."[38] Por fim, os conspiradores sempre poderão ser afetados por acidentes, que "são sempre inesperados", e, portanto, podem apenas ser conhecidos pelo recurso aos exemplos do passado. Essa menção aos acidentes pode parecer ao leitor desavisado que se trata de uma maneira de traçar o quadro completo do terreno das ações possíveis no curso das conjurações, mas ela encerra algo mais do que o desejo de examinar todos os aspectos do fenômeno estudado. Se aceitarmos que o estudo dos primeiros momentos de uma conjuração é guiado pela consideração da *virtù* dos atores envolvidos, por sua capacidade de agir bem na cena pública, é natural, à luz de uma das tópicas centrais do pensamento maquiaveliano, pensarmos na *fortuna*. Como em outros momentos de suas obras, Maquiavel não acredita que possamos analisar a vida política sem recorrer às duas partes da tópica *virtù-fortuna*.

Como já alertaram alguns estudiosos, não podemos tratar a fenomenologia das ações dos conspiradores como uma mera descrição dos caminhos possíveis para os que buscam conquistar o poder pelas vias mais perigosas. Maquiavel não procura uma definição formal da ação humana, para logo depois tentar entender suas formas particulares. Ele defende uma tese: "a ação humana não é determinada *a priori* (pela providência, pelos

---

38 Ibid., p. 439.

astros etc.), não se deve cair no fatalismo".[39] Dessa maneira, não há uma análise prévia da ação que a explique e enquadre em um esquema conceitual capaz de desvelar sua essência. A ação pode ser pensada, mas não antecipada em todas as suas fases. Por isso, "o pensamento da ação política não se reduz em Maquiavel a uma análise de suas condições".[40] O que chamamos de nível fenomenológico de análise esconde algo mais do que a descrição dos caminhos pelos quais a luta política trafega. Ele permite-nos lançar um olhar para um processo político, um conjunto de ações concatenadas, que podem ser descritas, apreendidas em suas diversas fases, mas não inteiramente compreendidas. Isso não se deve à falta de capacidade analítica daqueles que se dispõem, como Maquiavel, a acompanhar os passos dos conspiradores, mas ao fato de que não há uma essência das ações, que apareceria ao fim de uma redução dos fenômenos aos seus elementos mais simples, mesmo sendo ele a força. Cada gesto pode revelar seu significado e seus limites ao intérprete, mas não é possível apreender no fluxo das ações dos conspiradores um sentido último, que nos permite constituir uma ciência positiva da ação unindo num só sentido os gestos muitas vezes desconexos dos que desejam conquistar o poder. Esse era o desejo dos jovens do tempo de Maquiavel: encontrar um operador síntese da vida política. O combate teórico levado a cabo por Maquiavel foi o de desmentir que um tal fator possa ser encontrado na história. O olhar mais acurado das ações internas das conjurações amplia nosso conhecimento da cidade, mas o faz por meio da exposição à indeterminação e não por meio da consolidação de um saber positivo, que seria erigido pela descoberta de uma ação não sujeita à contingência.

---

39 M. Gaille-Nikodimov, "Machiavel, penseur de l'action politique", p. 259.
40 Ibid., p. 271.

Conservar o poder conquistado

Por fim, restam as considerações sobre a etapa posterior à execução. Nesse caso, diz Maquiavel, o único risco são os amigos restantes do príncipe, que podem resolver vingá-lo. No caso de o povo permanecer ao lado do príncipe, "contra esse os conjurados não têm remédio algum, contra ele nunca poderão se garantir".[41] Se a existência de "amigos do príncipe" na cidade depois de uma conjuração parece descrever com precisão esse momento final da ação e indicar seus desdobramentos possíveis, a menção ao elemento popular quebra o ritmo de argumentação seguido até aqui. Num sentido restrito, podemos dizer que até esse ponto do texto Maquiavel segue a maneira de apresentar o problema em seus vários níveis de forma muito próxima daquela que estrutura *O Príncipe*. A partir desse momento faz irrupção na cena o regime republicano, que é um tema lateral em seu escrito anterior.

Maquiavel parte de uma premissa forte, quando diz que "As conjurações contra a pátria são menos perigosas para quem as trama do que aquelas contra os príncipes, porque, enquanto estão sendo tramadas, os perigos são os mesmos do que naquelas; na execução os perigos são os mesmos; depois da execução, não há perigo algum".[42] Que a fenomenologia das ações de execução sejam as mesmas em todos os casos é algo que se compreende facilmente. Da mesma forma, em uma república não há uma preponderância acentuada do fator topológico na primeira fase, uma vez que não tendo o poder em uma república um único centro, o planejamento não se dá num terreno plano no qual aparecem opostos os conspiradores e o príncipe. Livres para pensar e mesmo para exprimir suas diferenças, os cidadãos de uma

---

41 N. Machiavelli, "Discorsi sopra la prima deca di Tito Livio", III, 6, p. 441.
42 Idem.

forma livre de governo não são vigiados o tempo todo e podem se aproximar do poder por vários caminhos e não por apenas um como no caso dos principados. O que causa espanto é que Maquiavel afirme que após a tomada do poder pelos conjurados os riscos são pequenos.

Em *O Príncipe*, ele afirma que uma das coisas mais difíceis é conquistar uma república, pois a memória da liberdade é sempre uma ameaça ao novo governante.[43] Um pouco antes, ele mesmo havia assinalado que a inimizade do povo é um dos fatores que faz fracassar uma conjuração em sua terceira fase. Como então sustentar que em uma república é mais fácil conspirar? Num primeiro momento, nosso autor remete para o caso já examinado por ele nos *Discursos* de que apenas as repúblicas corrompidas estão sujeitas a ações do tipo que estamos examinando. Mas esse argumento parece expor apenas parte de seu pensamento. Se continuarmos a examinar o texto, veremos que Maquiavel parece eximir as repúblicas não corrompidas do risco das conspirações. Mas a existência de repúblicas não corrompidas na história não prova que elas podem durar no tempo. Em outras palavras, Maquiavel nunca afirmou que existem fórmulas políticas eternas. Se a imagem de força de uma república sadia coincide com o que ele mostrou em vários momentos de sua obra, o aparente paradoxo do texto nos faz ver que "apesar das aparências o regime republicano tende a se petrificar seguindo o mesmo processo que a monarquia".[44]

A chave, portanto, para se pensar a resistência dos regimes aos ataques dos conspiradores é o estado de suas instituições de poder. Numa república corrompida, as barreiras são menores, porque a topologia de seu poder é diferente daquela dos principados. Nelas é permitido aos que conspiram se manter em segredo,

---

43 N. Machiavelli, "Il Principe", ix, p. 145.
44 C. Lefort. *Le travail de l'oeuvre Machiavel*, p. 621.

aproveitando-se da desorganização que caracteriza uma forma livre que perdeu suas principais características estruturais: liberdade de participação, igualdade perante a lei, distribuição do poder para um número grande de cidadãos. Num principado, o conspirador não tem muitos acidentes no relevo do poder para se esconder. Numa república, a variedade do terreno permite mesmo a atores medíocres aspirar ao poder. No entanto, o que Maquiavel sugere não é que as repúblicas sejam mais frágeis do que os principados em face da ameaça das conspirações e sim que se tornam mais frágeis quanto mais se tornam parecidas com os principados. Tendo seus fundamentos corrompidos, as formas livres de governo deixam de contar com a adesão do povo às suas instituições e, por isso, sucumbem com facilidade maior do que os governos que desde o início conheciam o estado de suas forças.

O lobo solitário

Voltemos agora nosso olhar para o ator solitário, que decide matar o príncipe. Como vimos, ele apresenta pouco interesse para uma fenomenologia das conjurações. No entanto, fornece elementos interessantes para a elucidação do que estou chamando da topologia das ações dos conspiradores. Sua solidão é aparentemente algo que ele partilha com os grandes fundadores. No entanto, ele não possui seus outros atributos. Sozinho, ele continua a pertencer ao corpo político, quando age e quando assiste ao desfecho da própria ação. Como lembra Maquiavel, o fato de que o conspirador fracassa em sua ação não apaga o fato de que ele foi capaz de executar o plano que elaborara, ou simplesmente seguir suas emoções. Isso foi possível porque se tratava de um ator que pertencia ao corpo político, que era conhecido do príncipe, ou pelo menos sabia de seus hábitos. O que o diferencia então dos conquistadores, que se lançam na luta por novos territórios?

Talvez o traço marcante do lugar do conspirador solitário e dos conspiradores em geral seja o fato de que eles partilham com os conquistadores o desejo de alcançar o poder. Suas ações, no entanto, não contam com nenhuma vantagem que não decorra de sua proximidade com o poder. Nesse sentido, não devem ser confundidos, pois os elementos que os separam são mais importantes do que seus traços de união. É, portanto, o lugar ocupado pelos conspiradores na cidade, aí incluindo o acesso a lugares como os palácios e igrejas, que os tornam perigosos e não as características dos grandes atores, que Maquiavel examina no segundo livro dos *Discursos*. De maneira simplificada, podemos dizer que eles agem sem poder lançar mão dos elementos simbólicos e imaginários que costumam acompanhar as ações dos grandes fundadores e dos grandes capitães. Sua ação se dá num plano único, no qual se situam diante do alvo sem outra mediação do que o segredo que envolve seu desejo de conquistar o poder.

A tópica teórica da conquista e manutenção do poder continua válida como ferramenta analítica, mas aqui ela está reduzida a seus elementos fundantes, entre os quais está o desejo de comandar, que é o centro do humor dos grandes, pois, como diz Maquiavel, "o desejo de dominar é tão grande quanto o de vingança, ou ainda maior".[45] Por isso, as conjurações são levadas a cabo, em geral, por atores poderosos.[46] Isso se dá, como afirma Maquiavel, "porque os outros, se não forem totalmente loucos, não podem conjurar, visto que os homens fracos e não familiares ao príncipe não podem oferecer as esperanças e as possibilidades necessárias à execução de uma conjuração".[47] Falta a muitos que desejam conspirar contra os príncipes a *virtù* necessária

---

45 N. Machiavelli, "Discorsi sopra la prima deca di Tito Livio", III, 6, p. 430.
46 "Digo que os conjurados hão de ser homens grandes e de ter fácil acesso ao príncipe...". Ibid., p. 428.
47 Ibid., p. 429.

para tanto. Mas o fator determinante no caso das conjurações é a soma da capacidade de ação – que importa em todo o espectro da vida política – e o lugar que se ocupa na topologia do poder. Os grandes estão mais aptos a conspirar pelo desejo de poder, por seu humor, mas podem tentar executar seus projetos, sobretudo, porque "têm fácil acesso ao príncipe".[48] Se souberem usar do lugar que ocupam na cidade não podem falhar.[49] Há, portanto, um fator topológico que, se não pode garantir o sucesso de uma empresa, é peça fundamental em todas as conjurações.

Ora, é esse caráter interno e destituído de elementos simbólicos e imaginários, próprio das conjurações, que levou, desde a Antiguidade até os dias atuais, muitos pensadores políticos a acreditar que poderiam tratá-las como um crime a ser combatido com as leis das cidades. Com efeito, se elas não podem ser percebidas como um momento comparável àqueles das fundações das cidades do passado, e se aparecem aos olhos de todos como a expressão direta do desejo de poder, por que não podem em sua platitude ser olhadas, se tomarmos o ponto de vista dos governantes, simplesmente como algo que deve ser tratado na esfera do Direito? No Renascimento, as conjurações eram consideradas crimes, mas nem sempre era possível distinguir claramente seus contornos.[50] A divisão entre *proditio* – crime referente à traição em favor de um inimigo exterior – e o crime de *laesae maiestatis* – crime contra os governantes da cidade ou seu povo – era aceita pela lei romana no período que nos interessa, mas não aumenta a precisão das observações quanto à natureza das ações praticadas

---

[48] Idem.
[49] "Mas a mesma cupidez de poder que os torna cegos, torna-os cegos também na execução de sua empresa; porque se soubessem cometer essa maldade com prudência, seria impossível falhar". Idem.
[50] K. Lowe. "The Political Crime of Conspiracy in Fifteenth- and Sixteenth-century Rome", p. 186.

no interior da cidade, que podiam ser classificadas com essa taxonomia. Da mesma forma, a distinção entre *crimen ribellionis* e *crimen laesae maiestatis* existia na linguagem de muitos juristas do Renascimento, sem que com isso tivessem clareza quanto à natureza dos atos que mereciam ser punidos pela cidade.[51]

Consideradas crime, as conjurações se integram na vida da cidade, mas nem por isso adquirem um rosto que nos permita abordá-las de maneira objetiva. Do lado dos que as executam, elas se desenvolvem em um terreno plano no qual só a proximidade entre o sujeito e o objeto, o conspirador e o príncipe, fornecem as condições para sua realização. Os que almejam o poder por meio de um ataque direto, enfrentam, como vimos, todas as dificuldades e se beneficiam unicamente da posição que ocupam no território da política. Essa visão plana, mas de curto alcance da vida pública, constrói o lugar do conspirador, mas não o do príncipe ou da cidade. Percebida como um mal maior pelos detentores do poder, as conjurações não precisam existir de fato para se tornarem uma ameaça e darem início a uma ação de repressão no interior da cidade. Sendo uma das possibilidades inscritas na vida política, elas são imaginadas, supostas, construídas mentalmente e com isso ganham um volume que os conspiradores não supõem existir. O que lhes dá existência não é, portanto, unicamente o desencadear de ações que ameaçam a vida do governante, mas o fato de serem crimes potenciais, que devem ser combatidos o tempo todo. Por isso, afirma uma estudiosa: "Conjurações, sejam genuínas ou espúrias, imaginárias ou imaginadas, permanecem o crime político por excelência."[52]

A indeterminação que acompanha o andar das conjurações e que faz delas ações tão perigosas reaparece no momento em que se inscrevem no terreno da cidade como uma de suas

---

51 Ibid., p. 187.
52 Ibid., p. 203.

possibilidades. Se conspiradores e príncipes ou governantes pudessem olhar a luta que os opõem de um mesmo ponto de vista, a topologia da conquista do poder seria uma só e poderia dar origem a uma ciência positiva da ação. Mas, como mostra Claude Lefort referindo-se ao conspirador: "No momento em que age, qualquer que seja sua convicção de que será aprovado mais tarde, ele se isola do corpo social. No conspirador, melhor do que no príncipe, se revela o Sujeito político, pois ele é, por excelência, aquele que não dispõe de garantias exteriores, que não conta nem com os homens, nem com as instituições, que tem contra ele a força do Estado e aquela dos costumes."[53]

Aparece aqui uma nova forma de solidão e uma nova divisão do corpo político. De um lado, a solidão do conspirador não é da mesma natureza daquela dos grandes fundadores. De sua ação não nasce um corpo político inteiramente novo, como surge da ação dos grandes legisladores. Eles são prisioneiros do tempo em que agem e, por isso, não podem se beneficiar do segredo que rege o lugar dos fundadores, que estão "fora da história", o que os torna capazes de criar novas formas em sua plenitude simbólica e imaginária. Os conspiradores se situam em uma dobra do tempo presente, sem profundidade no plano da ação, mas são confrontados com a mesma indeterminação dos que agem fora dos caminhos seguros das instituições e dos costumes.

Ao serem considerados criminosos por aqueles que resistem às suas ações, os conspiradores apontam para uma outra divisão do corpo político, que não aparece naquela fundamental entre os governantes, que querem comandar, e o povo, que deseja não ser oprimido, que constitui o fundamento do pensamento político de Maquiavel.[54] Nas conjurações é o humor dos gran-

---

53 C. Lefort, op. cit., p. 618.
54 Há no Brasil um debate muito interessante a respeito dessa divisão do corpo político no interior do pensamento de Maquiavel. Ele se iniciou

des que está primordialmente em questão. Maquiavel começa mostrando que o apoio do povo é uma das garantias do poder dos grandes, mas ele não é suficiente para frear o desejo de conquista no interior das cidades, que são as conjurações. Ao analisar o desenrolar das conjurações somos confrontados com o fato de que é possível descobrir uma nova divisão no corpo político que, embora não possa ser equiparada com aquela entre os grandes e o povo, sobre a qual falamos, ajuda-nos a esclarecer a natureza da política. Essa nova divisão pode ser apreendida a partir da diferença entre o conspirador e o governante, ou detentor do poder, a partir da perspectiva que chamei de topológica. Tomando como referência a primeira divisão, podemos ser levados a acreditar que existe uma homogeneidade dos desejos fundamentais. Ora, isso se mostra verdadeiro se abordarmos o problema do ponto de vista ontológico. Se o analisarmos do ponto de vista da fenomenologia das ações e da topologia do poder na cidade, vemos que uma nova perspectiva se abre.

O conspirador ocupa um lugar do qual só pode ver o maciço do poder como um alvo a ser conquistado. Tudo se passa como se seu mundo fosse bidimensional e seu desejo pudesse ser descrito como aquele de um ator que pretende mudar de lugar com o príncipe, que ocupa o topo de uma montanha unidimensional. Esse lugar certamente tem semelhanças com aqueles dos conquistadores, que Maquiavel examina em *O Príncipe*, mas difere dele por ser ocupado de forma solitária, ou por poucos. Os que conspiram não possuem exércitos ou aliados, pois nesse caso

com a publicação de um estudo de Helton Adverse e foi seguido por textos de Ames e de Sérgio Cardoso, que deram contornos extremamente ricos à polêmica entre os três autores. Ver: H. Adverse, "Maquiavel, a República e o desejo de liberdade"; J.L. Ames, "Liberdade e conflito: o confronto dos desejos como fundamento da ideia de liberdade em Maquiavel"; S. Cardoso, "Em direção ao núcleo da 'obra Maquiavel': sobre a divisão civil e suas interpretações".

não podemos falar propriamente de conjuração, mas sim de conquista do poder pura e simples. É claro que se pode conspirar buscando alianças com príncipes estrangeiros, mas esse caso não me interessa, pois nele já não se pode falar de solidão e recaímos nos casos que Maquiavel analisa tão bem em outros lugares de sua obra. O que desejo sublinhar é a existência na cidade de um desejo de mando, um desejo que Maquiavel associa à posição dos grandes, que se exerce no terreno restrito da contraposição a um poder já estabelecido.

No alto da montanha do poder instituído se encontra um ator que se identifica com o humor dos grandes, mas que não enxerga o mundo sobre o qual exerce seu poder de maneira linear como os conspiradores. Ao contrário, ele precisa ver seus domínios levando em conta a variedade dos desejos de seus súditos, pois está plenamente instalado no exercício de manutenção do poder. Ao mesmo tempo, deve estar atento aos que ameaçam sua posição. A complexidade de sua posição faz com que ele deva incorporar em sua maneira de perceber a realidade do poder os elementos simbólicos e imaginários que a compõem. Por isso, não pode se limitar a detectar os atos diretos de ameaça a seu mando, mas se põe a imaginar desdobramentos de seus atos e daqueles de seus inimigos. Sem poder se limitar a pensar suas ações no tempo presente, ele as imagina em conexão com o passado e o futuro. Incapaz de habitar o mesmo lugar dos conspiradores, ele não pode se basear no terreno reduzido dos atos diretos que o ameaçam. O governante, ao ver o mundo em sua complexidade, faz com que a distância que o separa dos conspiradores não possa ser anulada, perpetuando assim a indeterminação que habita toda ação de conquista e manutenção do poder.

O estudo das conjurações, ao expor uma forma peculiar da ação política, abre as portas para uma nova percepção da política, alargando o campo de investigação do pensador que a ela se dedica. Nessa busca pelos desvãos da ação política, lega-nos uma visão ampliada da combinação entre o perigo inerente a todo agir no terreno das relações de poder e a contingência que preside toda ação na cidade. Nesse sentido, o tema não serve, como querem alguns intérpretes, como uma chave para todo o pensamento de nosso autor. No entanto, ao situar o olhar analítico em uma dobra da vida na cidade, chama a atenção para aspectos da vida política que não são apreensíveis com facilidade quando nos colocamos do ponto de vista dos atores mais tradicionais da cena pública. As conspirações ajudam a pensar o que podemos chamar de limites da força. Em sua complexidade irredutível, elas mostram que não existe uma metafísica da força que pudesse substituir todas as investigações sobre a natureza da conquista e manutenção do poder por uma única fórmula, mesmo lá onde o papel da força é mais evidente e necessário. Na modernidade, as conjurações receberam outros nomes e adquiriram outra configuração à medida que o Estado foi se tornando uma realidade incontornável da vida política e as relações sociais se tornaram ainda mais complexas do que nos "tempos das conjurações". Acredito, no entanto, que a maneira como Maquiavel formulou o problema continua a ser um ponto de partida teórico adequado para abordar o tema central deste livro.

SÉCULO XVII
Gabriel Naudé e a invenção de um conceito

Quando lembramos dos pensadores, atores políticos ou polemistas do século xvii, dificilmente nos vem à mente o nome de Gabriel Naudé. Voltaire em seu livro *O século de Luís xiv*, no qual faz uma lista extensa dos escritores da época, se refere brevemente a ele como um médico que se converteu à filosofia e que serviu a homens notáveis como o cardeal Barberin, em Roma, o cardeal Richelieu, o cardeal Mazarin e a rainha Cristine, antes de se retirar em Abbeville. De suas obras, diz o grande pensador do século xviii, restou apenas a *Apologie pour tous les grands hommes qui ont esté accusez de magie* (Apologia dos grandes homens acusados de magia). O restante acabou sendo esquecido depois de sua morte em 1653.[1] Voltaire era um bom conhecedor dos homens e, sobretudo, de suas obras. Naudé deve ter parecido para ele um desses escritores menores, que povoaram os tempos da monarquia francesa se notabilizando mais por seus serviços miúdos, prestados aos grandes personagens da época, do que pela força de seu pensamento. Em algum sentido, ele estava correto, pois Naudé nunca fez parte dos grandes espíritos de seu tempo. De sua pena, no entanto, ganhou vida um conceito que até hoje continua no centro da política e dos que pensam sobre ela: o de golpe de Estado.

1   Voltaire, *Le siècle de Louis xiv*, p. 820.

Ele não o inventou, pois já circulava em outros escritos antes do seu. Na verdade, o termo era comum e se confundia, por vezes, com o de razão de Estado e com outras palavras que designavam realidades da vida política: segredos de Estado, mistérios de Estado. Esses últimos podiam se referir a atores internos, mas também aos que de fora conspiravam contra o Estado. Já golpe de Estado tinha no mais das vezes um sentido positivo, indicando a capacidade dos atores políticos de influenciarem com suas ações a marcha dos acontecimentos de seu tempo. Richelieu, que dominou a vida política francesa na primeira metade do século XVII,[2] por exemplo, era percebido como um verdadeiro ator político, por saber orquestrar e aplicar golpes de Estado com grande precisão contra seus adversários.[3] Isso não significava que ele empregasse sempre a violência para conseguir seus intentos, pois, como dizia um escritor de panfletos favoráveis ao rei da época: "As violências são brutalidades quando são praticadas pelo capricho de um particular, quando são empregadas em acordo com os sábios, elas são golpes de Estado."[4] Mas o cardeal sabia defender o ponto de vista do rei e, sobretudo, o que considerava como o bem do Estado, que era tido como expressão do bem comum. Em 1631, Jean Sirmond (1589-1649) publicou o livro *Le coup d'État de Louis XIII. Au roi* (O golpe de Estado de Luís XIII: ao rei), no qual acusava os servidores da monarquia de influenciarem de maneira negativa os soberanos, levando-os a praticar atos que normalmente não fariam.[5] Ao mesmo tempo, o autor defendeu as ações de Luís XIII, que havia expulsado sua mãe, Maria de Médici, da cena política, dizendo que ações ditadas pela necessidade são legítimas, como foi o golpe de Estado levado a cabo pelo rei francês.

2   P. Erlanger, *Richelieu*.
3   E. Thuau, *Raison d'État et pensée politique à l'époque de Richelieu*, p. 395.
4   Citado por: E. Thuau, op. cit., p. 395.
5   J. Sirmond, *Le coup d'État de Louis XIII. Au roi*.

Foi, no entanto, com os escritos de Naudé que o termo ganhou em precisão e passou a integrar o vocabulário essencial da política moderna. Com ele, o termo antigo "conspiração" se diferenciou claramente do de golpe de Estado. Conspiração era um termo de conotação negativa, como vimos no capítulo anterior, enquanto golpe de Estado era positivo. Em 1680, quando o homem de negócios holandês instalado em Paris, Abraham van Wicquefort (1598-1682), escreveu *L'ambassadeur et ses fonctions* (O embaixador e suas funções),[6] reconhecendo que os golpes de Estado são terríveis e se acomodam mal com os costumes vigentes e com as leis, mas que são muitas vezes necessários, era o pensamento de Naudé que reverberava, mesmo não sendo ele citado no texto.

Gabriel Naudé nasceu em 1600, tendo trabalhado a maior parte da vida como bibliotecário de vários nobres e poderosos. Suas publicações incluem desde textos sobre como formar uma biblioteca (*Advis pour dresser une bibliothèque*, de 1627), passando por uma *Bibliographia politica* (1633), na qual fala de muitos dos livros que o influenciaram, até culminar com a obra que vai me interessar de maneira mais direta neste capítulo, as *Considérations politiques sur les coups d'Etat* (Considerações políticas sobre os golpes de Estado), de 1639.[7] Com ela, ele garantiu um lugar especial na história do pensamento político de seu século, mesmo se, devido ao caráter tido como perigoso do escrito, a primeira edição tenha tido apenas 12 exemplares e tenha sido pouco reconhecida por seus contemporâneos.[8] Antes, no entanto, de expor suas ideias, vou tentar explicar o contexto cultural e político que o influenciou e que foi fundamental para suas formulações.

---

6   A. Wicquefort, *L'ambassadeur et ses fonctions*, p. 81.
7   G. Naudé, *Considérations politiques sur les coups d'État*. Existe no Brasil um ótimo trabalho sobre o autor: E.M. Gonçalves. *Prudência e razão de Estado na obra de Gabriel Naudé*, p. 24-25.
8   E. Thuau, *Raison d'État et pensée politique à l'époque de Richelieu*, p. 61.

Monarquia, religião e política: um território em ebulição

Como afirmei na Introdução, meu objetivo não é traçar a história completa do uso do termo ao longo da história, mas sim estudar alguns momentos fortes em que a noção de golpe de Estado foi abordada do ponto de vista conceitual e se integrou nas grandes correntes de pensamento da modernidade. Os conceitos, muitas vezes, nascem no interior dos debates políticos, das disputas retóricas ou simplesmente da linguagem popular, que visa com o emprego de uma palavra designar algo que a inquieta e que não é compreensível dentro dos quadros mentais da época. O mesmo se deu com o conceito de golpe de Estado. Como vimos, ele não existia em Maquiavel. Mas a tomada do poder fora dos quadros tradicionais de transição dos governantes, as conspirações, indicava uma região da política que ficava na sombra para os que se limitavam a pensar suas formas institucionais. No caso do termo que me interessa, ele surgiu num contexto no qual a própria ideia de Estado ainda não era clara para todos. Os historiadores das ideias ainda hoje disputam sobre o momento em que a noção passou a ser utilizada com a acepção que adquiriu na modernidade. Alguns insistem em dizer que pensadores como Maquiavel, e seu amigo Francesco Guicciardini, já faziam um uso próximo do que virá a se tornar dominante nos séculos seguintes. Seja como for, em pleno século XVII, Estado se referia, na França, ora a uma entidade abstrata, que recobria os interesses da totalidade da população, ora à república no sentido clássico de coisa pública, ora ao regime político. Como veremos, depois do aparecimento dos escritos de Jean Bodin, a palavra república se associou à aplicação da justiça baseada na lei. Em todos os casos, tratava-se de algo que colocava a responsabilidade do rei no centro da vida de seu povo.[9] Por isso, para compreender como Naudé chegou a formular seu pensamento, é necessário esclarecer em que contexto político, linguístico e filosófico ele o elaborou. Nesse sentido, ainda que brevemente, devemos recordar as dificuldades pelas quais a monarquia francesa passou, antes que Luís XIV pudesse proclamar deter em suas mãos todos os mecanismos do Estado.[10] Do ponto de vista conceitual, como não posso refazer o percurso completo das ideias políticas que circularam entre o início das guerras de religião no século XVI e a morte de Mazarin (1661), vou me dedicar de maneira especial a dois conceitos, que serão fundamentais para o desenvolvimento da ideia de golpe de Estado: a noção de soberania, que teve nas obras de Jean Bodin na segunda metade do século XVI seu momento de maior desenvolvimento, e a ideia de razão de Estado, que marcou o pensamento político na primeira metade do século XVII, sobretudo na França.

* * *

A segunda metade do século XVI na França foi marcada pelas guerras de religião, que para muitos eram guerras civis, que ameaçavam a sobrevivência da unidade do país. Entre 1562 e 1598 nada menos do que oito conflitos devastaram a paisagem política francesa opondo cidadãos e regiões, muitas delas divididas por suas crenças, mas também por seus interesses e tradições. Se quisermos, no entanto, procurar o momento no qual uma ruptura se fez sentir no país, é preciso recuar um pouco para encontrar na Reforma e em sua propagação o movimento que colocou em questão o princípio unificador das monarquias católicas. A Reforma, em seu movimento de expansão pela Europa, mudou a paisagem, que parecia prometer uma suave

---

9 A. Jouanna, *La Saint-Barthélemy: Les mystères d'un crime d'État*, p. 265.
10 F. Lebrun, *La puissance et la guerre*.

continuidade com a monarquia medieval. Com efeito, alguns chamam os anos dos reinados de Francisco I e de Henrique II (1515-1559) de "belo século XVI político".[11] Nesse período, que esteve longe de ser tão calmo quanto faz supor a expressão, a monarquia francesa, mas também a espanhola, parecia poder se firmar numa sociedade constituída por círculos concêntricos, dominada pela figura do rei no centro, mas que concedia certo grau de autonomia para aqueles cujo âmbito de ação se situava longe dos grandes centros de poder.[12]

O rei governava, mas seu poder estava longe de ser absoluto. Num certo sentido, a teoria do absolutismo precedeu aos governos absolutos dos reis, que de fato nunca alcançaram a radicalidade que lhes foi atribuída. Do ponto de vista teórico, "o religioso, em particular a reflexão teológica, servia de horizonte e de quadro de referência para a ciência política".[13] Isso era visível no comportamento da nobreza e de seus círculos de influência, que desejavam manter a independência de ação em seus domínios. Isso também era visível no pensamento de autores que, procurando tomar distância de certos dogmas medievais, sem romper com a Igreja, insistiam num modelo no qual ao mesmo tempo em que se reconhecia o direito pleno dos monarcas de governar, pretendia traçar seus limites. Em geral, os autores aceitavam a separação entre o corpo físico do rei e o corpo místico da monarquia,[14] mas queriam explicitar melhor as consequências dessa distinção.

Entre os escritores da primeira metade do século XVI destaca-se Claude de Seyssel (1450-1520), autor de *A grande monarquia da França*. Seyssel pretendia ajudar a monarquia francesa a regular sua conduta fixando alguns parâmetros. O primeiro

---

11   J. Cornette, *La Monarchie. Entre Renaissance et Révolution, 1515-1792*, p. 11.
12   Ibid., p. 30.
13   Ibid., p. 19.
14   E. Kantorowicz, *The King's Two Bodies*.

era a justiça, o segundo a religião e, finalmente, o respeito dos costumes e das leis, que não pode ser deixado de lado em hipótese alguma, segundo ele.[15] Todo esse esforço visava impedir que o rei exercesse um poder absoluto, transformando-se em tirano. Ele não estava sozinho nessa empreitada, que terá grande influência mais tarde, quando a monarquia francesa deixar de lado todas as restrições para se transformar efetivamente num governo absoluto. Para os que resistiram a esse movimento e que vieram a ser chamados de *"monarchomaque"* (monarcômacos), seu pensamento foi uma fonte de inspiração importante. Na mesma linha, François Hotman denunciou em seu livro publicado em 1573, *Franco-Gallia*, que Carlos IX, o rei francês da época, havia se transformado em um tirano e que era necessário contê-lo, à luz dos princípios que haviam sido enunciados pelos autores da primeira metade do século. Evitar que o rei ultrapassasse certos limites, que continuasse a operar dentro das fronteiras da tradição da teologia medieval e não reivindicasse mais do que lhe fora concedido pela tradição era o norte da ação desses escritores, que, no mais das vezes, estavam em conexão com grupos políticos que desejavam manter seus privilégios e poderes, alguns conquistados de longa data.

Essa foi apenas uma das facetas das décadas que se iniciaram com a morte de Henrique II em 1559. Os acontecimentos mais relevantes foram evidentemente as guerras de religião, que devastaram a França. Eles comportaram em seu interior uma enorme complexidade, que não pode ser resumida pela simples referência à oposição entre católicos e protestantes e na luta que travaram para afirmar sua identidade e seu poder no âmbito da política.[16] Os primeiros conflitos já expunham duas facetas

---

15　J. Cornette, op. cit., p. 25.
16　Para uma abordagem detalhada dos conflitos, ver: D. Crouzet, *Les Guerriers de Dieu. La violence au temps des troubles de religions (vers 1525-1610)*.

diversas, que contribuíam para a radicalização e a dificuldade para se encontrar um denominador comum entre os grupos em disputa. De um lado, o caráter propriamente religioso fazia com que as disputas fossem vividas como uma "cruzada contra o Outro".[17] Essa percepção da natureza do processo em curso fazia com que os dois lados não se privassem de recorrer à violência sem moderação, crentes que estavam de deter a verdade, toda a verdade. O exemplo mais conhecido desse transbordamento foi a noite de São Bartolomeu (à qual voltarei mais à frente), em 24 de agosto de 1572, quando milhares de protestantes foram massacrados em Paris e em cidades do interior da França. O outro lado do conflito era ligado diretamente à política e tinha na crítica à maneira como a monarquia se comportava um de seus polos centrais. Essa dimensão das guerras de religião nem sempre coincidia com a disputa religiosa, o que só contribuía para tornar as coisas ainda mais complicadas. No terreno das ideias, o desejo de voltar a uma monarquia temperada em suas ações era secundado pela disputa feroz entre famílias poderosas, como os Guise, e pela pretensão de líderes protestantes, como Montmorency, de participar diretamente do núcleo de poder monárquico, apesar de sua condição religiosa. Isso fez com que todos os acordos, até o Edito de Nantes (1598), tivessem vida curta e desembocassem em novas lutas.[18]

* * *

Dos muitos grupos que se constituíram e procuraram pela força, ou pelas ideias, influenciar o rumo dos acontecimentos, o que me interessa mais de perto é o dos "Políticos", que surgiram

---

17 J. Cornette, op. cit., p. 90.
18 Sobre esse tema, ver: P. Joutard, *La révocation de l'édit de Nantes ou les faiblesses d'un État*.

nos anos de 1560 sob a influência de Michel de L'Hopital (1507-1573).[19] O que distinguia esses pensadores e homens de ação era o fato de que eles acreditavam que a monarquia devia se ocupar com o bem comum e preservar o Estado das fúrias religiosas. A palavra-chave para que isso fosse possível era soberania, ideia que estava destinada a provocar uma profunda mutação na paisagem teórica e política europeia. Para compreender o sentido dessas mudanças, vale a pena nos determos um pouco em um autor que, do ponto de vista teórico, sintetiza o espírito dos "Políticos" e será fundamental para as transformações que colocarão a ideia de golpe de Estado no centro dos debates do século seguinte.

Estou falando de Jean Bodin (1530-1596) que, com a publicação em 1576 dos *Seis livros sobre a República*, operou uma revolução no conceito de soberania.[20] O escrito começa com uma definição que se tornou clássica do que o autor entende por "república". Para ele: "República é o governo de várias famílias e daquilo que lhes é comum, com a potência soberana."[21] Essa frase contém várias indicações do ponto de partida do pensamento de Bodin. No contexto deste capítulo, cabe ressaltar o papel central da noção de "potência soberana". Os capítulos que se seguem a essa primeira definição da natureza do corpo político encaminham a reflexão do autor para a abertura do sexto capítulo quando o autor diz: "A soberania é a potência absoluta e perpétua de uma República..."[22] Estava dada a partida para uma reflexão que influenciará todo o pensamento do século seguinte.

---

19 J. Cornette, op. cit., p. 115.
20 J. Bodin, *Les six livres de la République*. Para uma apresentação rigorosa do problema da soberania no pensamento de Bodin, da qual sou devedor, ver: A.R. de Barros, *A teoria da soberania de Jean Bodin*.
21 J. Bodin, op. cit., I, 1, p. 57.
22 Ibid., I, 8, p. 111.

Seria impossível resumir o pensamento de Bodin em poucas linhas. Posso, no entanto, apontar para algumas de suas reflexões, que terão uma vinculação direta com o conceito de golpe de Estado. Em primeiro lugar, ele separa o simples exercício do mando, que pode ocorrer até mesmo num grupo de ladrões, daquele exercido por um "governo direito".[23] Essa maneira de formular o problema desloca o eixo do governo da felicidade, que estava, segundo o autor francês, no centro do pensamento aristotélico, para a justiça. Trata-se aparentemente de um movimento discreto, pois também para os antigos a justiça era central para o bom governo, mas Bodin está, na verdade, indo em outra direção. O que lhe interessa é mostrar que: "a soberania não é limitada nem em potência, nem em encargos, nem a um certo tempo".[24] Ou seja, para que um governante seja detentor da soberania, é preciso que ele o seja de maneira absoluta. Ele faz as leis, que emanam apenas de sua vontade, mas não é obrigado a respeitá-las, pois, afinal, é seu criador. Quanto aos contratos, definidos, com uma relação livre entre as duas partes, o soberano deve respeitá-los, pois não ferem a soberania.[25] Desse raciocínio decorre que somente o soberano é livre em relação ao corpo de leis que ele mesmo formulou, enquanto os súditos são limitados em seus movimentos por elas. Os cidadãos, ou súditos, devem respeitá-las sempre e deixar de lado as rebeliões, que haviam dilacerado a França na segunda metade do século XVI e continuavam a ser uma ameaça no horizonte.

O que está esboçado aqui, em plena sintonia com o pensamento dos "Políticos", é o distanciamento do Estado e da Igreja, que deve abdicar de toda pretensão de controlar os negócios

---

23 Ibid., I, 1, p. 58.
24 Ibid., I, 8, p. 113.
25 Ibid., I, 8, p. 123.

públicos.[26] Para que esse giro pudesse ser completado, era necessário, no entanto, assegurar a firmeza dos fundamentos do poder dos reis. Para isso, Bodin recorreu ao velho tema medieval do direito divino. O rei passou a ser visto como detentor direto de um poder delegado por Deus. Mas o poder temporal, que só deve contas a Deus, existe numa esfera diferente daquela das coisas sobrenaturais. Nela, a monarquia é pensada como uma instituição natural, vivendo ao lado da religião, mas não dependendo dela. Nessa lógica, progressivamente, a política se subtrai do religioso, sem negar-lhe a importância e sem romper com seus cânones teológicos de forma radical. Não podemos nesse momento falar ainda de laicização, que será parte importante dos movimentos revolucionários a partir do século xviii. Como sugerem certos estudiosos, talvez o termo mais apropriado seja o de secularização.[27] Numa fórmula lapidar pode-se dizer que: "A Igreja está dentro do Estado e não o contrário."[28]

A secularização institui a razão como regra de condução dos negócios do Estado. Sem implicar uma dessacralização da vida em comum, pois os dogmas e as práticas religiosas continuam a ser importantes, o Estado moderno e monárquico se afirma como um ente autônomo, que produz suas próprias regras e governa segundo princípios que, sem estarem em contradição com a religião, lhe são exteriores e são formulados numa esfera que não deve nada à Igreja e seus mandatários. No começo do século xvii estabeleceu-se um tripé destinado a durar: soberania – direito divino – Estado. Como resumem muito bem Fanny Cosandey e Robert Descimon:

---

26 F. Hildesheimer, *Du Siècle d'or au Grand siècle: L'état en France et en Espagne, xvi-xvii siècle*, p. 91.
27 Ibid., p. 115.
28 Ibid., p. 95.

O absolutismo não pode ser pensado fora da noção de direito divino, princípio essencial que sustenta todo o edifício justificando que apenas uma autoridade – desejada e controlada por Deus – possa existir. Por isso a questão do direito divino é controversa e difícil de ser colocada. Os escritos dos "Políticos", em particular aqueles de Pierre de Belloy ou de Michel Hurault de l'Hopital, combinam a soberania definida por Bodin e a antiga concepção medieval do direito divino para fazer do rei um personagem fora do comum que só deve obrigações a Deus e é investido de um papel religioso próprio ("o bispo de fora").[29]

Tratava-se, portanto, de esvaziar a presença humana no estabelecimento da monarquia, que derivava de uma ação imediata de Deus. Abria-se, assim, o território dos debates sobre a razão de Estado e seus derivados, que vão me ocupar daqui para frente.

O pensamento político do século XVII e a razão de Estado

O meio século que separa as guerras de religião e a chegada efetiva de Luís XIV ao poder (1661) foi um tempo fecundo tanto na vida política europeia quanto no campo das ideias. Foi o tempo durante o qual Naudé cresceu e se formou. Nele o conceito de soberania ganhou todo o significado no longo processo de consolidação do que veio a ser o Estado moderno. Longe, no entanto, de ser um período calmo e de lenta consolidação dos ganhos resultantes do Edito de Nantes, que parecia ter posto um fim aos conflitos de religião, as primeiras décadas foram marcadas pelo assassinato do rei Henrique IV (1610), que tanto trabalhara para fazer cessar as guerras civis, pela ascensão de Luís XIII e pelo

---

29 F. Cosandey e R. Descimon, *L'absolutisme en France*, p. 83.

governo dos cardeais Richelieu e Mazarin, que ajudaram a dar um rosto ao Estado em sua forma absoluta.

Nesse período, o Estado monárquico se firmou quase como a única referência no cenário político francês, ainda que não houvesse consenso quanto à sua natureza e a extensão de seus poderes. A partir dos anos 1630, reuniu-se em torno de Richelieu um conjunto de escritores, panfletistas e polemistas que formou um verdadeiro departamento de propaganda, encarregado de defender o Estado, o rei e, sobretudo, seu regente supremo, o "cardeal vermelho". Nesse grupo heterogêneo, que ficou conhecido como os "Estatistas", havia um pouco de tudo. Personalidades marcantes como François Langlois, homens dedicados à causa do rei como Hay do Chastelet e até escritores com algum talento como Guez de Balzac, cujo livro *O Príncipe* (1631) traçava um retrato idealizado do que deveria ser o governante e era na verdade um elogio mal disfarçado de Luís XIII.

Um panorama detalhado dos escritos desse período está fora dos propósitos deste capítulo e, por isso, vou me limitar a apresentar alguns pontos importantes do pensamento dos "Estatistas" e o lugar que o conceito de razão de Estado ocupou na elaboração do Estado moderno.[30] Entre os traços dominantes do pensamento "estatista" está o autoritarismo. Como muitos dos autores estavam diretamente ligados às práticas de Richelieu, a defesa de suas ações era um ponto importante da doutrina, que, no mais das vezes, tinha uma pretensão prática e não teórica.[31] O cardeal exerceu um poder centralizado, que não hesitava em punir duramente seus adversários para evitar a perda da unidade do Estado. Um segundo aspecto importante era o realismo de suas

---

30 Nossa referência principal para o pensamento dos "Estatistas" segue sendo o livro clássico de E. Thuau, *Raison d'État et pensée politique à l'époque de Richelieu*.
31 Ibid., p. 361.

considerações, que os levava a se aproximar dos exemplos romanos, sobretudo do período imperial, e a se distanciar de uma política conduzida sob a égide da Igreja. Por isso, autores como Tácito e Maquiavel, mesmo se de forma velada, eram exemplos a serem seguidos, pois mostravam como abordar a cena pública a partir de conceitos como o das relações de força e da necessidade de saber empregá-la para alcançar os objetivos de manutenção do Estado.[32] Um terceiro traço marcante do pensamento dos "Estatistas" era seu racionalismo. Longe do embelezamento do passado por meio do culto às supostas virtudes cristãs dos príncipes, um autor como Balzac defendia o reino da razão, incarnada nas ações frias e técnicas de exercício do poder, que o tornava um "moderno" no sentido que essa expressão tinha em seu tempo. De um lado, tratava-se de garantir a independência da esfera política contra as pretensões da religião, de outro, operar segundo uma razão próxima da natureza e não da teologia.[33] Com isso, a política se apartava da Igreja sem romper com ela, mas destinando-lhe um espaço próprio na vida da nação reconstituída pelos laços da soberania. Um último traço marcante da mentalidade dos "Estatistas" era a ambiguidade de seus propósitos. De um lado, eram apegados à tradição monárquica, que acreditavam ser a única capaz de garantir a unidade do corpo político, que fora ameaçada por mais de cinquenta anos de lutas constantes entre as muitas correntes políticas e religiosas que dividiam o país. De outro lado, pretendiam afirmar o caráter divino do poder real e afastá-lo dos preceitos religiosos, fazendo surgir ao mesmo tempo um príncipe cristão e romano. A referência à Roma se referia ao que fora produzido de melhor, segundo eles, no terreno da política fora do campo das crenças da Igreja católica.[34]

32 Ibid., p. 367.
33 Ibid., p. 383-384.
34 Ibid., p. 390.

Entre os muitos termos que apareciam nas discussões e nos escritos políticos o de razão de Estado foi sem dúvida o mais importante e o que melhor representava o espírito da época. Ele já existia no final do século XVI na Itália em livros como o de Giovanni Botero, *Da razão de Estado*.[35] O escritor definia o conceito dizendo:

> Estado é um domínio fechado sobre povos e razão de Estado é o relato dos meios capazes de fundar, conservar e ampliar um domínio assim constituído. É verdade que, falando de forma absoluta, concerne as três ações citadas. No entanto, parece mais estreitamente relacionada à conservação do que às outras, mais à ampliação do que à fundação, de tal forma que razão de Estado supõe o príncipe e o Estado (este como artífice, aquele como matéria), mas não a fundação e a ampliação apenas parcialmente.[36]

Dessa definição, que se tornou clássica, os escritores franceses do XVII retiveram sobretudo a ideia de que a conservação do Estado face às forças centrífugas que ameaçam sua unidade é a tarefa política por excelência.

Botero tinha da política uma visão bem mais tradicional no que se refere à noção de bem comum, tal com entendida pelos pensadores medievais, do que seus herdeiros franceses, mas tinha uma consciência aguda das forças que ameaçavam o Estado e que podiam levá-lo à decadência numa velocidade insuspeita, quando se encontrava no auge. Deter esse processo e, se possível, revertê-lo, era o objetivo central da aplicação da razão de Estado. Para isso, era necessário levar em consideração que muitas vezes isso só é possível com o emprego da força. Se o autor italiano pretendia combater Maquiavel, ele era obrigado a

---

35 G. Botero, *Della ragion di Stato*.
36 Ibid., p. 55.

reconhecer um dos aspectos essenciais que sua época retinha do maquiavelismo, a saber, a necessidade de recorrer a meios extraordinários quando o Estado está sob ameaça de dissolução.[37]

No vocabulário "estatista", o termo razão de Estado sobrepujou todos os outros – segredo de Estado, necessidade de Estado, mistério de Estado –, que, do mesmo modo, apontavam para o caráter absoluto do poder estatal e como conservá-lo.[38] O que estava implícito em todos esses vocábulos era a necessidade de colocar o "interesse geral" acima dos interesses particulares, mesmo correndo o risco de ver o poder real se transformar em tirania. Aliás, essa era a acusação mais frequente lançada contra os governantes que, como Richelieu, governavam com mão forte e não hesitavam em recorrer a procedimentos extraordinários para evitar que o Estado ficasse à deriva ou fosse ameaçado pelo comportamento irresponsável de grupos que tinham uma visão parcial da unidade do corpo político.[39]

A definição dada ao termo por um escritor da época de Richelieu dá a medida da radicalidade do conceito. Para Priézac: "...a razão de Estado, que é a lei viva e superior, comanda todas as outras, as tempera, as corrige e, quando necessário, as revoga e as anula, por um bem superior".[40] A razão de Estado introduzia um elemento amoral na política, que entrava em conflito com aspectos da tradição cristã medieval, que costumava colocar o bom comportamento do príncipe como fundamento do bom governo. Aceitando como verdadeiras certas máximas atribuídas a Maquiavel, os "Estatistas": "propagavam uma nova concepção das relações

---

37 M. Foucault, *Sécurité, Territoire, Population*, p. 298; D.P. Aurélio, "Antinomias da razão de Estado", p. 119-151.
38 E. Thuau, *Raison d'État et pensée politique à l'époque de Richelieu*, p. 398.
39 Ibid., p. 399.
40 Apud E. Thuau, *Raison d'État et pensée politique à l'époque de Richelieu*, p. 401.

dos homens entre eles e do homem com Deus. Laicizando o pensamento político, eles desenvolveram o direito natural e uma nova teologia política".[41] Entre as novidades introduzidas pela adoção da noção de razão de Estado, que aproximava os escritores ligados a Richelieu de Maquiavel, ou do que pensavam ser o maquiavelismo, estava a justificativa do uso da força e da possibilidade de combinar atos extremos com uma certa concepção da justiça.[42]

Richelieu em seu *Testamento político* expõe de maneira fria e calculada muitos dos princípios que balizaram suas ações e constituíram sua referência intelectual.[43] Diferentemente de outros personagens importantes do mundo intelectual do século XVII, o cardeal não foi um escritor de talento, mas usou seus textos para deixar registradas suas ideias e formas de ação.[44] Segundo ele, a França vivia um verdadeiro caos antes de seu governo.[45] Para remediar essa situação, ele não rompeu com a Igreja, ou com os costumes políticos franceses. Manteve-os, acomodando-os, no entanto, ao novo mundo da política, que ele vislumbrava na marcha dos acontecimentos de seu tempo. Como católico, Richelieu colocava a crença em Deus como um dos pilares de seu livro, mas insistia que era importante sempre se reportar à razão e tentar conciliá-la com Deus, para bem gerir as coisas aqui na Terra.[46] Os príncipes devem sempre procurar se orientar pela única religião verdadeira, tentar até mesmo converter todos às verdades do cristianismo. Isso, no entanto, não é suficiente para conseguir manter o poder por muito tempo, se o governante não souber plasmar a política pela razão.[47]

---

41   Ibid., p. 407.
42   M. Senellart, *Machiavélisme et raison d'État (xiie-xviiie siècle)*.
43   Richelieu, *Testament politique*.
44   D.P. Aurélio, "Richelieu, ou de como se faz o Estado", p. 182.
45   Ibid., p. 186.
46   Ibid., p. 191.
47   Ibid., p. 194.

É nesse contexto de afirmação da força da razão que Richelieu procurou exercer o poder, compreendendo-a, sobretudo, como razão prática. Ao agir, o príncipe precisa levar em conta que a legitimidade de seus atos não será medida por uma tábua de valores teológicos, mas por valores terrenos, que se conjugam com valores éticos, mas não estão inteiramente submetidos a eles como nas monarquias medievais. A esfera da conservação do poder ganha com o cardeal uma nova significação. Ela passa a ser comandada por uma nova racionalidade. Nessa franja de percepção da realidade da política se afirma a noção de razão de Estado. Como afirma Diogo Aurélio: "A consagração da razão de Estado é simultaneamente a consagração do Estado como sujeito da razão, ou seja, como entidade assistida por uma racionalidade da qual derivam direitos cuja defesa se sobrepõe a qualquer outra ordem de razões."[48]

Michel Foucault, que se interessou de maneira especial pela noção de razão de Estado, mostrou que o conceito não apontava apenas para uma faceta radical da ação dos detentores do poder como Richelieu, mas também, e principalmente, para a forma de racionalidade que deve presidir a maneira de governar. Como resume o pensador francês: "acredito que o que caracteriza o pensamento político no final do século XVI e no começo do século XVII é justamente a pesquisa e a definição de uma forma de governo que seja específica com relação ao exercício da soberania".[49] Soberania e razão de Estado são dois esteios de sustentação do Estado moderno e, como sugeria Botero, colocam no centro o problema da conservação. Curiosamente, a noção de razão de Estado unia em sua crítica tanto os que viam por trás dela a marca do pensamento de Maquiavel quanto os que se aliavam à pretensão da monarquia espanhola de exercer a tutela da Europa

---

48 Ibid., p. 203.
49 M. Foucault, *Sécurité, Territoire, Population*, p. 240.

católica.[50] Nessa lógica, a reivindicação de uma soberania plena por parte de um Estado particular arruinava os projetos universalistas de poder, que haviam marcado tanto o Império na Idade Média quanto a Igreja. Colocar o Estado, com suas práticas de governo, no centro das atenções tinha um significado muito mais radical do que podemos imaginar hoje, quando essa forma de poder já foi colocada em questão de diversas maneiras.[51]

Falar em conservação das instituições pode soar como um traço de pensamento conservador, mesmo depois da noção de revolução ter perdido o prestígio que alcançou a partir dos eventos do século XVIII, que vão me ocupar no próximo capítulo. No contexto do século XVII, quando razão de Estado andava de par com a afirmação da soberania, conservar o Estado significava lutar contra forças que queriam a todo preço evitar a consolidação de um processo de distanciamento da política dos imperativos teológicos. Nesse contexto, razão de Estado significava, para seus defensores, a arte de governar, exercida por alguém como Richelieu, mas também a arte de manter em segredo ações que, visando preservar o poder, não podiam ser abertamente propagandeadas por um governante que se mantivesse nas águas do cristianismo. Como resume Thuau: "...a razão de Estado designa as considerações de interesse público que justificam o emprego da força ou as abreviações da justiça; segundo seus adversários é a imoralidade organizada, o pretexto para o arbítrio".[52] Foi nesse leito teórico e prático que o conceito de golpe de Estado se consolidou e ganhou para sempre notoriedade.

---

50 Ibid., p. 249-250.
51 Ibid., p. 282.
52 E. Thuau, op. cit., p. 401.

Gabriel Naudé e os golpes de Estado

Em 1639, Naudé já tinha vivência suficiente da vida política, apesar do lugar modesto que ocupava na sociedade. Ele viajara, vira o funcionamento do poder e sabia distinguir entre o que era defendido como o ideal de uma vida política perfeita e o desenrolar das tramas que cotidianamente constroem as malhas do poder.[53] Mesmo assim, seu livro *Considérations politiques sur les coups d'Etat* (Considerações políticas sobre os golpes de Estado) revela seu temor de ser tido por pretensioso, ou tolo, ao tratar de um tema que poderia parecer a muitos que escapava de suas competências como bibliotecário. Dedicado ao cardeal de Bagni, a quem ele servira, o livro começa com uma demonstração da erudição do autor, que era conhecido por sua cultura bibliográfica. A questão inicial é saber como poderia alguém como ele falar de coisas secretas e do funcionamento efetivo do Estado. Consciente da fragilidade de sua posição enquanto autor de um tratado de política, Naudé se ancora num conjunto amplo de citações, que contribuem para embaralhar as cartas do jogo que ele pretende jogar com seus leitores, sem se expor *a priori* a críticas que poderiam condenar seu empreendimento ao esquecimento.[54] A prova é que ele defende discretamente Maquiavel, que gozava de péssima fama na França, dizendo que algumas de suas máximas não eram muito diferentes das que já haviam sido exploradas até mesmo por São Tomás.[55] Para o tema da prudência e de suas formas, ele recorre com frequência a Justus Lipsius, que lhe fornece um ponto de partida para falar de atos prudentes extraordinários. Ao mesmo tempo, o bibliotecário afirma sua

---

53 Sobre a vida nas cortes, ver: N. Elias, *La société de cour*.
54 G. Naudé, *Considérations politiques sur les coups d'État*, p. 67-84.
55 Ibid., p. 74.

filiação intelectual a Montaigne e Pierre Charron, expoentes da difusão do novo ceticismo pela Europa.[56]

Os dois autores céticos exerciam um grande fascínio no grupo de intelectuais próximos ao cardeal Richelieu particularmente nos que vieram a ser chamados de "libertinos eruditos", do qual fazia parte Naudé.[57] Ao longo das *Considerações*, direta ou indiretamente, o bibliotecário revela sua admiração e sua dívida para com os dois escritores citados. No tocante à libertinagem, no entanto, é preciso entender qual era o significado do termo no contexto do século XVII. Ele não tinha nada a ver com a conotação que viria a ter no século XVIII, que dizia respeito a comportamentos transgressores no terreno dos costumes, que conduziam alguns à busca desenfreada de certos prazeres.[58] Os "libertinos eruditos" faziam do livre uso da razão a ferramenta por excelência de exploração da realidade. Daí se sentirem próximos dos céticos antigos. Diferentemente dos que aceitavam sem questionar dogmas de toda natureza, eles admitiam como razoável a ideia de que tudo pode ser posto em dúvida, mesmo quando sustentado pelas autoridades eclesiais ou pelos costumes. No caso de Naudé, nada o impedia de usar o que aprendera com seus mestres, para tentar desvendar os segredos do mundo da política.

Nessa busca por uma nova perspectiva para olhar a política, Naudé sente que terá de lidar com algo que escapa do ordinário. O primeiro obstáculo que terá de superar é o da consideração da natureza da prudência, virtude que desde Aristóteles definia o comportamento adequado dos bons atores políticos. Nosso autor sabe que não pode simplesmente deixar de lado, ao estudar

---

56 R. Popkin, *História do ceticismo de Erasmo a Spinoza*, cap IV, p. 123-152; J.R. Maia Neto, *Academic Skepticism in Seventeenth-Century French Philosophy. The Charronian legacy 1601-1662*.
57 R. Pintard, *Le libertinage* érudit *dans la première moitié du XVIIe siècle*.
58 R. Popkin, op. cit., p. 154-155.

o comportamento dos atores políticos, os aspectos atrelados à tradição medieval, como a correção moral e a honestidade de propósitos.[59] Mas ele também intui que não é esse o terreno de suas reflexões. Ele persegue algo que escapa ao dia a dia dos governos, algo "extraordinário". "Não vemos hoje", diz ele, "que a maior virtude, que reina na corte, é a desconfiar de todo mundo, e dissimular com todos, pois os simples e abertos não estão minimamente adaptados ao ofício de governar e acabam traindo a eles mesmos e ao Estado."[60] O cardeal Mazzarino, que substituiu o cardeal Richelieu no governo da França, não teria dito melhor.[61]

Como assumir, aos olhos da tradição e das crenças que ele mesmo pretende defender, que há algo que escapa do alcance das belas virtudes, cultivadas há tanto tempo? Naudé é obrigado a reconhecer que há "segredos", que nem todos percebem e que compõem a geografia da vida em comum, que não é conhecida por todos. São "segredos de Estado", "golpes de Estado", que escapam ao olhar dos menos avisados, que "nascem nos gabinetes mais retirados dos príncipes, e que não são tratados nem deliberados em pleno senado, ou no meio do parlamento, mas entre dois ou três dos ministros mais avisados e próximos do príncipe".[62] Nesse território distante dos olhares das pessoas comuns se tramam ações que dificilmente poderiam ser debatidas em público. São "astúcias, desvios e estratagemas dos quais muitos se serviram e se servem ainda para levar a cabo suas pretensões".[63] Nada de que alguém pudesse se vangloriar e expor à luz do dia e que, no entanto, é essencial para a conservação do Estado e que são muito mais difundidos do que se pode imaginar.

59 G. Naudé, op. cit., p. 85-86.
60 Ibid., p. 87.
61 G. Mazzarino, *Breviário dos políticos*.
62 G. Naudé, op. cit., p. 90.
63 Ibid., p. 92.

Naudé não tinha como os grandes pensadores políticos, Bodin ou, mais tarde, Hobbes, uma teoria ampla da política. Ele era ao mesmo tempo sensível às lições da tradição, tomada em sentido amplo, e ao pensamento dos "estatistas", com os quais partilhava um olhar realista do mundo público e a confiança nos poderes da razão para abordar as coisas do poder. Talvez, por isso, seu texto parece uma mistura ao mesmo tempo tradicional de citações clássicas, que nem sempre se acordam entre elas, e um escrito polêmico, que não hesita em sacudir a posição cômoda dos defensores das mais diversas ortodoxias. Falar de um território secreto, reservado a poucos, permitia-lhe teorizar sobre um tema que não parecia caber nos cânones da tradição cristã, contra a qual ele nunca se insurgiu de forma agressiva, mesmo se, por vezes, parece duvidar de sua capacidade de iluminar plenamente os desvãos da vida pública. Seu percurso analítico é sinuoso e, muitas vezes, contraditório. Dele se deduz uma preocupação constante com as ações dos governantes e a necessidade de preservação do Estado, típica do grupo de pensadores "estatistas". Dizendo de outra maneira, para Naudé, golpes de Estado devem ser praticados sob o império da necessidade, o que faz com que a política não possa se identificar sempre e permanentemente com o reino das leis.[64]

Nesse contexto teórico, nosso autor caminha para uma distinção que lhe permite afinar seu pensamento sobre os golpes de Estado. Reconhecendo que razão de Estado e golpe de Estado são conceitos do mesmo território, ele introduz uma nuance interessante. Ambos se referem ao Estado concebido como fruto de um soberano absoluto, que tem direito a se defender dos ataques dos que querem solapar as bases de seu poder. A razão de Estado é o fundamento de todas as ações que visam preservar a unidade do corpo político. Por ser mais ampla do que conceitos como o de segredos de Estado, ela se refere a atos que

---

64 M. Foucault, op. cit., p. 269.

podem ser enunciados e vistos por todos. Os golpes de Estado caminham na mesma senda, mas são ações "ousadas e extraordinárias, que os príncipes são obrigados a executar nos negócios difíceis e desesperadores, contra o direito comum, sem resguardar nenhuma ordem ou formalidade jurídica, deixando de lado o interesse particular em favor do bem público".[65] Dada sua natureza, golpes de Estado são sempre tramados e executados no maior segredo, aspecto que fascina Naudé. A isso se liga o fato de que eles exigem a dissimulação e mesmo a mentira para serem executados. Se fossem sempre expostos à vista de todos, assim como nas conjurações, não poderiam dar certo. São ações extraordinárias, não em relação às leis, mas aos costumes.[66]

Não tendo uma concepção ampla da política, como Maquiavel, o autor francês tende a enclausurar os golpes de Estado num terreno específico, regido por leis próprias, distante dos olhares dos cidadãos comuns. Ele não se preocupa em relacioná-los com o funcionamento ordinário dos governos. Ao contrário, se lhe interessam é por serem extraordinários, por ocorrerem numa região sombria, que se avizinha da zona iluminada da razão de Estado, mas não se confunde com ela. Em seu esforço de desvendar os sentidos dessa região de segredos, Naudé faz uma enumeração dos vários tipos de golpes, que tem pouco interesse para o leitor atual. Há, no entanto, em suas distinções, uma em particular que chamou pouca atenção de seus leitores, mas que nos ajuda a compreender os laços que o conceito guarda com concepções posteriores. Depois de ter falado de golpes justos e injustos, ele mostra que há golpes de Estado que "concernem o bem público, e outros que só dizem respeito ao interesse particular daqueles que o levam a cabo".[67]

---

65 G. Naudé, op. cit., p. 104.
66 L. Bély, *Les secrets de Louis XIV: Mystères d'État et pouvoir absolu*, p. 140-145.
67 G. Naudé, op. cit., p. 108.

Essa distinção pode parecer sem importância, quando sabemos que os "estatistas" tinham por meta reforçar o papel do Estado e garantir sua sobrevivência e que os golpes de Estado faziam parte não só de seu vocabulário, mas das práticas por meio das quais apoiavam o governo de Richelieu. Ao assumir, no entanto, que golpes podem ser dados por particulares, Naudé estabelece ao mesmo tempo uma ponte com o passado e com o futuro. Com o passado, ele se liga ao aproximar os golpes de Estado das conspirações que, como vimos, são muitas vezes levadas a efeito por particulares, que almejam ocupar o poder e que não pertencem necessariamente ao corpo político na condição de cidadãos ou súditos. Com o futuro, por apontar para a conotação negativa, que ao longo dos séculos vai se tornar predominante, quando se quer definir o que são os golpes de Estado. Ou seja, ao lado do significado positivo de uma ação que visa defender o Estado, a expressão se abre para significados que não estavam inteiramente disponíveis na linguagem política da época. Tudo se passa como se, ao falar a língua de seu tempo, Naudé tivesse descoberto que o território do segredo e da ação extraordinária comportasse possibilidades insuspeitadas pelos que olhavam apenas para as lutas intensas de consolidação do Estado moderno.

Uma prova dessa descoberta está no fato de que ele fala abertamente das condições que justificam o uso dos golpes de Estado e dos perigos de executá-los sem respeito a elas. Para ele, um golpe de Estado deve ser sempre um ato defensivo, para conservar e não para expandir o poder. Isso é válido mesmo quando o agente é um ator externo ao Estado. O norte desses atos de manutenção deve ser a "utilidade pública do Estado" e ser empregado com precaução por meio de ações ponderadas e equilibradas e não a partir de um impulso cego do governante.[68] Que razões teria ele para sugerir limites para os autores de golpes

---

68 Ibid., p. 113-115.

de Estado, se eles não pudessem ser negativos aos seus olhos e perpetrados por particulares? É claro que o que lhe interessava era o sentido corrente da expressão, que a associava aos atos extraordinários dos príncipes para conservar o poder. Mas fica claro que Naudé já intuía, talvez sob inspiração de Maquiavel, que esse tipo de intervenção na arena política tende ao excesso, a promover instabilidade, a ultrapassar os limites dentro dos quais cumpre suas funções essenciais. Retomando a proposição que fiz na Introdução, segundo a qual meu problema diz respeito à tópica conquista-manutenção do poder e não apenas a uma de suas partes, tudo se passa como se o pensador francês, que a imaginava fazendo parte apenas dos atos de manutenção e afirmação do poder, tenha se dado conta, no momento em que pensava sobre a questão, que os golpes de Estado também podem designar as ações de conquista do poder feita por particulares, assim como ocorre nas conspirações. Dizendo de outra maneira, ele descobre a vizinhança entre as conspirações, no sentido clássico, e o conceito de golpe de Estado, ao qual queria dar um sentido inovador, associando-o prioritariamente ao ato de conservação, que era o significado mais comum desde Botero.[69]

Essa aproximação dos dois universos abre as portas para a legitimação do uso da violência na política. Seguindo o tom realista dos "Políticos" e dos "Estatistas", Naudé se esmera em mostrar vários casos na história de usos desmedidos da força por razões políticas. Razões que, segundo ele, podem ser boas razões, mesmo se condenáveis do ponto de vista da moral corrente. Dos muitos exemplos que lista, nenhum é mais ousado do que a defesa que faz dos massacres da noite de São Bartolomeu. Os eventos são conhecidos, já foram narrados por historiadores, na literatura[70] e no

---

[69] Ibid., p. 121. "Esses golpes de Estado são mais necessários à conservação e manutenção das monarquias do que para sua fundação."
[70] A. Dumas, *La Reine Margot*.

cinema, mas vale a pena recordar seus grandes momentos, para compreender o alcance do pensamento de nosso autor.

No dia 18 de agosto de 1572 casaram-se em Paris Henri de Navarre e Marguerite de Valois. A união da filha de Catarina de Médici com um nobre protestante pretendia consolidar a paz entre católicos e protestantes selada dois anos antes e aparentemente desejada pelo rei Carlos IX. As festas para comemorar o casamento trouxeram para Paris um grande número de protestantes, situação que aparentemente incomodava os nobres católicos e uma parte da população. O frágil convívio entre adversários, que não cessavam de provocar guerras civis, foi abalado já no dia 22, quando o líder protestante Coligny sofreu um atentado ao retornar de uma reunião no palácio do Louvre. O crime foi atribuído à família dos Guise, inimigos de longa data da vítima e chefes do partido católico.[71] Foi o que bastou para que a cidade se inflamasse. Nos dois dias seguintes, as reuniões entre as partes se sucederam, até que, na noite do dia 24 de agosto, tropas comandadas pelo duque de Guise assassinaram o almirante Coligny na casa em que se recuperava do atentado que sofrera e deram início ao que ficou conhecido com a noite de São Bartolomeu. Ao sinal de que algo de terrível acontecia na cidade, a população parisiense se lançou num frenesi de violência, que dizimou os líderes protestantes presentes na ocasião, não apenas na capital, mas em várias cidades do interior.

O massacre deu origem a uma série de interpretações, que até hoje dividem os historiadores. De meu ponto de vista, o importante é que se tratou de uma ação radical, originada no seio do Estado, por razões de Estado, mesmo se podemos nos perguntar até onde o rei Carlos IX estava de acordo com o rumo que tomaram os acontecimentos. Seja como for, São Bartolomeu deu início à quarta guerra de religião e se tornou um acontecimento

---

[71] A. Jouanna, *La Saint-Barthélemy*, p. 121-154.

emblemático da violência que imperava na cena política francesa e da necessidade de afirmar os poderes do Estado contra as partes em luta, que ameaçavam com seu comportamento radical e de facção a unidade da nação. Desde o século XVI, no entanto, se forjou um certo consenso de repúdio ao que aconteceu e uma busca por suas raízes. Nesse contexto, Naudé se colocou abertamente fora da curva. Ele não apenas elogia as ações da monarquia francesa e de seus aliados da ocasião, o partido católico, mas deplora que o trabalho iniciado na noite de São Bartolomeu não tivesse erradicado para sempre a religião protestante da França, embora a violência empregada tivesse sido "legítima e razoável".[72]

Nas palavras de defesa de Naudé dos acontecimentos de 1572 ressoa claramente a influência das ideias de Maquiavel, mas num contexto teórico e político muito diferente daquele que alimentara o pensamento do secretário florentino. Aliás, os "monarcômacos" acusavam os autores do massacre de serem discípulos de Maquiavel. O autor francês pretendia afirmar a primazia do poder real e seu direito de se defender a qualquer custo dos ataques que sofria. Por isso, a noite de São Bartolomeu podia ser vista como um golpe de Estado quase perfeito. "É preciso dizer", afirma ele, "que foi o golpe de Estado mais ousado e mais habilmente conduzido, que se praticou na França ou em qualquer outro lugar."[73] Nele a violência teve um papel essencial. Essa constatação tem algo de banal se não for levado em conta que não se tratava apenas de assinalar a presença dela na cena política. Por meio de muitos exemplos, nosso autor mostra que desde a Antiguidade a violência esteve presente na vida pública e foi justificada de alguma forma. No Ocidente cristão, as cruzadas nunca foram rejeitadas por implicarem, muitas vezes, a eliminação dos inimigos

---

72 G. Naudé, op. cit., p. 133.
73 Ibid., p. 130.

da fé. O que muda com a noção de golpe de Estado, para Naudé, é o contexto de justificação de ações que feriam a sensibilidade dos que se guiavam pelos valores cristãos. Sai a explicação teológica e entra a razão de Estado. No contexto de consolidação do Estado moderno, o mesmo direito que garante o poder dos monarcas e governantes garante-lhes o uso da violência em situações que ameaçam a manutenção do *status quo* político.

Com isso, uma nova justificativa do uso da força se integra aos discursos e práticas do poder. Como afirma Foucault: "Podemos mesmo dizer que a violência do Estado não é nada mais do que a manifestação irruptiva, de alguma maneira, de sua própria razão."[74] Os golpes de Estado expressam a razão de Estado de forma aguda e, no mais das vezes, violenta. Dessa forma, incorpora-se ao conceito uma camada de significado, a presença da violência, que dura até hoje. Com efeito, a primeira coisa que nos vem à mente quando falamos em golpe de Estado é o uso da violência para a tomada do poder por grupos políticos. Costuma-se diferenciar os golpes baseados na razão de Estado daqueles perpetrados por grupos particulares. Por essa razão, temos tanta dificuldade em nomear uma ação que desaloja um governante fora dos trâmites normais da política, mas não recorre necessariamente à violência em seu sentido mais imediato. Os golpes parlamentares, por exemplo, que ocupam um lugar cada vez mais importante na América Latina, são tidos como atos corriqueiros e não como golpes de Estado.

Essa maneira de analisar a vida política deixa na sombra várias características dos golpes de Estado, as camadas de significados como chamamos na Introdução, que, uma vez desveladas, contribuem para uma visão bem mais nuançada do fenômeno. No tocante ao pensamento de Naudé, desconhece-se o fato de que ele tinha uma visão bem mais complexa do que a que lhe querem

---

[74] M. Foucault, op. cit., p. 270.

atribuir de simples arauto do emprego da força para resolver questões de disputa de poder. Foucault chamou esse aspecto de caráter teatral dos golpes de Estado.[75] Ele aponta para o fato de que um golpe de Estado tem mais chance de dar certo quando a ele se mistura um esforço de persuasão da população. Não basta assegurar a manutenção do poder, é preciso garantir a adesão dos súditos ou cidadãos. Por isso, um golpe de Estado não se resume ao emprego da força nas relações sociais e políticas. Persuadir o povo de Paris de que os huguenotes eram uma ameaça à sobrevivência da França foi tão importante quanto a eliminação dos que vagavam pelas ruas da cidade, sem poder escapar da fúria popular. Catarina de Médici, segundo Naudé, usou de toda sua astúcia não apenas para estimular o massacre dos protestantes, mas também para afirmar e consolidar seu próprio poder.

No quarto capítulo das *Considerações*, Naudé amplia o alcance de suas observações abordando temas que haviam sido deixados de lado até então. O primeiro, que ele relaciona com vários filósofos da Antiguidade, é o da transitoriedade das coisas humanas.[76] Sua exposição é pouco original, mas conduz sua reflexão para um território bastante aberto. De um lado, ele insiste na finitude das coisas humanas e naturais e fala dos ciclos que as consomem desde sempre. De outro lado, ele aplica essa máxima à decadência dos grandes impérios, significando com isso que as grandes estruturas políticas estão sujeitas às mesmas leis que regem os pequenos agrupamentos humanos. Disso ele não retira, como faz Maquiavel, uma teoria elaborada do fenômeno da corrupção dos corpos políticos, mas deduz que os atores políticos nunca devem desesperar e acreditar que nada vai mudar. Os que planejam um golpe de Estado não podem ter sempre certeza de que o momento é adequado para sua ação,

---

75 Idem.
76 G. Naudé, op. cit., p. 147-150.

mas podem contar com o fato de que as mudanças ocorrem mesmo quando não esperamos. Como diz Naudé: "A segunda opinião da qual devemos estar persuadidos é de que, para ser bem-sucedido num golpe de Estado, não é necessário remexer o mundo inteiro para mudar os grandes impérios. Eles mudam sem que pensemos longamente ou que façamos grandes preparativos."[77] Golpes de Estado fazem parte, portanto, das ações comuns que alteram a face dos corpos políticos. Nesse sentido, não é preciso associá-los apenas aos atos de conservação dos Estados, pois, como sugere nosso autor em vários momentos, eles se parecem enormemente com momentos de mudança profunda do corpo político, ou mesmo de sua fundação. Ainda que Naudé não insista nesse ponto, é possível dizer que seu pensamento se molda perfeitamente à ideia que defendi de que os golpes de Estado podem ser pensados a partir da tópica da conquista/manutenção do poder e não apenas de um de seus polos. Se não fosse assim, que interesse teria ele de discorrer longamente sobre figuras como Moisés, Licurgo e outros normalmente citados como grandes fundadores e não como conservadores de repúblicas e principados?[78] Cabe lembrar que o par conceitual implica movimentos diacrônicos, mas também movimentos sincrônicos, que nem sempre respeitam uma linha temporal linear. O golpe de manutenção pode ser um golpe de conquista e vice-versa.

    O capítulo tem um tom maquiaveliano, embora o pensador francês se distancie do florentino ao esposar as ideias presentes em autores da Antiguidade de que o elemento popular é tolo e ignorante e deve ser manipulado.[79] Mais interessante é o fato de que ele repete uma tópica maquiaveliana não apenas ao fazer o elogio da oratória e da importância da persuasão tanto presente

---

77 Ibid., p. 151.
78 Ibid., p. 153.
79 Ibid., p. 162.

em belos discursos quanto expressa em panfletos de combate político comuns desde o século xiv na Itália.[80] De maneira ousada, ele mostra que a religião e a referência a acontecimentos extraordinários é um fato essencial de domínio dos povos e deve ser usado com maestria pelos que pretendem aplicar um golpe de Estado. De forma enfática, Naudé afirma: "Para mim eu considero o discurso tão poderoso que não encontrei nada até agora que fuja de seu império."[81] Atores políticos precisam, portanto, saber se servir das palavras se desejam dominar, ou mudar o poder instalado numa cidade. Isso implica se servir de tópicas do passado, de referências à tradição, mas também implica a manipulação dos conteúdos, mesmo quando ligados à religião. Com isso se firma uma expansão do alcance do pensamento político de Naudé, que conduz ao alargamento de sua compreensão da natureza dos golpes de Estado e uma ousada crítica aos que pensavam poder manter as coisas sempre no mesmo lugar.

Bem agir implica saber usar de todos os meios disponíveis, da oratória e da força, mas também saber escolher o momento oportuno. "E ainda", diz Naudé, "não é suficiente adquirir essa prudência ordinária, comum em tantos políticos, se não passarmos a uma outra ainda mais refinada, que é própria aos mais astutos e experimentados ministros, para prevalecer em ocasiões fortuitas e retirar proveito e vantagem daquilo que seria deixado de lado por qualquer outro, ou que lhe teria sido prejudicial."[82] Golpes de Estado são ações especiais que exigem uma virtude extraordinária.

Virtude especial exige homens especiais. Por essa afirmação não se pretende dizer que Naudé estivesse à cata de atores providenciais, mas simplesmente que ele sabia que para bem agir no

---

80 H. Adverse, *Maquiavel: política e retórica*, p. 117-144.
81 G. Naudé, op. cit., p. 166.
82 Ibid., p. 170.

terreno público é preciso preencher certos requisitos, ter certas virtudes, sem as quais nenhuma ação se desenvolve a contento. Para ele, são três as virtudes principais: força, justiça e prudência.[83] Essa enumeração tradicional das qualidades necessárias para o exercício do poder, que pode sugerir ao leitor que nosso autor se conformava com os chamados "Espelhos dos Príncipes", gênero literário de aconselhamento dos príncipes cristãos, era na verdade bastante enganosa. De fato, Naudé apela a um conjunto de citações antigas e de seu tempo para fazer o elogio das virtudes cristãs clássicas. No corpo de sua argumentação fica claro, no entanto, que ele está à procura de referências que levem em consideração, antes de tudo, a conservação do poder nas condições reais, frequentemente difíceis de enfrentar, nas quais os atores virtuosos devem provar seu valor. Por isso, ele não hesita em criticar o uso supersticioso da religião, que com frequência desvia os homens de ação de seus objetivos.[84] Da mesma maneira, a força aparece no comportamento daqueles que sabem conservar a clareza de objetivos num meio conturbado por traições, vaidades e intrigas.

É na prudência, "a rainha das virtudes políticas",[85] que ele concentra sua atenção. Mais uma vez, ele joga com um conjunto tradicional de referências para introduzir seu pensamento. Ao lado de traços clássicos do homem prudente, que sublinham o uso da razão para tomar decisões, o conhecimento da história, a força de espírito, Naudé sublinha a capacidade de guardar segredo e a capacidade de agir secretamente.[86] Na última parte de seu livro, ele fala das qualidades dos ministros e de como os governantes devem escolhê-los. O título do capítulo, no entanto,

---

83 Ibid., p. 182.
84 Ibid., p. 188.
85 Ibid., p. 189.
86 Ibid., p. 190.

revela a extensão de seu pensamento, pois, segundo ele, o que se procura é "como escolher o ministro para um golpe de Estado". Nesse ambiente, é a política, pensada na chave dos "Estatistas" e dos "Políticos", que ressoa como uma arte de lidar com o real em suas facetas mais duras e difíceis de serem contornadas.

Golpes de Estado depois de Naudé: o caso de Locke

O conceito de golpe de Estado em Naudé tem um alcance muito maior do que o que se supõe. Ele pode ser atribuído aos monarcas, mas também aos particulares, que ambicionam tomar o poder. Se, para o autor francês, o que interessa são as ações de preservação do poder monárquico, ele era consciente de que não se podia reduzir o alcance do conceito apenas a um de seus significados. Com isso, ele se abriu para a tópica da conquista e manutenção do poder que, como sugeri, é a referência principal para se pensar o problema. Da mesma maneira, a defesa do uso da força para a manutenção do poder tem um duplo caráter, pois na maioria dos casos não se trata apenas de um ato de conservação, mas também de expansão e de transformação da natureza do governo. Isso implica algo mais do que a simples defesa do *status quo*. De um lado, os golpes de Estado passaram a ser defendidos pelo emprego de uma nova racionalidade, de uma nova justificativa dos fundamentos do poder. O conceito de soberania foi um dos pilares essenciais desse giro teórico, mas ele teve de ser combinado com a noção de razão de Estado para se tornar eficaz. Por outro lado, se esses conceitos apontam para uma esfera da vida política na qual o segredo é essencial, os mistérios do Estado, esse local apartado da vida política só se torna real quando se conecta à população em geral, que deve ser persuadida da correção dos atos do soberano, para não se colocar do lado dos que contestam a autoridade real. Maquiavel já advertia que as conspirações naufragam com frequência exatamente no momento em que se tornam conhecidas. Naudé tinha um pensamento menos refinado do que seus inspiradores, mas também sabia que a vida política não pode prescindir de sua dimensão simbólica. Com ele, o conceito de golpe de Estado entrou definitivamente para o vocabulário da modernidade política. Até nossos dias, podemos sentir os efeitos de sua visão radical da política e de seus momentos extraordinários.

De imediato, no entanto, o termo não migrou para outras línguas ou paragens teóricas, o que não quer dizer que muitos dos problemas associados a ele não estivessem presentes em autores da segunda metade do século XVII. Para ficar com um exemplo, vale lembrar algumas discussões presentes no *Segundo tratado sobre o governo* (1689-1690), de John Locke (1632-1704).[87] O autor inglês não faz referências a Naudé nem se utiliza do termo consagrado por ele, mas é inegável que compartilhava as preocupações dos autores ligados ao tema da razão de Estado e de golpe de Estado, embora se situasse num lugar teórico diferente dos pensadores franceses e italianos. Não é o caso de expor em detalhes o pensamento de um autor que foi um marco do pensamento político de seu tempo e da modernidade e que escapa ao escopo deste estudo.[88] Vale a pena, no entanto, mostrar como ele foi, à sua maneira, sensível aos temas que nos ocupam aqui.

No final do *Segundo tratado*, Locke aborda o problema das prerrogativas. Seu texto foi contemporâneo da Revolução de 1688 e traz as marcas das preocupações que ela lhe causou. Tendo partido para o exílio na Holanda depois que seu protetor Shaftesbury foi preso acusado de ser o chefe a oposição *whig*, Locke entrou

---

87 J. Locke, *Two Treatises of Governement*.
88 Para um estudo aprofundado do texto que me interessa, ver: R. Ashcraft. *Revolutionary Politics and Locke's Two Treatises of Governement*.

em contato com pensadores de várias partes da Europa, o que, de alguma maneira, acabou tendo um papel importante na formulação de suas ideias. Com os acontecimentos de 1688, que colocaram Guilherme de Orange no trono e fixaram as bases da monarquia constitucional inglesa, Locke pôde retornar a seu país natal, onde faleceu em 1704.[89] A noção de prerrogativa aparece nos capítulos finais de seu livro. Ele a define como: "Esse poder de agir de acordo com a discrição a favor do bem público, sem a prescrição da lei e muitas vezes mesmo contra ela, é o que se chama prerrogativa."[90] O que está em jogo são os momentos nos quais o governante se vê obrigado a agir fora dos limites normais das leis. Diante, por exemplo, do perigo iminente de um atentado contra o poder, que pode inviabilizá-lo, o que fazer? Locke parece consciente de que em ocasiões especiais os príncipes, ou detentores do poder executivo, tendem a recorrer a métodos excepcionais para conservar seu mando. Esses momentos se assemelham em muitos àqueles que desencadeiam os golpes de Estado, tal como pensados por Naudé. A questão é saber como abordá-los à luz de outros pressupostos teóricos. Como vimos, golpes de Estado são pensados como ações que visam preservar o Estado. Até aí não há nada que seja muito diferente do uso das prerrogativas. Na tópica teórica da conquista/manutenção, o uso das prerrogativas diz respeito ao segundo polo, assim como os golpes de Estado. O problema surge quando se investigam os fundamentos do Estado. De um lado, estão os defensores do direito divino dos reis, que não colocam limites ao poder monárquico e, por isso, também não precisam se preocupar com outra coisa além do poder dos príncipes, quando pensam em ações radicais de preservação

---

[89] Para uma visão de conjunto das transformações políticas sofridas pela Inglaterra no século XVI, ver: E. Ostrensky. *As revoluções do poder*.

[90] J. Locke, op. cit., 160, p. 421. Seguimos aqui a tradução de E. Jacy Monteiro.

de seu lugar no corpo político. Mais tarde, como veremos nos capítulos seguintes, esse debate vai acrescentar a ideia de exceção como correlata da ideia de prerrogativa.

Mas a proximidade dos problemas não pode nos enganar. Os conceitos são próximos, mas nem sempre se referem ao mesmo referencial teórico. Nesse sentido, o lugar do qual fala Locke é inteiramente diverso daquele de seus contemporâneos do século XVII, mas também dos que como Carl Schmitt no século XX vão recorrer ao conceito de exceção. Não há como resumir em poucas palavras a filosofia política do pensador inglês, que está na raiz do pensamento liberal moderno e que exerce forte influência nos meios políticos até os dias de hoje. Resumidamente podemos dizer que, para ele, o fundamento divino do poder desaparece para dar lugar a uma visão contratualista da política. No *Primeiro tratado de governo*, ele emprega toda sua força analítica para desmontar os argumentos favoráveis à monarquia de direito divino sustentada por seu opositor Robert Filmer. No lugar da visão comum de seu século, ele propõe uma ideia destinada a ter longa vida. Em suas palavras:

> O motivo que leva os homens a entrarem em sociedade é a preservação da propriedade; e o motivo para o qual escolhem e autorizam um poder legislativo é tornar possível a existência de leis e regras estabelecidas como guarda e proteção às propriedades de todos os membros da sociedade, a fim de limitar o poder e moderar o domínio de cada parte e de cada membro da comunidade; pois não se poderá nunca supor que seja a vontade da sociedade que o legislativo possua o poder de destruir o que todos intentam assegurar-se quando vivem em sociedade razão pela qual o povo se submeteu aos legisladores que ele mesmo criou.[91]

---

91 Ibid. 222, p. 461.

O uso das prerrogativas, portanto, está enquadrado numa visão do que é o bem comum, que não pode se confundir com a preservação do poder do executivo, mas sim com as finalidades do pacto, que tem na propriedade sua razão de ser. Não vou me aprofundar aqui na análise das consequências que se fazem sentir até hoje dessa centralidade da propriedade no contrato. Interessa o fato de que Locke não autoriza os governantes a agir fora da lei, salvo se for para "fazer o bem público".[92] Para ele, essa noção está ligada à totalidade dos contratantes e não aos detentores do poder executivo, ou até mesmo ao poder legislativo.

Afastadas as condições que para Naudé autorizavam os golpes de Estado, resta o fato de que o poder é algo cobiçado tanto por agentes externos quanto internos. Locke dá um tratamento rigoroso ao tema da conquista externa e da guerra focando sua atenção nos direitos que podem ser gestados nesse contexto.[93] Esse terreno coincide com a afirmação corrente em sua época segundo a qual a guerra é algo natural. De maneira mais ampla, Maquiavel já dissera que o desejo de conquistar está presente em todas as épocas e que não há como evitá-lo. Aqui, no entanto, não é a guerra externa que interessa, mas sim sua existência no interior dos Estados, que o pensador inglês chama de "conquista interna". Para o ato de conquista do poder, Locke dá o nome de usurpação, que define como "uma espécie de conquista interna, com a diferença que um usurpador não pode ter nunca o direito a seu favor, somente sendo usurpação quando o usurpador entra na posse daquilo a que um terceiro tem direito".[94] Como veremos nos capítulos seguintes, autores ligados à tradição liberal, como Benjamin Constant, vão se servir desse termo para abordar o problema da conquista do poder por vias ilegais. Essas

---

92 Ibid., 166, p. 425.
93 Ibid., 175-196, p. 431-444.
94 Ibid., 197, p. 445.

ações vão ser nomeadas simplesmente como golpes de Estado. Para que isso ocorra, será necessário esperar o século xix. Importa que o tema que Locke chamou de conquista interna marca a passagem da questão do uso do poder fora dos marcos legais para o do uso de meios, muitas vezes violentos, para tomar o poder. Ou seja, se as prerrogativas indicam as ações fora do quadro legal, levadas a cabo para manter o poder, a usurpação sinaliza um movimento para fora dos limites da política. Diz Locke: "Do mesmo modo que a usurpação consiste no exercício do poder a que outrem tem direito, a tirania é o exercício do poder além do poder, o que não pode caber a pessoa alguma."[95]

Do debate com os defensores da monarquia absoluta, passando pelo estabelecimento das bases do contrato legítimo, Locke se encaminha, no fim de seu percurso, para pensar a dissolução do corpo político. Esse não era para ele um tema abstrato. A história inglesa recente mostrava que o fim de uma forma política estava no horizonte das possibilidades de seu tempo e não podia ser afastado com um simples olhar. Da mesma forma, o tema da usurpação não tinha nada de irreal. Ele vivenciara os momentos em que o poder real vacilou e a Inglaterra se viu à mercê dos que se dispunham a ocupar o poder por quaisquer meios. Por uma via diferente de Naudé, tendo como referência teórica um novo paradigma sobre a origem dos corpos políticos, Locke ajudou a inscrever na filosofia política moderna o tema da conquista e manutenção do poder por vias extraordinárias, que aos poucos passou a ser chamado simplesmente de golpe de Estado. No seio da tradição liberal, ele deu início a uma abordagem do problema pela via do exame do caráter legal das ações de tomada do poder destinada, como veremos, a uma longa história.

---

[95] Ibid., 199, p. 446.

SÉCULO XVIII
Revolução e golpe de Estado

O dia 9 de novembro de 1799 amanheceu frio e nublado em Paris, conforme os relatos unânimes dos que mais tarde escreveram sobre os acontecimentos que iriam pôr um fim às transformações revolucionárias que haviam mudado a face da França e da Europa. Por volta das seis da manhã, os membros do "Conselho dos Antigos", câmara dos parlamentares a quem cabia a análise final das leis propostas pela outra parte do parlamento, o "Conselho dos Quinhentos", foram acordados e convocados para uma reunião às sete horas, o que era absolutamente inabitual. Chegando ao Palácio das Tulherias, onde normalmente se reuniam, os deputados se deram conta de que algo estranho estava acontecendo. O prédio estava cercado por tropas, nem todos os deputados tinham sido convocados e a atmosfera era das mais lúgubres. Rapidamente o presidente do Conselho, Lemercier, passou a palavra a Mathieu-Augustin Cornet, que descreveu a ameaça que pairava sobre a República depois que fora descoberto um complô liderado por "terroristas" visando destruir as instituições republicanas e retornar ao Terror. Muitos presentes duvidaram do relato do inspetor. Alguns tentaram interpelá-lo, mas não havia margem para muita discussão. Rapidamente foi posta em votação a proposta que poderia livrar a República das ameaças que supostamente pesavam sobre ela: a transferência do Conselho dos Antigos, do Conselho dos Quinhentos e do

Diretório, que reunia os cinco membros responsáveis pelo poder executivo, para Saint-Cloud, localidade próxima de Paris, onde passariam a deliberar a partir do dia seguinte. Ao mesmo tempo, Napoleão Bonaparte foi nomeado comandante das tropas que protegiam Paris. A Revolução, que galvanizara a atenção dos franceses nos últimos dez anos, chegava ao fim.[1]

Os representantes ligados ao jacobinismo tinham um papel importante no seio do Conselho dos Quinhentos. Muitas vezes tumultuavam as reuniões com apelos insistentes e denúncias contra os membros do Diretório. Mas naquele dia não havia nenhuma conspiração em andamento originada de suas fileiras ou dos subúrbios de Paris. Conversas sobre um possível complô para tomar o poder circulavam intensamente na capital, mas apontavam para um dos membros do próprio Diretório, o grande constitucionalista da Revolução, Emmanuel Sieyès (1748-1836), e para o jovem general, que retornara recentemente do Egito depois de uma campanha controversa, Napoleão Bonaparte. Um outro membro do Diretório, Ducos, estava a par do que estava acontecendo e havia se aliado aos que urdiam o complô. Dois outros diretores, Gohier e Moulin, foram excluídos e não pareciam estar de acordo, ou mesmo plenamente cientes, do que se tramava, ainda que pudessem suspeitar de alguns movimentos de seus dois colegas. O último membro do órgão executivo, Barras, que fora importante no momento da queda do Terror jacobino e uma espécie de padrinho de Bonaparte na vida política, suspeitava de algo, mas, devido à sua fama de corrupto, era um apoio duvidoso para homens que queriam pôr um fim ao que consideravam a decadência da República.[2]

Para nós, interessa não apenas o fato de que o 18 Brumário, como ficou conhecida a data do fim da Revolução, encerrou

---

1 P. Gueniffey, *Le Dix-huit Brumaire. L'epilogue de la Révolution française*, p. 19-42; A. Jourdan, *La Révolution, une exception française?*, p. 21-83.
2 Ibid., p. 39.

uma fase da política de transformações iniciada em 1789, mas fez surgir um novo significado para o conceito de golpe de Estado. Como já foi sugerido por vários autores, com o 18 Brumário nasceu o golpe de Estado tal como o conhecemos hoje. Neste capítulo, vou procurar entender esse processo de investimento de novos significados no conceito, tendo em conta que não podemos compreender o que se passou se não observarmos que a palavra central desses anos foi Revolução. Em torno dela circularam todas as outras. Constituição, república, direitos dos homens, participação popular foram vocábulos que passaram a galvanizar a atenção dos homens de letras, mas também dos novos atores que se incorporaram à vida política no fim do século XVIII. Nesse contexto foi inevitável o deslocamento do sentido do termo golpe de Estado.

Os golpes de Estado saem de cena

Em sua edição do fim do século XVII (1694), o *Dicionário da Academia Francesa* se referiu aos golpes de Estado da seguinte maneira: "Golpe de Estado, quer dizer, o que é útil para o Estado."[3] De maneira simples e direta, o sentido do termo, forjado ao longo do século por meio das lutas para a preservação do poder monárquico, se fixou em torno da ideia de que se tratava de uma ação de conservação do poder, próxima da razão de Estado, que havia feito um longo percurso desde seu aparecimento mais de cem anos antes. Desde então, o termo permaneceu adormecido em seu significado, vinculado às práticas da monarquia, como se não precisasse ser alterado ou estudado, por se referir a uma realidade que se mantinha quase inalterada com o passar do tempo. Montesquieu, no *Do espírito das leis*, fala que seu tempo começara a superar o

---

3   D. Richet, "Coup d'État", vol. Événements, p. 63.

maquiavelismo e que "o que se chamava antes de golpe de Estado não seria hoje, independente do horror, senão imprudências".[4]

É claro que, por vezes, panfletistas lançavam mão da ideia para criticar algum ato dos príncipes no poder, mas nenhum dos grandes teóricos do século das luzes pensou em aprofundar o exame do conceito e de seus sentidos. Entre os verbetes da *Enciclopédia* dirigida por Diderot e D'Alembert nenhum é dedicado ao termo.[5] Por vezes, "razão de Estado" é usada em contextos pouco específicos, referindo-se a um ato de banimento de desafetos do monarca, mas nada que lembre o universo linguístico da política do século XVII.[6] O vocábulo mais próximo que aparece na *Enciclopédia* de Diderot é o de conjuração, que, para o autor do verbete, é sinônimo de conspiração. Uma conjuração, diz o verbete, é levada a cabo para destituir um príncipe e colocar outro em seu lugar, mas também se refere a um ato contra um cortesão ou um Estado. A conjuração de Catilina é citada como exemplo, como se seu significado tivesse se mantido inalterado desde a Antiguidade.[7] Tudo se passa como se o século das luzes, em seu afã de reencontrar-se com os escritos da Antiguidade, tivesse retornado ao tempo de Maquiavel, quando as conspirações nomeavam uma série de ações no terreno da política sem apontar para um regime em especial.

Na *Encyclopédie Méthodique* (Enciclopédia metódica), publicada entre 1782 e 1791, o termo "conjuração" também aparece como um verbete, sem mencionar os outros vocábulos que normalmente vinham associados a ela nos escritos de então.[8]

---

4 Montesquieu, "De l'Esprit des Lois", livro XXI, 20, p. 673.
5 Diderot e D'Alembert, *Verbetes políticos da Enciclopédia*.
6 Diderot e D'Alembert, *Encyclopédie ou Dictionnaire raisonné des sciences, des arts et des metiers*, tomo 4, p. 673.
7 Ibid., p. 58.
8 J. Peuchet, *Encyclopédie Méthodique*, p. 196.

Segundo o autor, uma conjuração "é o complô de várias pessoas mal-intencionadas contra o príncipe ou contra o estado".[9] Ela é diferente das traições, que implicam a presença de inimigos estrangeiros, que desejam conquistar o estado, mas também é diferente "da revolta ou da rebelião, pela qual os sujeitos atacam abertamente e a mão armada seus soberanos". À luz da tópica que tem me orientado da conquista/manutenção, fica claro que a conjuração, para o autor do verbete, é um ato de conquista do poder por agentes externos ou por parte de algum "audacioso descontente com o príncipe e seu governo". Esses atos são todos classificados como crimes, mais especificamente como crimes de lesa-majestade. Nesse sentido, o texto não faz mais do que seguir uma longa tradição de repúdio aos que tentam assumir o poder por vias tortas e violentas.

Os tempos, no entanto, eram outros. A *Encyclopédie Méthodique* (Enciclopédia metódica) começou a ser publicada antes da Revolução, mas continuou seu percurso quando a política europeia já tinha sido sacudida por acontecimentos que mudariam para sempre a face do mundo. Talvez por isso, mesmo sem deixar de apontar para o crime dos que tentam ocupar o poder por vias tortas, o autor faz um comentário intrigante no meio do verbete. Segundo ele: "a maior parte das conjurações mencionadas na história tiveram por motivo o desejo de livrar a pátria da escravidão, de colocar sua vida ao abrigo das ameaças do tirano, de vingar os ultrajes aos bens ou à honra".[10] O verbete não fala das transformações pelas quais estava passando a França e a Europa, mas deixa transparecer um pouco do espanto que dominava os que tentavam compreender o que acontecia. Mantendo a linguagem da literatura política clássica, o verbete mistura a crítica aos aventureiros com a tópica do direito legítimo

9   Idem.
10 Idem.

de matar o tirano, que desde a Idade Média ocupava um lugar importante no discurso cristão. Em 1789, a associação entre monarquia absoluta e tirania já tinha percorrido um longo caminho, embora a figura do rei ainda não fosse ligada por todos aos tiranos temidos pelos escritores do passado. Será preciso uma alteração radical da cena política para que o tiranicídio pudesse ser considerado um ato legítimo de defesa do povo contra a opressão, o que só ocorrerá de maneira ampla a partir de 1792, quando a monarquia veio abaixo. Os mesmos autores que acreditavam ser a tirania um regime execrável viam na monarquia uma forma boa e legítima de governo.[11] Mas as coisas estavam mudando rápido naquele fim de século. Novas vias para a ação estavam sendo construídas, ao mesmo tempo que os pilares da monarquia desmoronavam. Por esses caminhos passarão muitos dos que tentavam construir um novo mundo.

Jean-Paul Marat

Marat foi um dos personagens mais radicais do período revolucionário. Nascido em 1743, se fixou em 1765 na Inglaterra, depois de ter passado três anos em Paris, onde teve contato com a obra de Rousseau. Embora não tenha sido um ator importante nos grandes acontecimentos que marcaram seu tempo, sua fala inflamada, expressa em seu jornal *L'Ami du Peuple* (O Amigo do Povo), contribuiu em muito para a exacerbação dos ânimos populares e para o aparecimento de uma visão extremada dos rumos da Revolução. Depois de 1789, ele clamou várias vezes pelo sangue dos que considerava inimigos da pátria e defendeu sem nuances a instalação de uma ditadura para salvar a França, ainda que não definisse muito bem o que compreendia

---

[11] C. Fiocchi, *Mala Potestas. La tirania nel pensiero politico medioevale*.

por esse regime. Personagem controverso, temido e odiado, acabou sendo morto pela bela Charlotte Corday na banheira de sua casa, o que só fez aumentar sua fama de defensor e mártir da Revolução.[12]

Antes da Revolução, em seu período inglês, escreveu obras que obtiveram algum sucesso. *Les chaînes de l'Esclavage* (As correntes da escravatura) foi publicada inicialmente em inglês em 1774, sendo posteriormente vertida para o francês em 1792.[13] A obra, que para muitos parece um longo panfleto, permite conhecer os principais operadores do pensamento do autor, que no momento da queda da Bastilha afirmava ter fixado suas ideias para sempre. Em que pese o exagero dessa afirmação, é certo que o jornalista havia desenvolvido ao longo dos anos uma estrutura de pensamento da qual se afastou muito pouco ao longo da vida. O eixo central era o horror ao despotismo em todas as suas formas. Marat opõe em seu livro o tempo todo o povo aos príncipes, sem se preocupar em definir essas duas categorias. Embora tenha sido certamente influenciado por pensadores como Montesquieu, Rousseau, Maquiavel e Locke, são poucas as referências a eles em seus textos. O ponto central de seu sistema de pensamento era a denúncia do despotismo que, na sua visão, tinha três apoios fundamentais: os exércitos, o aparelho coletor de impostos e a religião. Para ele, a violência estava na origem da maior parte dos governos e, por isso, não existia um meio-termo entre o despotismo e a liberdade. Mesmo sendo pessimista no período em que escreveu sua obra quanto à possibilidade de se quebrar as correntes da servidão, que enxergava em todos os regimes políticos de seu tempo, ele não deixou de antever uma revolta que transformaria o rosto da humanidade.

---

12   M. Ozouf, "Marat", p. 179-191.
13   J.P. Marat, *Les chaînes de l'Esclavage*. Para a edição inglesa: J.P. Marat, *The Chains of Slavery*.

Sua obra tem muitos aspectos interessantes, mesmo se em alguns momentos ela apenas reflita lugares-comuns do meio intelectual do autor, expostos com uma veemência desconcertante. *Les chaînes de l'Esclavage* (As correntes da escravatura) oferecem um painel privilegiado para acompanhar o movimento que as ideias de revolução e de golpe de Estado ocuparam no fim do século XVIII no seio da linguagem política francesa. Para analisar a cena de fortalecimento e desaparecimento dos conceitos de que o livro nos livra, é preciso, no entanto, prestar atenção às diferenças que separam a edição inglesa de 1774 e a francesa de 1792-1973. De maneira geral, os estudiosos do período não se ocupam com a comparação dos dois livros, se contentando com as explicações dadas na *Notícia* pelo próprio Marat. Nela, ele narra suas peripécias depois de ter publicado o livro endereçado incialmente aos eleitores ingleses, que no ano de 1774 participariam de uma eleição decisiva para os rumos da política de seu país. Há boas razões para supor que Marat exagera no relato das perseguições que sofreu, mas esse não é o ponto. O que importa é que, ao comparar as duas versões do texto, nos damos conta de que os dois conceitos/vocábulos que interessam – revolução e golpe de Estado – simplesmente não existem na versão inglesa. Assim, a suposta profecia de Marat, que já falaria de revolução quinze anos antes dos acontecimentos de 1789, provavelmente foi alimentada por ele mesmo, que gostava de se colocar no lugar de consciência da França, e pelo fato de que poucos pesquisadores se deram ao trabalho de fazer uma comparação detalhada das duas versões. De fato, o eixo do livro, a crítica ao despotismo, se mantém intacto. Da mesma forma, a contraposição desse regime com a liberdade já está exposta com todas as letras. De certa forma, Marat estava certo. O revolucionário já estava vivo na Inglaterra dos anos 1770, mas isso não quer dizer que ele tivesse predito o que aconteceria depois. Apenas suas convicções estavam formadas e se radicalizaram com a passagem do tempo.

Se pensarmos no livro como uma peça de teatro na qual uma personagem, a revolução, ganha um papel decisivo, enquanto outra – o golpe de Estado – se eclipsa e que estamos assistindo a uma montagem de 1792 na qual a plateia se imiscui a cada fala, movida pelas paixões do momento, podemos aproveitar o espetáculo para entender a dança dos conceitos no palco revolucionário. É importante notar, no entanto, que as falas desses dois personagens não estavam nas apresentações de quinze anos antes. Foi a roda da história que deu protagonismo a um e escondeu por um tempo o outro. O livro é uma radiografia perfeita do momento em que isso ocorreu. Vamos seguir os atos.

Marat fala de revolução pela primeira vez quando se refere ao período feudal. No início, no qual tece considerações sobre a forma de governo medieval, que não fazia parte da versão inglesa, ele se refere à revolução como uma mudança que transforma uma estrutura, mas não que rompe com a circularidade do tempo.[14] Esse era um dos sentidos comuns que a palavra tinha no século XVIII. Já no capítulo dedicado às letras e às belas-artes, ele acrescentou um parágrafo inicial no qual se refere à revolução tal como ele a estava vivendo no início da década de 1790. Para ele: "Durante as crises tempestuosas de uma revolução, não se pensa senão no estabelecimento da liberdade."[15] É compreensível o entusiasmo dos leitores, que não sabem que esse texto não estava na versão de 1774. Marat afirma com todas as letras que uma revolução anuncia a passagem do despotismo para a liberdade, porto seguro tão desejado por toda a humanidade e tão difícil de ser alcançado. Ele dá um nome ao que quinze anos antes era apenas um vulto, que talvez antevia, mas que não podia ainda saber qual seria seu rosto.

Para tocar mais diretamente no tema do golpe de Estado,

---

14 J.P. Marat, op. cit., p. 45.
15 Ibid., p. 65.

precisamos seguir de perto alguns desenvolvimentos do texto. Como já apontamos, a estrutura do livro é binária: despotismo *versus* liberdade. Em torno desse eixo, as ideias fluem com menor ou maior precisão. De forma lapidar, Marat afirma: "Se não possuir uma ideia clara da liberdade é uma das causas da servidão, não ter uma ideia verdadeira da tirania é outra."[16] O combate contra a escuridão do despotismo é, portanto, um combate das luzes, únicas capazes de fazer emergir a liberdade e derrotar a ignorância, que é sempre o apanágio dos tiranos. No curso da Revolução, Marat vai compreender sua atuação como jornalista como uma ferramenta que faz da divulgação de ideias uma etapa essencial para se atingir os objetivos revolucionários. Descobrir os subterrâneos do poder, revelar suas tramas e formas de agir é a melhor maneira de lutar pela liberdade, segundo ele. Desde a primeira versão do texto, o tema do complô, que será fundamental nas denúncias de *L'Ami du Peuple* (O Amigo do Povo) contra vários atores do período revolucionário, se torna uma peça essencial da retórica, mas, sobretudo, da visão de mundo do autor. Os príncipes, diz ele, para assegurar o sucesso de seus complôs, fazem de tudo e não hesitam em lançar o país numa guerra civil.[17] Para ele, uma parte importante da atuação política (como para outros revolucionários como veremos à frente) está concentrada no desvelamento das conspirações, que sempre rondam as obras da liberdade. Um povo que quer se ver livre da servidão deverá sempre estar atento para o que se trama longe de seus olhos.

Perto do fim do livro, Marat encadeia uma série de considerações que misturam temas do século anterior com sua luta contra as formas tirânicas de governo. Reencontramos aqui a tópica da usurpação com a qual já lidamos no capítulo anterior. Para o escritor francês, no entanto, não cabe discutir as prerrogativas

16 Ibid., p. 180.
17 Ibid., p. 242-243.

dos príncipes, pois o que os reis franceses sempre fizeram foi usurpar a soberania do povo, única verdadeira. Todos os estratagemas do poder visam garantir essa posse ilegal de algo que não pode ser possuído por um único indivíduo ou um grupo de indivíduos.[18] Desde as origens da França, a constituição, que para ele se confundia com uma espécie de tradição democrática no interior da monarquia, sinalizava para a força do elemento popular, única fonte legítima de qualquer poder. Nessa lógica, o exercício do poder pelo rei, ou pela aristocracia, sempre foi uma forma de usurpação escondida por meio de procedimentos mais ou menos hábeis dos detentores do poder. A conquista do poder se deu, segundo Marat, de forma progressiva de tal maneira que em seu tempo todos pareciam considerar normal o que era fruto de uma usurpação. E mais, uma vez ocupado o poder, o detentor da força executiva podia usar de qualquer expediente para conservar o que fora adquirido. "Essas lições horríveis", afirma Marat, "foram erigidas em máximas da política e essas máximas funestas produziram as ações mais odiosas, decoradas com o nome de golpes de Estado."[19]

Os golpes de Estado eram ações que visavam conservar o poder ilegítimo dos reis. É nessa ótica que Marat introduz o tema no meio do capítulo dedicado ao tema da usurpação. No texto original, ele chama os golpes de Estado de "atos de grande política".[20] Ainda não chegara o tempo em que a língua inglesa passaria a adotar a expressão em francês, o que só viria a se generalizar no século XIX. Há no texto uma mistura curiosa da linguagem política francesa do século XVI, tal como vimos no capítulo anterior, com a visão pessoal do autor, que enxergava na usurpação e nos atos destinados a perpetuá-la um fenômeno

---

18 Ibid., p. 273.
19 Ibid., p. 278.
20 J.P. Marat, *The Chains of Slavery*, p. 178.

universal. Sem cair em contradição com suas afirmações anteriores, ele afirmava: "Quantos golpes de Estado foram cobertos pelas trevas da noite! Mas quantos ainda existem na história."[21]

Golpes de Estado eram, portanto, procedimentos destinados a conservar o poder adquirido pelos detentores da força executiva do Estado. Nesse sentido, o conceito parece próximo da ideia de razão de Estado e da maneira como Naudé concebia os golpes de Estado. Mas, para os pensadores do século XVI, a soberania do rei estava calcada em bases sólidas, no direito divino. Como para Marat a monarquia absoluta era uma usurpação, tentar conservar o poder a qualquer custo só agravava o atentado ao direito dos povos. Esse dado altera completamente o sentido do conceito de golpe de Estado que é usado como uma das ferramentas ilegítimas das quais se servem em todos os tempos os que usurpam o poder. Na visão pessimista de Marat, os poderosos tendem a conservar o poder que conquistaram ao longo do tempo e a submeter o povo às mais abjetas condições. Nesse estágio, os bons cidadãos, "reduzidos a desejar uma revolução sem ousar tentar a menor *démarche* para romper os ferros, tomam como os outros o partido da submissão e aprovam o que de nada serviria criticar".[22] Na versão inglesa do texto, ele não fala em revolução, mas apenas que os bons cidadãos são reduzidos a "desejar uma condição melhor".[23]

Marat mostra em seu livro de 1792 que os dois conceitos que nos ocupam aqui seguiam trajetórias diferentes naqueles anos especiais. Os golpes de Estado são ações terríveis que frequentemente "são suficientes para destruir a liberdade", diz ele numa nota.[24] Mas, com a irrupção da Revolução, parecem apontar

---

21 J.P. Marat, *Les chaînes de l'Esclavage*, p. 278.
22 Ibid., p. 321.
23 J.P. Marat, *The Chains of Slavery*, p. 234.
24 J.P. Marat, *Les chaînes de l'Esclavage*, p. 326.

para comportamentos do passado, destinados a nomear realidades em extinção. Quanto às revoluções, em que pese a importância dos acontecimentos da Inglaterra e dos Estados Unidos, que eram tidos como transformações revolucionárias, elas pareciam forjar um novo paradigma em sintonia com o que estava acontecendo na França. A possibilidade de que a soberania popular viesse finalmente a encontrar sua realização num país que vira o antigo regime ser posto abaixo a partir de 1789 mudava o território da política e dos conceitos e ideias que haviam servido até então para pensar o mundo em comum dos homens.

Posso agora voltar o olhar para os eventos daquele ano "sem igual", que transformou a face da modernidade política.[25]

O espírito de 1789

O ano começou com um inverno dos mais rigorosos do século, o que contribuiu para o aumento do preço do pão e um sentimento de que as coisas iam de mal a pior para os mais pobres. A economia dava ares de que podia colapsar de uma hora para a outra. Isso era admitido até por Jacques Necker (1732-1804), o popular ministro que Luís XVI havia convocado para tentar salvar a situação financeira do Estado, que vinha se degradando de mês a mês. No ano anterior, 1788, uma revolta explodiu na cidade de Grenoble. Os habitantes da região desafiaram o poder real, que havia tentado mudar as prerrogativas do Parlamento local, jogando telhas nos soldados que tentavam reprimir o movimento. Esse acontecimento mostrou que o país inteiro estava em pé de guerra e não somente os que passavam fome. Naquela ocasião, o rei chegou a ensaiar um golpe de Estado, tal como fora concebido na época de Richelieu, mas acabou conciliando com as

---

25 M. Winock, *1789, l'année sans pareille*.

reivindicações dos representantes e juízes locais, que puderam retornar a seus antigos postos na administração da cidade.[26]

Seja como for, a convocação dos Estados Gerais, assembleia consultiva que não se reunia desde 1614, deu ânimo para a população, que passou a acreditar que algo de bom estava por acontecer na França. Nos meses que antecederam a abertura da grande reunião de nobres, clérigos e membros do Terceiro Estado, o país se mobilizou para escolher seus representantes, mas também para redigir os cadernos nos quais reuniam suas reclamações e críticas à situação do país. Eles ficaram conhecidos como *Cahiers de doléances*. Foi um período de esperança misturado com revoltas, muitas delas provocadas pela fome.[27] Com a instalação dos Estados Gerais e a chegada dos 1.200 deputados vindos de todas as partes, Versailles se tornou o centro de um vulcão prestes a explodir. No dia 5 de maio, a reunião começou com festa e muita conversa. O clima, no entanto, não tardou a degenerar. O rei fez um discurso ambíguo, que não agradou ninguém; seu ministro da justiça (*garde des sceaux*) Barentin não conseguiu ser ouvido numa sala de péssima acústica; por fim, o ministro Necker, tanto aguardado, também decepcionou com uma fala arrastada, longa e cheia de termos técnicos.

Ficou claro para muitos que a ideia de uma conciliação nacional não ia funcionar. Os membros do Terceiro Estado (seiscentos deputados), que representavam a esmagadora maioria da população de 25 milhões de habitantes, queriam que fosse criada uma assembleia única na qual todos teriam o mesmo peso. Isso era rejeitado violentamente pelos nobres e em menor medida pelo clero. Desse conflito inicial, banhado no mar revolto dos últimos anos, nasceu a dinâmica das forças que algumas semanas depois colocaria em movimento a marcha inexorável da Revolução.

26 Ibid., p. 7-14.
27 Ibid., p. 71.

Nesse contexto de conflito entre as três ordens, o rei, que se recusava a mudar a organização interna dos Estados Gerais, tentou o que podemos chamar de último golpe de Estado aos modos do século anterior. No dia 23 de junho, Luís XVI e seus ministros, com a exceção de Necker, compareceram à reunião das três ordens com a nítida intenção de pôr um fim às pretensões do Terceiro Estado. Naquele dia chuvoso se explicitou a última tentativa de se servir das prerrogativas da monarquia para frear a marcha de um processo que tivera início muito antes daquele mês inflamado.[28] A pressão popular só fazia crescer nos subúrbios de Paris e em várias cidades importantes. A ameaça do rei, que poderia significar a dissolução da Assembleia, tinha a ver diretamente com o fato de que, no dia 20 de junho, os seiscentos deputados do Terceiro Estado haviam se reunido num salão de jogos, depois de serem impedidos de usar a sala que lhes fora destinada no castelo de Versailles, para deliberar sobre o impasse que se criara quando as duas outras ordens se negaram a se reunir num só corpo de representantes. O resultado da reunião foi a reafirmação da decisão de se reunir dali para frente em uma Assembleia Nacional, decisão que fora tomada no dia 17 de junho.[29] Das discussões surgiu o ato conhecido como o Juramento do *Jeu de Paume*. Um texto curto sintetizava o impasse no qual se encontrava o poder acuado pela situação na qual se encontrava o país. Os deputados levantaram a mão e disseram: "Nós juramos nunca nos separar da Assembleia Nacional e nos reunir em qualquer lugar onde as circunstâncias exigirem, até que a Constituição do reino seja estabelecida e garantida por fundamentos sólidos."[30]

Os mentores da última tentativa de um golpe de Estado monárquico se deram rapidamente conta de que a situação era

---

28 Ibid., p. 115-121.
29 Ibid., p. 107.
30 Ibid., p. 111.

muito mais complexa do que lhes parecia e tiveram de recuar. No dia 27 de junho, as três ordens se reuniram finalmente, o que já era uma virada de peso na política francesa. O Antigo Regime começara a desmoronar nas crises dos últimos anos, mas o movimento ganhara uma velocidade inexistente nas muitas revoltas que eclodiam na França aqui e ali, mas que acabavam sendo derrotadas. O estudo da Revolução Francesa gerou uma bibliografia tão ampla que é impossível lidar com a massa de trabalhos produzidos. Mesmo a simples narrativa dos acontecimentos tomou volumes e volumes que continuam a seduzir leitores atuais. Para os propósitos deste livro importa fixar a atenção numa das palavras do Juramento do Jeu de Paume: Constituição. Desde o início havia uma grande expectativa entre os membros do Terceiro Estado de que as leis do país seriam transformadas e responderiam aos anseios da maior parte da população e não de seus extratos privilegiados. Esse desejo era alimentado pelo impacto do Iluminismo e da obra de autores como Voltaire e Diderot, pela leitura de Rousseau, mas, em grande parte, por uma vontade de mudança, que vinha da difícil situação na qual tantos se encontravam naquele fim de século.[31] Interessa o fato de que naqueles meses a mudança na cena política catalisou a transformação da linguagem política. Termos foram criados, mas outros foram simplesmente alterados para significar outra coisa.

Um deles foi a ideia de Constituição, presente no Juramento do dia 20 de junho. Desde cedo, ela se mostrou solidária da ideia de Revolução, mas nem por isso perdeu a ambiguidade que se expressou na fala dos deputados. No ano de 1789 não se sabia muito bem o que a palavra designava e as referências à Inglaterra ou aos Estados Unidos não resolviam inteiramente o

---

31 A esse respeito, ver: T. Tackett, *Par la volonté du peuple: Comment des députés de 1789 sont devenus révolutionnaires*.

problema.[32] O debate sobre a natureza da Constituição e a questão de saber se a monarquia francesa possuía uma fundação na tradição eletrizava defensores e críticos do Antigo Regime. Ele invadiu os Estados Gerais e a Assembleia Constituinte. Baker resumiu os debates mostrando que os deputados tinham três opções. A primeira era a de acreditar que existia uma constituição tradicional, que deveria ser melhorada para fornecer um ponto de equilíbrio entre a representação nacional e a autoridade real. A segunda opção era criar uma nova constituição. Nela, o rei, em torno do qual se concentraria o poder executivo, conservava o poder de veto, mas não podia intervir no poder legislativo. Nesse caso, a constituição teria como referência a soberania da nação. A terceira era uma variante da segunda e foi proposta por Sieyès, membro da Assembleia que será tido com um dos grandes constitucionalistas de seu tempo e com quem vamos nos encontrar mais à frente. Em sua proposta, a vontade geral era expressa "pela deliberação racional do corpo unitário dos representantes".[33] A grande mudança vinha do fato de que o direito divino era posto em questão. Em seu lugar, buscava-se a expressão da vontade geral, que estava destinada a ser considerada o eixo de qualquer constituição. No curso do ano de 1789, a definição mais radical de constituição como um texto que dá origem ao contrato em torno do qual as pessoas passam a viver foi ganhando espaço, mesmo sem rejeitar a hipótese de que uma carta constitucional podia ser legítima num regime monárquico.

Quase ao mesmo tempo em que os debates constitucionais ganhavam corpo, a ideia de revolução foi se tornando central na cena pública. Antes desse período, o termo significava, em primeiro lugar, um movimento circular, mas também uma mudança como a que ocorrera na Inglaterra em 1688, que instituíra a monarquia

---

32 K.M. Baker, "Constitution", vol. Institutions et Créations, p. 179-205.
33 Ibid., p. 198-199.

constitucional. Em seu significado primeiro, no entanto, o termo não possuía a radicalidade que viria a ter.[34] O abade de Mably (1709-1785) já falava em seu livro de 1750, *Direitos e deveres do cidadão*, em revolução num sentido ao mesmo tempo político e vago.[35] Como resumiu Mona Ozouf: "A revolução foi em primeiro lugar no século XVIII um retorno das formas que já existiram."[36] Sem conseguir se cristalizar num sentido único, mesmo quando as referências às revoluções inglesa e americana se tornaram dominantes, ela era um conceito à espera de sua hora.[37]

Esse momento chegou com o que muitos contemporâneos do ano 1789 chamaram de grande espetáculo. Mesmo os que não amaram o que estava acontecendo foram obrigados a reconhecer que era algo muito novo o que estavam vivendo naqueles dias sulfurosos. Aos poucos, revolução foi tomando o significado de criação, de algo que irrompia no mundo como novos fundamentos e em contradição com tudo o que existira até então. No caso francês, a *Declaração universal dos direitos dos homens e dos cidadãos* ocupou o lugar dos fundamentos de um novo tempo. Aliás, a revolução, como observou o grande historiador do século XIX Jules Michelet (1798-1874),[38] parecia ter suspendido o tempo na expectativa de que os homens fossem capazes de recomeçar do zero, lá onde imperavam costumes e leis, que pareciam não mais servir para a era que se inaugurava. Para muitos, a consumação dos novos tempos deveria nascer da união entre a revolução e a Constituição. Dizendo de outra maneira, para pensadores como o marquês de Condorcet (1743-1794), a Revolução encontraria sua plena realização quando os legisladores

---

34 P. Calvert, *Revolution and Counter-Revolution*, p. 1-22.
35 M. Ozouf, "Révolution", vol. Idées, p. 415.
36 Ibid., p. 416.
37 Ibid., p. 417.
38 Ibid., p. 423.

legassem para a nação um corpo de leis em sintonia com a busca de novos referenciais políticos, mas também humanos, para um tempo que se pretendia distante de tudo que acontecera antes.

Camille Desmoulins (1760-1794), o jornalista que fizera dos jardins do Palais-Royal sua tribuna, costumava dizer que em 1789 não havia nem dez republicanos em Paris. Pode ser que ele estivesse certo quanto àqueles que propunham de imediato a adoção do regime republicano no lugar da monarquia. Mas a verdade é que há muito as ideias republicanas circulavam na França e influenciavam os rumos dos debates públicos.[39] Para orientar os que buscavam refúgio no ideário republicano havia a referência aos clássicos da Antiguidade, como Cícero, aos humanistas italianos do Renascimento, conhecidos por um público muito restrito, mas, sobretudo, ao pensamento de Rousseau. O filósofo de Genebra havia definido o regime republicano de maneira simples. Para ele, uma "república é todo Estado regido por leis, sob qualquer forma que seja de administração, porque então somente o interesse público governa, e a coisa pública é uma realidade. Todo governo legítimo é republicano".[40] Quando a monarquia veio abaixo em 21 de setembro de 1792, a linguagem republicana já fazia parte dos debates políticos e passou para a cena da frente de uma Revolução que ainda procurava sua face definitiva. A república foi a partir de então a encarnação dos valores universais defendidos por um grande número de revolucionários.

Revolução, Constituição e República acabaram por formar os vértices de um triângulo que atraiu para seu interior uma boa parte do vocabulário político criado nas circunstâncias extraordinárias da revolução. No centro desse polo de atração, as palavras foram tendo seu significado alterado ou foram esquecidas em

---

39 Desenvolvi extensamente esse tema em: N. Bignotto, *As aventuras da virtude: As ideias republicanas na França do século XVIII*.
40 J.J. Rousseau, *Do contrato social*, livro II, VI, p. 90.

falas sem relevância, que denotavam a falta de sintonia do falante com os novos tempos. Nos discursos parlamentares da época, é quase impossível localizar algumas delas. Golpe de Estado é uma dessas. Os três vértices conceituais citados acima abundam de maneira quase abusiva de tal modo que, durante um certo tempo, entre 1789 e 1799, era impossível se referir à vida política sem recorrer a uma dessas palavras, quando não às três ao mesmo tempo. Nesse período, vocábulos que haviam tido um papel importante na linguagem do Antigo Regime foram legados ao esquecimento, ou adormeceram esperando a hora de voltar à cena.

Encontramos um exemplo claro do movimento de deslocamento semântico e de reclassificação do papel dos operadores conceituais numa fala de um dos maiores oradores da primeira fase da Revolução: Mirabeau (1749-1791).[41] Dessa vez, o termo afetado foi o de golpe de Estado. Em 1791, ele era um dos mais atuantes atores da cena pública francesa. Sua voz poderosa dominava as assembleias, galvanizando as atenções independente do assunto com o qual ele se ocupava. Como membro do comitê encarregado de tratar questões de diplomacia, ele procurava acalmar os franceses, "esse povo imenso, ainda agitado pelo movimento de uma grande Revolução",[42] sobre a possibilidade de eclosão imediata de uma guerra com potências estrangeiras. Para ele, havia pouco risco de que uma guerra externa viesse a perturbar a marcha dos acontecimentos de transformação pela qual passava o país. No começo daquele ano, essa preocupação atormentava os franceses, que acreditavam que o país não teria como enfrentar novos problemas, além dos que já conturbavam a vida cotidiana de todos. Entre as possibilidades mais temidas estava a possibilidade de que a França fosse invadida

---

41 M.H. Riquetti, "Rapport du comité diplomatique sur les moyens de pourvoir à la sûreté du royaume, lors de la séance du 28 janvier 1791", p. 535-537.
42 Ibid., p. 535.

por exércitos estrangeiros. Mirabeau em sua fala procurou listar todos os países que eventualmente poderiam atentar contra a segurança do país e sua Constituição.[43] O termo golpe de Estado aparece quando ele tenta provar que os ingleses não tinham interesse em deixar de lado a tranquilidade da qual usufruíam para se lançar numa aventura que destruiria a felicidade do povo. Um ataque à França, se ocorresse, seria em proveito de uns poucos membros do governo, por meio de ações que os obrigariam "a esses grandes golpes de Estado que seriam impostos, pois há poucos que sejam justos".[44] O grande orador não crê nessa possibilidade, pois ela só poderia ser obra de políticos maliciosos, de conspiradores, que favorecem a discórdia e agem nas sombras.[45] Talvez de forma ingênua, Mirabeau acreditava que a França não corria perigo e, de qualquer maneira, dispunha dos meios para se defender.

O importante nesse documento é a dominação exercida na argumentação do autor pelo tema da revolução e da Constituição. A hora da República ainda não havia soado na França, mas fica claro que o tema do golpe de Estado é citado quase por acaso. Ele diz respeito à Inglaterra, a uma potência estrangeira, e não à situação da França. No conjunto dos *Arquivos parlamentares* é raro encontrar o termo. O que prevalece são palavras associadas a maquinações visando derrubar as instituições recentemente criadas. Conspiração, conjuração, complô são os operadores resgatados do passado que continuam a servir para pensar a cena política. Golpe de Estado foi soterrado por uma camada de novos vocábulos, que pareciam mais adaptados para descrever e analisar alguns dos momentos mais complexos do período. O grande orador da fase inicial da Revolução dá uma demonstração clara

---

43 Ibid., p. 536
44 Idem.
45 Idem.

da transformação linguística pela qual passava a política naquele momento. Uma palavra, que antes chamava a atenção de todos, é usada casualmente, sem sentido especial, sem que parecesse ter importância na argumentação que desenvolve.

Se deixarmos de lado, no entanto, o uso explícito do termo golpe de Estado e levarmos em conta que ele apontava para a suspensão de garantias e regras, que em tempos normais regem a vida política, veremos que a Revolução lidou com o problema desde o início, sob diferentes formas e com a referência a vários vocábulos.[46] Alguns estudiosos trataram o problema a partir da questão da exceção. Como veremos no último capítulo, essa abordagem vai encontrar em Carl Schmitt, pensador alemão do século xx, um acolhimento bastante favorável. Embora ele não a tenha inventado, contribuiu em muito para torná-la conhecida sobretudo nos meios jurídicos conservadores. Olhado do ponto de vista da Revolução, o problema aponta para a tensão que surge inevitavelmente entre as ações das assembleias encarregadas de escrever uma nova Constituição, como foi a Constituinte na França entre 1789 e 1791, e as assembleias legislativas de tempos normais. No primeiro caso, estamos falando de uma Revolução que pretende zerar todas as leis anteriores e que, portanto, não pode ser tachada de excepcional no sentido que estou dando a esse termo. De maneira simplificada, posso dizer que as constituições modernas devem expressar a soberania popular e, por isso, podem escrever um novo código que seja fiel às suas fundações, sejam elas o direito natural, os direitos humanos ou os costumes. Feita a conjunção entre revolução e Constituição e, mais amplamente, erigida a República como domínio das leis, a "abertura" própria dos momentos revolucionários deve ser fechada em proveito de uma vida regrada por normas consensualmente adotadas.

---

46 P. Gueniffey, *La politique de la Terreur*, cap. vii, p. 163-196.

O problema surge quando o corpo político está ameaçado em sua existência assim como a vida de seus cidadãos. Ou mais amplamente, quando o soberano sente que seu poder vacila diante de ameaças internas ou externas. Como vimos, os golpes de Estado eram pensados desde o século XVII como mecanismos para garantir a sobrevivência do soberano em sua encarnação no Estado. Ocorre, no entanto, que nesse caso o soberano tinha os fundamentos de seu poder no direito divino e não acreditava estar violando-o quando recorria a um golpe de força. O problema enfrentado depois de uma revolução é como lidar com um caso não previsto nos termos das leis, que parece ameaçar a sobrevivência do Estado. Como resumiu Gueniffey, referindo-se aos atos da Assembleia Legislativa, que sucedeu à Constituinte em 1791: "Por não encontrar na Constituição toda a latitude necessária para atingir o que considerava como os inimigos do Estado, a Legislativa suspendeu de facto a Constituição e procedeu em cada caso a um tipo de golpe de Estado."[47]

A fronteira entre o momento de busca de novas fundações para o Estado, que caracteriza a revolução moderna, parece mais próxima do que imaginam, em geral, os revolucionários dos momentos que estou chamando de exceção, que são os golpes de Estado. É claro que não estou propondo igualar os dois termos. A grande virada do século XVIII foi justamente estabelecer um novo parâmetro para a vida em comum fundado na soberania popular. O que se vê, no entanto, no curso da Revolução Francesa é que uma Constituição fundada na vontade popular não contém necessariamente nela mesma o antídoto para o veneno das conspirações e das ameaças externas. Diante do aparecimento da figura da "salvação pública", que galvanizou os franceses sobretudo nos anos 1793-1794, é forçoso reconhecer que a exigência de um conjunto de ações extraordinárias,

---

47 Ibid., p. 167.

para fazer face a um momento excepcional, ocorreu a muitos atores políticos que, no extremo, adotaram o Terror como política de Estado. Como diz Gueniffey: "A emergência da salvação pública marca a revanche das exigências da política sobre os princípios."[48] O Terror, tal como vivido na França no período de dominação dos jacobinos, que terminou em 1794, e em outras nações que passaram por revoluções e viram a violência invadir e dominar a cena pública, é um reaparecimento dos limites da soberania, tal como pensado na época de Richelieu, num contexto inteiramente diverso.[49] O surgimento da exceção no horizonte das revoluções assinala os limites de uma obra que havia flertado com o absoluto. Ainda que o vocabulário da época não tenha escolhido um termo único para nomear essa fronteira perigosa, sua existência não deixou de influenciar os destinos das sociedades que passaram por uma transformação radical da qual acreditavam emergir purificadas das velhas formas de fazer política típicas das sociedades monárquicas, ou despóticas, do passado. Como resume Gueniffey, diante de impasses surgidos das crises internas ou das guerras externas, muitos atores políticos acreditaram que "a Revolução não deve hesitar em recorrer, contra seus inimigos, aos meios violentos dos quais o absolutismo se servia contra os seus". Dizendo com uma pitada de anacronismo, com o Terror, os revolucionários se autorizaram a recorrer a um golpe de Estado, para preservar o que acreditavam ser os ganhos da Revolução e da República.

Em outra direção, nos anos seguintes ao da aprovação da Constituição de 1791, que acabou vigorando por pouco tempo, os jacobinos, que estavam insatisfeitos com os rumos da Revolução, fizeram do complô um tema dominante de sua retórica radical e de sua maneira de enxergar as dificuldades pelas quais a

---

48 Ibid., p. 190.
49 Ibid., p. 193.

França passava. É verdade que antes mesmo da Revolução havia uma verdadeira mania dos complôs. Na maioria das vezes, isso só contribuía para aumentar a temperatura das disputas políticas, sem revelar necessariamente uma rede de conspiradores disposta a praticar atos extremos. Conspiração e complô faziam parte do vocabulário da política desde a Antiguidade e eram usados para indicar as tentativas de conquista e manutenção do poder. Como aconteceu com outros vocábulos, eles também foram atingidos pela mudança radical do cenário político. Pouco depois da tomada da Bastilha, por exemplo, o medo de um "complô dos aristocratas", que desejavam vingança, foi um fator importante para a radicalização de certos comportamentos populares. Tinha-se como certo que os príncipes, que haviam partido para o exílio liderados pelo conde de Artois (1757-1836), iam tentar retomar o poder e para isso se serviriam de quaisquer meios. É claro que os que fugiram da Revolução pretendiam retomar suas posições de poder, mas naquele momento não estavam ainda em condições de tramar algo que pudesse mudar o cenário político. Era mais fácil recorrer à ideia de conspiração, para entender o que ocorria num país ao mesmo tempo exultante com o que se passava em seu interior e apavorado com o que poderia vir a acontecer, do que tentar deslindar o sentimento de acontecimentos inéditos na cena pública. Afinal, como diz Winock: "A explicação pelo complô acalma tanto quanto inquieta. Ela retira seu sucesso do fato de tornar inteligíveis situações que desafiam a razão por sua complexidade. Lá onde os historiadores se perdem, afogados numa documentação contraditória, ela utiliza a potência emotiva da causalidade única e oculta."[50] Como veremos, a ideia de conspiração teve um papel essencial no desenrolar da Revolução.

Robespierre (1758-1794), mas não apenas ele, nunca hesitava em recorrer ao tema do complô para explicar suas posições ou

50 M. Winock, op. cit., p. 176.

para denunciar seus inimigos. Depois de ter participado da Assembleia Constituinte, responsável pela elaboração da primeira Carta Constitucional francesa depois de 1789, ele aceitou um emprego de acusador público em Paris, para abandoná-lo rapidamente. Para justificar o ato, que causou espanto mesmo entre seus aliados, ele afirmou: "Prefiro conservar minha liberdade de desvendar os complôs tramados contra a salvação pública."[51] Ao longo de seus discursos e intervenções públicas, o medo das conspirações se tornou uma obsessão. Ele se refere a grupos e pessoas que ameaçavam a Revolução o tempo todo, sem se preocupar, na maioria dos casos, em apontar exatamente quem eram os membros desses grupos ou em mostrar quais tinham sido as ações danosas à causa revolucionária dos que apontava como conjurados. A simples denúncia de que havia uma conspiração em curso já tinha eficácia política e afetava a vida de seus inimigos e de seus aliados.

Seria cansativo tentar repertoriar todas as vezes que Robespierre lançou mão da alusão às conspirações para justificar seus atos.[52] Tomemos como exemplo ilustrativo um de seus mais famosos discursos pronunciados na Convenção, no dia 25 de dezembro de 1793.[53] O convencional pretendia naquele dia, em nome do Comitê de Salvação Pública, afirmar a necessidade de implantação do governo revolucionário, que havia sido criado um mês antes. Esse governo, que instituíra o terror como método e como "uma guerra da liberdade contra seus inimigos", fizera da morte dos opositores uma necessidade para a salvação da obra

---

51 Apud. M. Gauchet, *Robespierre: L'homme qui nous divise le plus*, p. 82.
52 Para saber um pouco mais sobre a presença do tema nos meses finais da vida de Robespierre: Idem, p. 197-237. Para uma biografia clássica sobre o revolucionário: G. Walter, *Maximilien de Robespierre*.
53 Robespierre, "Sur les príncipes du gouvernement révolutionnaire", p. 271-285.

revolucionária. Nesse terreno conflagrado era fundamental saber distinguir os amigos da Revolução e da República de seus inimigos.

O texto já foi objeto de muitos estudos e não é o caso de voltar a eles.[54] Seu eixo pode ser resumido na frase emblemática do período do Terror: "O objetivo do governo constitucional é de conservar a República; o do governo revolucionário é de fundá-la."[55] Para cumprir essa tarefa, era essencial separar os "bons cidadãos" dos inimigos da Revolução, que deveriam ser eliminados. Caçar os conspiradores era uma obrigação de todo revolucionário sincero, pois os inimigos "evoluem em nosso entorno; surpreendem nossos segredos; acariciam nossas paixões, procuram inspirar até mesmo nossas opiniões e voltar contra nós nossas resoluções".[56] Era preciso uma atenção redobrada uma vez que "os conspiradores são numerosos; eles parecem se multiplicar".[57] Para combatê-los, só o emprego de métodos radicais era eficaz. Só o terror era capaz de defender a obra revolucionária dos conspiradores, que pareciam estar em toda parte.[58] Se a Revolução fora uma "conquista do poder", ela não podia ser nem de longe comparada às conspirações que a ameaçavam. A primeira tinha um sentido universal, para Robespierre, fundada na elevação dos princípios dos Direitos dos homens, enquanto as conjurações eram mera expressão do desejo vicioso de particulares. Nesses termos, nem se podia falar propriamente em tomada do poder pelos revolucionários, pois o que eles haviam feito era a inauguração de uma nova era para a humanidade.[59]

---

54 M. Gauchet, op. cit., p. 151-155. Sobre o período do Terror, ver: T. Tackett, *Anatomie de la Terreur*; D. Andress, *O Terror: guerra civil e a Revolução Francesa*; K.M. Baker (ed). *The Terror*.
55 Robespierre, op. cit., p. 273.
56 Ibid., p. 280.
57 Ibid., p. 283.
58 Ibid., p. 296.
59 M. Gauchet, *Robespierre: l'homme qui nous divise le plus*, p. 46-55.

É difícil separar nos discursos de Robespierre, nos quais dá livre curso ao horror que sentia pelas conspirações, a parte da convicção daquela da retórica política. Talvez seja mais razoável aceitar que as duas coisas estavam presentes. Ele de fato acreditava que a Revolução estava em perigo e que era necessário fazer de tudo para protegê-la, daí o recurso ao Terror. Isso ficou claro nos meses que se seguiram ao famoso discurso quando a caça aos complôs custou a vida de muita gente, em particular de personagens políticos que haviam de uma maneira ou de outra parecido ter se oposto à marcha da Revolução. Mas também havia algo em suas falas que nascia de seu desejo de persuadir seu auditório. Isso fazia com que ele jogasse com o medo que inspirava a ideia de conspiração em seus partidários. O termo tinha uma ressonância antiga, lembrava movimentos tortuosos e secretos que, no passado, haviam posto abaixo estruturas de poder muito mais sólidas do que era a obra recente da Revolução. Ele era um operador retórico poderoso, ao mesmo tempo que servia como uma ferramenta política eficaz ao criar a linguagem para a justificação das ações desmesuradas que decorriam da instalação dos mecanismos do Terror, em particular do Tribunal Revolucionário encarregado de julgar os pretensos conspiradores contra a nação.[60] No novo universo conceitual criado a partir de 1789, as conspirações serviam de catalisador para os medos reais e imaginários dos que se empenhavam em construir um novo mundo. Como misturavam camadas da realidade, não precisavam ser provadas para parecerem ameaçadoras.

 A ausência do uso do termo golpe de Estado não significa que eles, tal como os compreendo neste estudo, não existissem. Como apontam muitos historiadores da atualidade, alguns atos essenciais da Revolução do período que vai de 1789 a 1794 podem ser pensados por meio do conceito. Marcel Gauchet, por exemplo,

---

60 Actes du Tribunal révolutionnaire.

não hesita em nomear a expulsão dos deputados girondinos da Convenção, ocorrida entre os dias 31 de maio e 2 de junho de 1793, de golpe de Estado, no que ele tem toda razão.[61] Os jacobinos, nessa data, conquistaram o poder, como fizeram ao longo da história tantos atores políticos, fora dos trâmites normais de chegada ao topo das estruturas de mando. É claro que com isso não queremos dizer que o conceito de golpe de Estado pode fornecer uma nova chave, que permitiria o abandono da tríade conceitual que apontamos antes para compreender a dinâmica do poder naqueles anos. A Revolução, e os conceitos e problemas que ela gestou, não pode ser confundida com um golpe de Estado, como eu disse já na introdução deste trabalho. O que quero mostrar é que, no novo campo conceitual gestado a partir de 1789, os movimentos de tomada do poder, que marcaram algumas fases da Revolução, foram pensados sem um operador conceitual que havia sido importante durante o Antigo Regime e que voltará ao centro da cena nos anos seguintes. Escondido no fundo do baú das teorias políticas daqueles anos sulfurosos, ele ficou esquecido num universo que alterou para sempre a cena política mundial e a linguagem política. Depois da queda dos jacobinos, em 27 de julho de 1794 (9 Thermidor), a palavra continuou esquecida. Aos poucos, no entanto, a natureza da política criada pelos novos senhores foi ficando cada dia mais difícil de compreender, em parte porque faltava, para esclarecer certos aspectos do que se passava, um conceito como o de golpe de Estado.

O Diretório: fábrica de golpes de Estado

O regime que se inaugurou com a adoção da Constituição do ano III em 22 de agosto de 1795 foi um verdadeiro laboratório de

[61] M. Gauchet, op. cit., p. 132.

golpes de Estado. A cena pública foi desde o início agitada por reivindicações e ideias dos grupos políticos, que quase nunca se acordavam sobre como conduzir os negócios do Estado. Como afirmou Gueniffey: "a história do Diretório é a de um regime constitucional cuja política se desenvolveu desde a origem fora do círculo traçado pela Constituição".[62] O fato, no entanto, é que no período que vai do final do Terror (9 Thermidor – 1794) até o golpe do 18 Brumário (1799), a França assistiu a uma série de movimentos que deram origem a golpes envolvendo ora o poder legislativo, ora o executivo.[63] Não é meu objetivo retornar a todos os acontecimentos com os quais os historiadores já se ocuparam de maneira extensa. É importante notar, no entanto, que o período foi marcado não apenas pela desafeição quase geral da população pela Constituição, mas foi cercado por críticas que iam do ceticismo amargo a um criticismo agudo das ações governamentais.[64] Tocqueville (1805-1859), o grande pensador político do século seguinte, dizia que "o Diretório não pôde jamais conduzir os negócios. Ele ocupou o governo mas não governou. [...] Todo seu reino foi uma anarquia temperada pela violência".[65]

Essa pode ser uma forma radical de enxergar o período, mas não está longe da maneira como muitas das testemunhas oculares dos acontecimentos percebiam o que estava acontecendo. Para seguir meu caminho, vou inicialmente relembrar alguns fatos, para situar o leitor no momento histórico que me interessa aqui. Trata-se de uma visada parcial e limitada dos eventos mais significativos, sem ambição de síntese do que se passou e das nuanças que recobrem tantas ações tortuosas e mesmo obscuras

---

62 P. Gueniffey, *Les Dix-huit Brumaire*, p. 52.
63 D. Richet, "Coup d'État", p. 64-65.
64 M. Gauchet, *La Révolution des pouvoirs*, p. 189.
65 Tocqueville, "Fragments sur la Révolution: deux chapitres sur le Directoire", p. 376.

dos atores políticos envolvidos. Essas referências, ainda que sumárias, ajudam a compreender como num período marcado pela Revolução, como fato e como conceito, a compreensão do sentido da política se viu alterada de maneira radical, abrindo o espaço teórico no qual o conceito de golpe de Estado será recuperado e transformado para progressivamente adquirir alguns dos significados que lhe atribuímos hoje. Os historiadores atuais falam com tanta naturalidade dos diversos golpes de Estado do período que o leitor contemporâneo pode ser traído pelo uso anacrônico do termo e imaginar que ele fluía livremente nos debates e escritos políticos. Como já mostrei, esse não era absolutamente o caso. Falava-se de conspiração, de intriga, de complô e de conjuração, mas não de golpe de Estado. Para entender como o termo foi resgatado e transformado num operador central da linguagem política dos dois séculos seguintes, é preciso voltar aos textos e discernir as transformações conceituais que se operaram no momento em que surgiram novas palavras e novos significados foram atribuídos a antigos vocábulos. Minha hipótese é que a revolução de 1789 teve um impacto tão forte na mentalidade e nos hábitos políticos da época que a linguagem política foi transformada profundamente. Nada a partir de então podia ser dito de relevante sobre a esfera pública, sem fazer referência à Revolução. Já tive ocasião de relembrar sua gênese e sua implantação na cultura política francesa, vou agora olhar de perto seus efeitos. Como não posso, no espaço de um capítulo, escrever a história detalhada dos escritos políticos da época, vou me concentrar na visão que nos legou Madame de Staël (1766-1817), uma das figuras notáveis da Revolução, que foi testemunha direta de alguns dos acontecimentos que interessam aqui. Antes, porém, de acompanhá-la, vamos aos fatos.

O novo regime acabara de ser implantado quando em 5 de outubro de 1795 (13 Vendémiaire) os partidários da monarquia e outros grupos que se sentiam ameaçados pelo novo poder tentaram desalojar os governantes da época de seus cargos e atribuições. Naquele dia, os revoltosos, secundados por guardas nacionais, tentaram tomar de assalto o Palácio das Tulherias, onde estava reunida a Convenção. Barras, homem político ardiloso que havia tido um papel decisivo na queda de Robespierre, decidiu que era o momento de reagir com o emprego da força.[66] Ele convocou o exército e mandou reprimir a revolta. Nesse dia, um jovem oficial se notabilizou metralhando as colunas monarquistas nas escadas da Igreja Saint-Roch. Bonaparte estreava na cena política para só abandoná-la muitos anos depois, ao fim de uma carreira que o faria entrar para a história universal. Naquele momento, ele era apenas um jovem ambicioso, que fora nomeado general de divisão em 16 de outubro para, dez dias mais tarde, ser encarregado da chefia do Exército do Interior.[67] A tentativa de derrubar o governo fracassou no sangue derramado pela ação militar violenta.

No ano seguinte, em 1796, foi a vez dos partidários do chamado "Clube do Panteão", liderados por Babeuf, tentar um golpe para reinstituir alguns dos princípios que acreditavam ser o espírito da Revolução. Entre as medidas que os participantes da "Conspiração dos Iguais" pensavam implantar estava a revisão a fundo do direito à propriedade privada. Isso fez com que no século seguinte eles fossem associados ao comunismo nascente como um de seus predecessores. O movimento foi facilmente dominado e alguns de seus líderes foram condenados à morte, enquanto outros seguiram para o exílio.[68] A conspiração provocou o temor de que os grupos radicais próximos dos jacobinos pudessem retornar ao centro da vida política, mas não apontou para a fragilidade do regime, pois foi percebida desde o início

---

66 T. Lentz, *Le 18 Brumaire*, p. 76-79.
67 Ibid., p. 111.
68 S. Berstein e M. Winock, *L'Invention de la Démocratie*, p. 84.

como um complô clássico, do tipo que os historiadores listam em suas obras como tentativas de derrubar um governo legítimo por parte de seus opositores.

Se olharmos para os acontecimentos de 1795 e de 1796, podemos dizer que Barras, ao reprimir a revolta monarquista, aplicou um golpe de Estado para preservar o bem comum e manter íntegro o poder legítimo e que sua decisão evitou o sucesso de uma conspiração, que pretendia simplesmente tomar o poder. Já a "Conspiração dos Iguais" se assemelhava aos monarquistas no que eles tinham de conspiradores clássicos, visando derrubar o governo para ocupar seu lugar. Reprimir os partidários de Babeuf era algo natural, um gesto de preservação do poder. Curiosamente, em nenhum dos dois casos ocorreu a Barras, a grande liderança governamental daquele momento, justificar suas ações recorrendo à tópica dos golpes de Estado. De fato, não se tratava mais de conservar o poder de um monarca de direito divino, mas sim de preservar uma Constituição que fora aprovada para pôr fim às lutas intestinas que dilaceravam a França e ameaçavam até mesmo sua unidade enquanto corpo político. Ocorre que a revolução se tornara um operador político e linguístico tão poderoso que fazia com que todas as ações políticas e os discursos que as justificavam ou descreviam devessem passar pelo campo semântico aberto pelos grandes acontecimentos dos anos anteriores. Preservar o Estado – objetivo dos golpes de Estado no século XVII – era agora preservar a Revolução e suas conquistas. Mudara a fonte da soberania a ser defendida, mas também a percepção do tempo histórico. A ninguém parecia ocorrer que poderia haver analogia entre o que se dizia do poder dos reis e o que cabia sustentar nesse momento. E, no entanto, o 13 Vendémiaire foi um perfeito golpe de conservação do poder, no qual estava menos visível a dimensão da conquista, embora ela fosse o objetivo central do grupo monarquista. O que o diferenciava dos golpes do passado era a presença imponente da Revolução, como fato e imagem, o que impunha uma nova camada de significado para o termo quase esquecido do passado. Será preciso caminhar alguns anos para que a contraposição entre os dois termos – revolução e golpe de Estado – adquirisse o sentido que desde então vai dominar os debates políticos e teóricos.

Nesse percurso, os golpes foram se sucedendo e pode parecer estranho para o estudioso atual que ninguém tivesse lembrado do vocábulo do século anterior naquele momento. Como não é meu objetivo refazer os excelentes trabalhos existentes sobre o período, vou me deslocar para o ano de 1797. As eleições gerais do mês de abril haviam feito a balança do poder pender para o lado dos monarquistas. O governo ficou sem a maioria parlamentar e corria o risco de perder completamente o poder no ano seguinte se o sucesso eleitoral de seus adversários se repetisse.[69] Um dos membros do Diretório, Reubell, soou o alarme e tratou de convencer dois outros dos cinco membros que era o momento de agir. La Révellière-Lépeaux, cujo sentimento anticlerical fora despertado pela ameaça do retorno dos padres refratários ao juramento revolucionário, aderiu de imediato. Barras, sempre ele, hesitou um pouco, mas acabou se convencendo de que preservar o regime tal como ele fora instituído ainda era a melhor maneira de conservar a própria influência na vida pública. Assim, na noite do 17 para o 18 Fructidor (3-4 de setembro), Paris foi ocupada pelas tropas do general Augereau, enviado por Bonaparte, que comandava na ocasião o exército na Itália.[70] Vários membros do chamado "Clube de Clichy", que eram acusados de conspiração, foram presos juntos com o general Pichegru, que presidia o Conselho dos Quinhentos. O Diretório anunciou que os participantes da tentativa de golpe seriam fuzilados sem julgamento. Dois diretores, que não haviam participado das ações,

---

69 P. Gueniffey, op. cit., p. 72.
70 Ibid., p. 73.

foram mudados, para garantir a estabilidade do governo. Os emigrados, que haviam retornado à França sem autorização, foram obrigados a deixar o país. A imprensa de oposição foi atacada e calada. Muitas medidas lembravam o período do Terror, o que levou muitos franceses a acreditar que o golpe do Diretório havia sido na verdade uma grande vitória para os jacobinos.[71] Como sintetizou Lentz: "Fructidor havia deixado mais uma vez o regime do diretório em face de suas contradições. Ele queria ser um regime moderado e havia recorrido a um golpe de Estado para sair de uma posição difícil."[72]

Voltemos agora o olhar para Germaine de Staël. Filha de Jacques Necker, banqueiro que foi um dos últimos ministros de Luís XVI, casada com o embaixador da Suécia, ela teve uma vida agitada, na qual misturou o gosto pelos salões literários de Paris com o exílio na Suíça; a viagem por várias capitais europeias, nas quais muitas vezes se relacionou com os grandes espíritos de seu tempo, a um agudo senso da política. Na França, muitas vezes, era vista como intrigante, aventureira e pouco confiável. A verdade é que essa mulher excepcional foi uma figura importante da Revolução, sobretudo em seu período de ocaso. Escritora de talento, não foi uma teórica como seu amigo e amante Benjamin Constant (1767-1830), que viria a ser um dos maiores representantes do liberalismo francês, mas seus textos captavam o espírito do momento e refletiam com precisão a linguagem da política que era usada nas ruas e nos gabinetes do poder. Sua percepção fina do desenrolar dos acontecimentos, dos quais por vezes participava e dos quais era sempre uma observadora atenta, é que me interessa aqui.[73]

---

71 S. Berstein e M. Winock, *L'Invention de la Démocratie*, p. 86.
72 T. Lentz, op. cit., p. 101.
73 Para uma excelente biografia da personagem, ver: M. Winock, *Madame de Staël*.

Em maio de 1795, a esposa do embaixador sueco, que não desejava seu retorno, voltou a Paris para cuidar de seus negócios pessoais e com o desejo ardente de brilhar na sociedade que a recebeu com um misto de receio e admiração. O clima político estava longe da tranquilidade que Madame de Staël esperava encontrar. No momento em que ela se dirigia para sua residência na rua do Bac, junto com Constant, viu passar um cortejo de soldados que seriam fuzilados, o que lembrava o período do Terror.[74] Nessa tentativa de se reinstalar na França, Madame de Staël conviveu com todos os partidos, recebeu membros do governo e seus críticos. Para ela, que se tornara uma convicta republicana, para se alcançar a paz e fazer progredir o país era preciso encerrar a Revolução. Para isso, todos os amigos da liberdade deviam se unir sob o domínio de uma nova Constituição. Ela defendeu essas ideias em um texto, *Reflexões sobre a paz interior*,[75] no qual deixava claro seu desejo de ver os monarquistas abdicarem da ideia de reinstituir a monarquia na França, mesmo em sua forma constitucional, e de frear o ímpeto revolucionário dos novos jacobinos, que queriam voltar ao começo da Revolução. A Constituição do ano III não lhe agradou inteiramente, mas era, segundo ela, um passo na direção do fortalecimento das ideias republicanas tal como as concebia.

O golpe do 13 Vendémiaire significou para ela um novo período de exílio. Não que ela o tenho apoiado, o que não foi o caso, mas vários de seus amigos monarquistas, como Suard, estavam implicados na tentativa de derrubar o governo e foram ajudados por ela a se esconder, o que levou o Diretório a expulsá-la da França, instada a deixar o território em dez dias. De pouco adiantaram os protestos de seu marido embaixador. Sua fama de intrigante e perigosa fez com que ela tivesse de se ausentar

---

74 M. Winock, op. cit., p. 122.
75 Ibid., p. 128.

da cidade que amava e na qual sentia que tinha um papel a exercer.[76] Quando voltou no fim de 1796 para a França, encontrou um clima político tenso, que parecia ter se agravado ainda mais desde que deixara o país.[77]

As eleições de 1797, que ameaçaram o poder instituído com a presença de um grande número de monarquistas nas assembleias, deixaram Madame de Staël e Constant bastante preocupados. Isso os levou a se aliar a Barras que, para Constant: "Era o ponto de força do Diretório. Nós o sabíamos sempre pronto para um golpe de mão, ele já mostrara antes. Todas as vezes que surgia uma crise dizia-se que ele montava num cavalo."[78] O autor dessas linhas descreve a disposição do diretor a participar de um golpe de Estado. Não falta nem mesmo a figura do homem de ação pronto para o combate. Mas a palavra não lhe ocorreu. Ele, junto com sua amiga, compreendeu a natureza excepcional do momento, mas o vocabulário do qual se serviu para pensá-lo e descrevê-lo ainda é o da Revolução. Madame de Staël teria observado nessa ocasião que, no ambiente revolucionário francês, só os fatos importavam.[79] Como resumiu Gauchet: "Com o 18 Fructidor, os fatos falaram, as falhas do mecanismo que deveria estabilizar o governo representativo ficaram visíveis."[80]

Madame de Staël viveu os acontecimentos de perto e chegou a discuti-los com muitos dos que estavam envolvidos na tentativa de barrar o retorno do Antigo Regime.[81] Ansiosa para ajudar, ela circulou pelos gabinetes, falou seguidas vezes com Barras, que lhe parecia capaz de botar um freio nos movimentos que

---

76 Ibid., p. 136.
77 P. Gueniffey, op. cit., p. 129.
78 B. Constant apud. P. Gueniffey, op. cit., p. 132.
79 M. Gauchet, *La Révolution des pouvoirs*, p. 203.
80 Ibid., p. 202.
81 B. Baczko, *Politiques de la Révolution Française*, p. 444.

queriam promover o retorno ao mundo de antes da Revolução. Alguns jornais da época, como o *Le Mémorial*, a consideravam uma verdadeira máquina política.[82] Talvez esses propósitos fossem exagerados. Ela ajudava Constant nas atividades do Círculo Constitucional de onde partiam muitas das ideias que circulavam entre os governantes, os salões parisienses e a imprensa, ambiente nos quais se fomentava o "grande golpe".[83] Alguns dias depois do golpe, Constant fez um longo discurso no Círculo Social, que foi saudado com entusiasmo por sua amiga. Os meses após o 18 Fructidor iriam revelar uma face da política com a qual ela não estava acostumada e da qual não gostava.[84]

Algum tempo depois escreveu *Das circunstâncias atuais que podem terminar a Revolução e dos princípios que devem fundar a República na França*, livro no qual expôs sua percepção do sentido do que vivera. O escrito só veio a ser publicado em 1906. Sendo, no entanto, uma reação quase imediata ao golpe, ele serve como referência direta de como uma ação, que não hesito em chamar hoje de golpe de Estado, era abordada e pensada com os termos que dominavam a linguagem política da época. Antes do 18 Fructidor, a autora acreditava que o regime corria perigo iminente. Tendo apoiado a Constituição do ano III, que considerava imperfeita, ela parece lamentar que, para defendê-la, tivessem agido fora de seus quadros legais. Mas o fato é que entre os monarquistas, alguns chegavam ao extremo de recusar até mesmo as ideias de Helvétius, Rousseau e Voltaire, considerados terroristas.[85] Esses excessos os colocavam distantes

---

82 Ibid., p. 453.
83 Ibid., p. 455.
84 F. Freller, "Madame de Staël, Benjamin Constant e a reavaliação do arbítrio após o Golpe do 18 Frutidor".
85 Madame de Staël, *Des circonstances actuelles qui peuvent terminer la Révolution des principes qui doivent fonder la République em France*, p. 60.

do povo. Para Madame de Staël, como "os republicanos eram aliados do Diretório, o Diretório triunfou, o 18 Fructidor chegou, os deputados se mostraram cheios de energia, eles solicitaram o interesse popular para o que o move: a infelicidade, a velhice, o talento, a coragem".[86]

Para a autora, o confronto naquela ocasião era entre o partido monarquista e os republicanos. Estava em jogo um projeto de futuro. Mas talvez Madame de Staël não tenha prestado atenção, naquele momento, aos efeitos possíveis do golpe no presente. Para ela, a República era ainda um corpo frágil, que precisava ser protegido. As ameaças vinham de vários atores do complexo espectro político pós-Thermidor e até então o Diretório tinha mostrado uma grande moderação.[87] Como não havia, na Inglaterra, um meio de sanear a arena política, era preciso agir "violentamente porque não existia um meio legal para fazê-lo e havia uma necessidade imperiosa da realizá-lo, pois que o instinto da conservação individual e política não respeita senão os limites que os protegem ao mesmo tempo que os limita".[88] Para ela, o golpe era necessário, mas não algumas de suas consequências. No contexto daquele ano de 1797, já ficara claro para ela, e para o círculo de seus amigos, que a Constituição deveria ser mudada. O que talvez tenha lhe ocorrido um pouco tarde é que, uma vez que a revisão não estava prevista para aquele momento na carta constitucional, as mudanças só poderiam ocorrer por um ato fora da legalidade. Esse tipo de ação traz um conjunto de consequências que nem sempre era desejado pelos bem-intencionados defensores das transformações constitucionais.[89] Mas isso não ocorreu a Madame de Staël naquele momento. Como muitos pensadores

---

86 Ibid., p. 67.
87 Ibid., p. 116.
88 Ibid., p. 118.
89 Ibid., p. 131.

atuais, ela pensava que o jogo institucional era capaz de conter todas as premissas da vida política. Por isso, ela acreditava que era preciso, em primeiro lugar, olhar para a obra dos legisladores do ano III, para entender o que acontecera: "Se a Constituição tivesse nela mesma os mecanismos para sua defesa", afirma ela, "as circunstâncias não teriam conduzido ao 18 Fructidor."[90]

O golpe do 18 Fructidor mostrou que as instituições precisavam ser reformadas. Quanto a isso, Madame de Staël não mudou sua opinião nos meses que se seguiram à ação de contenção da franja monarquista das assembleias. Para ela, no entanto, os republicanos queriam fazer pela violência o que ela desejava que fosse conduzido nos termos das leis.[91] Defensora do regime republicano representativo, em seu desalento diante do que se passou depois do golpe, ela foi incapaz de ver que havia sido ingênua. Como sintetizou Baczko: "De fato, para Madame de Staël, reconhecer em nome do realismo político a necessidade de um golpe de força era uma coisa, assumir as realidades e as consequências era outra muito diferente."[92]

Em um livro publicado muitos anos depois dos acontecimentos, a autora continuou a acreditar que havia uma verdadeira ameaça pairando sobre os Diretores em 1797, mas que a maneira como o golpe foi conduzido acabou por conceder um lugar para a força no seio do espaço público, que seria determinante para o que aconteceu mais tarde com a tomada do poder por Napoleão. No que diz respeito aos golpes de Estado, é interessante constatar que mesmo em 1818, quando foi publicado o livro, depois da morte da autora, o termo continuava ausente. Sua linguagem ainda era a do período revolucionário, mas, naquela altura, Madame de Staël já tinha uma ideia bem

---

90 Ibid., p. 150.
91 Ibid., p. 177.
92 B. Baczko, *Politiques de la Révolution Française*, p. 456.

mais clara da natureza dos acontecimentos que havia vivido no fim do século anterior. Retornando à descrição do 18 Fructidor, ela afirma: "Na véspera do dia funesto todos sabiam que um grande golpe iria ser desferido, pois, na França, se conspira sempre na praça pública, ou melhor, não se conspira, uns excitam os outros, e quem sabe escutar o que se diz, saberá o que vai acontecer."[93] Recordando a passagem das tropas pelas ruas de Paris na noite do 17 Fructidor, ela se deu conta de que a conspiração, conhecida de todos, segundo ela, traria algo inovador para a vida pública: o uso do exército para resolver problemas que eram de ordem jurídica. O exército já tinha sido usado no 13 Vendémiaire, mas naquela ocasião o inimigo do regime fizera o primeiro movimento no sentido de conquistar ilegitimamente o poder. No golpe de 1797, a força foi empregada contra o resultado de eleições legítimas. Visto com a distância do tempo, podia-se enxergar nos acontecimentos de 1795 uma conjuração como as que a história registrava. Dois anos depois, as coisas eram diferentes. Havia sim um complô, mas ele fora tramado no interior do governo. Curiosamente, Madame de Staël ainda caracterizava o 18 Fructidor, no fim da vida, como uma "revolução", como se, mesmo depois do período napoleônico, ainda lhe faltasse a palavra que desde então caracterizava os acontecimentos que viveu: golpe de Estado.[94] Seja como for, apesar de uma certa dose de ingenuidade, da necessidade de continuar a falar a língua da Revolução, Madame de Staël soube ver que uma nova era se preparava: a dos golpes de Estado. Eles poriam fim nos séculos seguintes tanto a revoluções gloriosas quanto a Constituições democráticas. Nos anos seguintes, essa realidade vai se impor no país que havia colocado a Revolução no centro da Europa e forjado uma nova realidade política e uma nova

---

93 Madame de Staël, *Considérations sur la Révolution française*, p. 331.
94 Ibid., p. 333.

linguagem para se falar dela. Dessa vez, a força terá um papel explícito na preparação de uma nova era política.

Benjamin Constant, nos anos que se seguiram à queda dos jacobinos, continuou preocupado com a ideia de que para alguns a República estava intimamente ligada ao Terror.[95] Segundo os defensores dessa ideia: "consolidada pelo Terror, a República hoje é uma instituição excelente." Numa brochura publicada em segunda edição em 1796, o pensador refuta essa tese.[96] Se ela fosse aceita, diz Constant, os absurdos defendidos por Marat deveriam ser perdoados, enquanto a tentativa de trazer para a cena pública um mínimo de racionalidade deveria ser condenada.[97] Para ele, não se tratava de erigir a vingança como meio para purgar a França de seus excessos durante o período revolucionário. A paz interior era necessária, mas não ao preço do sacrifício dos princípios republicanos. Em primeiro lugar, o Terror não devia ser considerado um sistema de pensamento e de ação válido para fundar uma forma livre de governo.[98] Como conclusão, ele diz: "Deve-se inspirar indulgência pelos homens e horror pelos princípios."[99] O Terror se infiltrou nos poros da sociedade francesa, conseguiu governá-la por pouco tempo, mas nem por isso mostrou ser um governo republicano legítimo e eficaz. "Ela não obteve pelo crime", diz Constant, "o que a lei teria assegurado por meio da justiça."[100]

Nos anos posteriores ao 9 Thermidor, o escritor empregou todas as suas forças para separar Terror e República. Convencido dos valores associados a essa forma política, ele passou a lutar com todas as forças para que ela não fosse desacreditada por ter

---

95 A. Simard, "Le libéralisme avant la liberté: Le républicanisme et la crise du Directoire chez Benjamin Constant", p. 67-91.
96 B. Constant, *Des effets de la Terreur*, p. 11.
97 Ibid., p. 13.
98 Ibid., p. 15.
99 Ibid., p. 16.
100 Ibid., p. 25.

sido associada por alguns aos excessos de políticos como Saint-Just (1767-1794). Ao mesmo tempo, num pequeno livro publicado em 1796, Constant alertou para os riscos do que chamou de "reação".[101] Para ele, a reação: "Não é a justa punição dos culpados, nem o retorno às ideias sadias. Essas coisas pertencem uma à lei e a outra à razão. O que ao contrário distingue essencialmente as reações é o arbitrário que se coloca no lugar da lei, a paixão no lugar da razão."[102] Já se esboçavam aqui alguns dos temas que iriam marcar o pensamento futuro do escritor: o amor à República e à Constituição, a questão do poder arbitrário, o pavor do terror e das reações ao fato revolucionário. Os próximos anos o fariam conhecer uma outra forma de abuso, que viria a ser encarnado pelo poder de Bonaparte. Naquele momento, ele estava longe de prever a forma do governo que se instituiria nos próximos anos na França.

O 18 Brumário: nascimento de uma nova era

Voltemos ao dia 9 de novembro de 1799, quando as assembleias e os diretores receberam a ordem de se deslocar para Saint-Cloud para supostamente se precaver contra os efeitos de uma conspiração fomentada por anarquistas e jacobinos, que visavam destruir o poder instalado e retornar aos anos sombrios do Terror. O frio seco que havia recebido os deputados ajudou a criar um clima de desconfiança e medo. Isso ocorreu embora o 18 Brumário tivesse sido tão tranquilo que os que acompanhavam a cena política de perto tiveram a ilusão de que o golpe iria transcorrer com uma facilidade inesperada, permitindo aos atores principais exibir a carta da legalidade no que de fato era a conquista do poder de Estado por meio do reforço do poder executivo.

---

101 B. Constant, *Des réactions politiques*.
102 Ibid., p. 3.

Contrariamente às previsões otimistas da véspera, o 19 Brumário acabou sendo uma jornada longa durante a qual por pouco os planos, nem sempre bem elaborados dos conspiradores, fracassaram, condenando seus autores a um eterno opróbio. Logo pela manhã, Bonaparte se reuniu em sua casa na rua da Vitória com inúmeros de seus partidários, em especial com militares como Murat, Lannes, Marmont, Lefebvre, Berthier, que o apoiavam, mas também com Bernadotte, que procurava ver para que lado soprava o vento.[103] No meio da manhã, o general se dirigiu para o castelo de Saint-Cloud, escoltado por tropas que seriam essenciais para a consolidação de seus planos. Quanto a Sieyès, ele aparentava calma, mesmo se no fundo, sendo um conhecedor dos deputados e da vida parlamentar, pensasse que algo ameaçava o golpe que preparara como uma redenção de uma carreira política tumultuada na qual não faltaram momentos de glória e decepções. Prevendo as dificuldades de mudar o rumo da política francesa, ele havia proposto prender um bom número dos deputados, para evitar que pudessem reagir às decisões tomadas no dia anterior. Bonaparte se negou a aceitar essa ação, desejoso de manter suas ações e a de seus companheiros dentro do que acreditava ser a mais estrita legalidade. Se, para o general, era evidente que a lei estava sendo violada, essa não seria a percepção dos franceses se os deputados se comportassem como haviam feito no 18 Brumário, aceitando as medidas com um ar de resignação e medo. O curso do dia iria mostrar que o velho constitucionalista tinha razão. Os deputados jacobinos não estavam dispostos a engolir o prato frio que estava sendo servido. O perigo era por demais evidente para eles para que não reagissem a uma série de ações que no fim iria lhes custar a posição política que ocupavam ou até mesmo a vida.

Desde a véspera o castelo estava sendo preparado para receber os representantes do povo, mas, por volta das 13 horas,

---

[103] J. Bainville, *Le Dix-huit Brumaire*, p. 69.

quando as sessões das assembleias deveriam começar, os trabalhos de preparação ainda não haviam terminado. Isso acabou influenciando no rumo dos acontecimentos, pois, nesse intervalo, muitos dos deputados, que não estavam bem informados, tiveram tempo de conversar com seus colegas. Do lado dos jacobinos, a temperatura subia. Presentes em menor número no Conselho dos Antigos, dominavam o Conselho dos Quinhentos e fizeram valer essa posição nos debates e disputas que iriam se seguir.[104] Por volta das 14 horas, a tensão era palpável. Ninguém sabia ao certo como a jornada iria terminar.

Os acontecimentos desse dia memorável já foram objeto de um sem-número de narrativas desde o século XIX. Isso só fez aumentar a curiosidade sobre os detalhes de uma jornada que por pouco não resultou na prisão de Bonaparte, que os jacobinos acusavam de ter violado a lei. Tivesse acontecido, a história da Revolução teria sido outra. No curso do dia, o general, acostumado a falar para tropas, mas não para políticos, tropeçou nas palavras, quando tentou intervir no Conselho dos Antigos, e foi agredido, quando invadiu a sala onde se reuniam os Quinhentos. Tendo de ser retirado do recinto, quase desmaiado, por seus soldados, chegou a se mostrar confuso quando se dirigiu a Sieyès, que chamou de general. No meio de todas essas peripécias, seu irmão Lucien, presidente dos Quinhentos, soube aproveitar o clima tumultuado para usar da força para conter seus colegas e virar um jogo que parecia perdido. Não sabemos se o general Murat, ao invadir a sala onde se reuniam os deputados, lhes disse calmamente: "Cidadãos, vocês foram dissolvidos", ou se, como reza a lenda, diante da demora de alguns de abandonar o recinto, teria ordenado aos soldados: "Joguem todos para fora."[105] Seja como for, terminou ali uma década de transformações revolucionárias

---

104 Ibid., p. 100-101.
105 P. Gueniffey, op. cit., p. 338; T. Lentz, op. cit., p. 318.

com a destruição dos esteios institucionais da Constituição do ano III. Os que se dirigiram vitoriosos para Paris no fim da noite e os que trataram de se refugiar longe da capital, para evitar as represálias que esperavam depois do golpe de Estado, tinham todos o mesmo sentimento de que uma era da história francesa havia chegado ao fim. Como resume Furet: "Tendo começado no Palais-Royal, a Revolução Francesa terminou em Saint-Cloud, como se ela também, como a monarquia, tivesse tido de sair de Paris para assentar seu poder sobre a França."[106]

Deixando de lado os meandros da história do 18 Brumário, interessa-me compreender o que fez desse acontecimento o paradigma moderno dos golpes de Estado. Já a partir do século seguinte, é praticamente impossível falar do tema sem tomar os eventos daqueles dias frios como uma referência, como se tivessem fornecido um guia completo para toda tomada de poder que se desenrola fora dos quadros legais e institucionais nos diversos regimes políticos. Para perseguir meu objetivo, em consonância com o que disse nos capítulos anteriores, vou procurar descortinar a dinâmica do golpe, para saber como ela pôde se transformar num modelo quase absoluto para ações do gênero. Vou me guiar pela divisão que Maquiavel adota para analisar as conjurações: a fase da preparação, a execução e a manutenção do poder conquistado.

Em primeiro lugar, devemos prestar atenção em algumas condições gerais que precederam o golpe. No plano externo, a França esteve envolvida entre os anos 1795 e 1799 numa série de guerras, colhendo ora vitórias, que iriam fazer a glória de seus generais, ora derrotas, que preocupavam e exauriam a população. No plano interno, a constante mobilização dos exércitos empobrecia o país, tirava braços das atividades econômicas e tornava a vida cotidiana, sobretudo dos mais pobres, um

---

106 F. Furet, "Dix-huit Brumaire", vol. Événements, p. 115.

verdadeiro calvário. No plano político, como mostrei, a arena pública vivia em constante agitação, que só se agravava com o desamor de amplas parcelas da população pela Constituição do ano III. Apesar da agitação nas ruas, os subúrbios parisienses, que haviam sido decisivos em muitas das "jornadas revolucionárias", estavam exaustos e não mostravam mais a mesma energia para responder às constantes alterações da conjuntura. Um elemento perturbador havia surgido já no 13 Vendémiaire. O exército foi empregado diretamente para reprimir um movimento de política interior. A partir desse momento, as forças armadas fariam parte do cotidiano da política, o que alterava de maneira significativa os dados do problema. Não se tratava mais de um instrumento para o uso da força na cena internacional, mas de um novo ator, capaz de interferir na cena pública com uma capacidade de se servir de meios violentos diretos que nenhum outro ator tinha.

Nessas condições, quando Seiyès pelo lado civil e Bonaparte pelo militar começaram a imaginar uma mudança radical do regime, ambos acreditavam que iriam "salvar" a França de seus desvios internos. Nas palavras de Lentz: "A situação política estava madura para um golpe de Estado."[107] As crises sucessivas pelas quais passava a França, o desejo que desde os girondinos povoava o meio político de colocar um fim à Revolução, sem abandonar suas conquistas, a exaustão do elemento popular, o cansaço com a guerra, foram todos fatores que contribuíram para o surgimento e a fusão de conspirações fomentadas ao longo dos meses daquele ano. Com o encontro num ambiente privado de Bonaparte e Sieyès no dia 23 de outubro de 1799, o golpe ganhou uma dinâmica que só terminaria com o fim do poder do Diretório.[108]

Olhando à distância, podemos medir o grau de ilusão e de realismo dos participantes do 18 Brumário. Na primeira fase, a

---

107 T. Lentz, op. cit., p. 185.
108 Ibid., p. 223.

da preparação, temos de avaliar, no entanto, suas preocupações do ponto de vista de atores que se dispõem a dar um passo decisivo em direção à conquista do poder e não do historiador, que já conhece o desfecho do golpe. O que devemos nos perguntar é quais são os elementos práticos dessa fase que se destacam como material para uma teoria sobre os golpes de Estado. Nesse sentido, não podemos esquecer que nenhum dos participantes do 18 Brumário estava preocupado em provar uma tese. Eles queriam erigir um novo poder. O que é paradigmático para a posteridade são as dúvidas que os atormentavam e as balizas que os orientavam numa determinada direção e os desviavam de outras. Como tenho insistido, os atores políticos daquele tempo eram guiados por um certo número de conceitos, ideias e símbolos, que haviam nascido com a Revolução. Revolução, República e Constituição estavam no horizonte dos conspiradores ao mesmo tempo como obstáculos e referências. Conspirar implicava derrubar o poder instalado, sem mostrar que dessa maneira o sistema institucional ia abaixo do dia para a noite.

Naquele momento, alguns elementos que encontramos nas conjurações descritas por autores como Tácito e Maquiavel permaneciam atuais. Em primeiro lugar, era necessário preservar o segredo das ações, limitar o número de participantes, para aumentar as possibilidades de êxito. Em segundo lugar, como ocorria no Renascimento, as conjurações podiam ser tentadas por atores internos ou externos ao poder dos governantes. Nesse ponto, a preparação do 18 Brumário é diferente da de muitas conspirações do passado, pois a topografia da ação diferia em muito das pequenas repúblicas do passado ou mesmo das estruturas governativas da Roma antiga. O poder, que se pretendia derrubar, era altamente complexo, composto por inúmeros níveis de estruturação, o que fazia com que os agentes podiam ser ao mesmo tempo internos e externos a ele. Esse era o caso da França. Bonaparte não possuía nenhum cargo formal depois que abandonou a campanha do Egito. Mas Sieyès era formalmente membro do Diretório e gozava do respeito de amplas franjas do mundo político. Havia, assim, uma nova topografia a estruturar os movimentos de conspiração, que guardava uma relação direta como o surgimento do Estado moderno. Conspirava-se num terreno alargado pela presença de atores que se relacionavam com o poder de forma espacialmente diferentes: uns de dentro, outros de fora de um poder que não podia ser entendido de um único ponto de vista. Por isso, Madame de Staël dizia que na França se conspirava na praça pública, na qual se encontravam estratos diferentes da sociedade e do governo.

No plano da representação do golpe por seus proponentes, o universo simbólico e teórico da época tinha, como terá mais tarde em vários movimentos políticos, um papel determinante. Afinal, desejava-se tomar o poder, o que era um elemento de base das conspirações, mas o objeto desse desejo era recoberto pelo mito do início absoluto, a Revolução, pela barreira legal, que havia operado a transcrição da vontade geral no tempo presente, a Constituição, num território de valores atualizados pelas ideias do Iluminismo e pelas referências ao passado, a República. Tudo se passava como se o desejo de conquista, que Maquiavel acreditava ser natural aos homens, devesse ser transcrito numa linguagem em que a ambição pessoal tinha de ser representada com palavras e ideias que escondessem sua natureza particular. Isso explica, por exemplo, as razões de Napoleão insistir tanto em garantir a base legal de suas ações. Pode-se compreender também desse ponto de vista a insistência de atores tão diferentes quanto Madame de Staël e Fouché, chefe da polícia de Paris, de chamar de revolução o ato de tomada do poder. Nesse momento já se iniciara o percurso das duas ideias – revolução e golpe de Estado – pelos séculos seguintes, que faria oscilar o sentido da primeira e consolidar o da segunda como algo essencialmente negativo. No Brasil, os militares desejaram por alguns anos chamar o movimento de 1964 de "revolução" e evitam até hoje a designação de golpe de Estado, como se o prestígio da primeira fosse suficiente para apagar o caráter nefasto do golpe que pôs fim à incipiente democracia brasileira. Essa operação no plano da linguagem é muitas vezes essencial para o êxito das conspirações, que são imediatamente transportadas para o território da disputa sobre seu significado.

A primeira fase do golpe de Estado do 18 Brumário transcorreu, portanto, sob o manto da legalidade republicana e da defesa da Revolução. Os próprios militares, que ao longo dos anos haviam se conservado fiéis ao espírito das transformações que haviam sacudido a Europa, não teriam se mostrado favoráveis às ações daquele dia se acreditassem, como foi o caso de muitos, que a herança republicana e revolucionária estava sendo descartada.[109] Mas tudo mudou no 19 Brumário. Madame de Staël retornava a Paris no dia anterior junto com Benjamin Constant quando soube em Charenton, vila próxima da capital, que Barras havia acabado de passar escoltado por militares, depois de ter aceitado a demissão do Diretório nos termos que lhe haviam sido propostos pelos conspiradores.

Madame de Staël se refugiou no dia de sua chegada em Paris num apartamento da rua de Grenelle, enquanto seu amigo partiu no dia seguinte para Saint-Cloud, de onde a cada hora informava sua companheira do desenrolar dos acontecimentos.[110] Seus bilhetes não tem nada de especial, mas mostram em detalhe como se desenrolou a passagem da fase da conspiração para a fase da execução do golpe. Na véspera, tudo parecia fácil, mas essa percepção não enganou os mais experientes. Tudo pode mudar e, de fato, mudou no curso de uma única jornada. Todos os preparativos, mesmo quando muito benfeitos, o que não foi

---

109 P. Gueniffey, op. cit., p. 345.
110 M. Winock, op. cit., p. 197.

exatamente o caso do golpe do 18 Brumário, podem se revelar inúteis diante de um pequeno fato contingencial, como o atraso na preparação das salas de reunião dos conselhos, que invertem a direção de um movimento de conquista do poder. Nessas horas, para empregar a linguagem de Maquiavel, o que conta é a *virtù* do ator político, sua capacidade de agir de forma eficaz no momento devido. Naquele dia, faltou pouco para que o general habilidoso se perdesse e botasse tudo a perder. No momento da tomada do poder, a contingência mostra seu rosto desdenhoso e obriga os conspiradores a se superar ou a perecer. Tinha razão Bonaparte se, de fato, ele disse a seu ajudante, quando passavam pela atual praça da Concórdia, onde fora instalada a guilhotina, em direção a Saint-Cloud: "amanhã nós dormiremos no Luxemburgo (sede do governo) ou acabaremos aqui".[111] Seiyès, que conhecia bem as reviravoltas da política, deixou uma carruagem esperando perto de onde ocorreriam as assembleias que iriam selar os destinos da França para o caso de a conspiração fracassar. No momento da ação, quase todos os atores sentiram que, por mais que a conspiração tivesse recebido um acolhimento favorável, ou no máximo frio, na véspera, o jogo não estava jogado e tudo podia ser virado de cabeça para baixo. A tomada do poder entrava plenamente em sua fase mais aberta, na qual a necessidade do segredo é substituída pelo medo do acaso. Até mesmo Bonaparte se descontrolou e quase pôs tudo a perder. O golpe de Estado conheceu naquele 19 Brumário seu momento de afirmação ao atravessar uma linha imaginária a partir da qual não há mais retorno possível à antiga situação.

Madame de Staël e Benjamin Constant não participaram dessa vez na preparação do golpe, mas, desde o dia seguinte aos acontecimentos, procuraram encontrar uma maneira de se integrar na nova realidade política. Madame de Staël reabriu seu

---

[111] T. Lentz, op. cit., p. 296.

salão e passou a cortejar os novos donos do poder, ao mesmo tempo que mantinha as portas abertas para os que haviam perdido algo com a ascensão dos novos senhores. Constant se apressou em contatar Seiyès na esperança de participar dos novos tempos. No dia 24 de dezembro de 1799, um hesitante Bonaparte o nomeou para o Tribunato, que lhe dava acesso a um lugar de expressão público de suas ideias e uma renda de 15 mil francos.[112] Anos depois, quando já haviam se afastado de Napoleão, ambos escreveram linhas negativas sobre o 18 Brumário. Madame de Staël, que sempre classificou o dia de "revolução", afirmou: "Representantes do povo francês já foram proscritos, mas foi a primeira vez, desde a Revolução, que o estado civil foi ridicularizado face ao estado militar."[113]

Benjamin Constant se lançou na vida política com grande apetite, embora desde o começo sentisse um certo desconforto com o que estava ocorrendo. Mais tarde percebeu que tinha participado da terceira fase de um golpe de Estado, que mudara para sempre a política de seu tempo. Não lhe ocorreu, no entanto, usar o termo para pensar o que vivera, a maneira como viu o poder conquistado ser conservado e transformado no curso dos anos que se seguiram. Mas coube a ele uma reflexão muito interessante sobre o que chamou de usurpação e que tocava no cerne da questão da tomada do poder por vias ilegais. Com isso, ele reatava seus laços com uma maneira de encarar a transição abrupta do poder por meio de um conceito que, como vimos, já estava presente em Locke no fim do século anterior. Antes porém de criticar os golpistas, ele e sua amante acreditaram nos propósitos anunciados pelo Consulado provisório, que pretendia organizar a administração pública, pacificar

---

112 M. Winock, op. cit., p. 203.
113 Madame de Staël, op. cit., p. 360.

as forças interiores e conseguir uma paz duradoura com os inimigos externos.[114] Desde o início, ele desconfiou de que algo não ia bem, mas seu desejo de entrar na arena política e sua apreciação da realidade marcada por sua imersão na vida parisiense fez com que ele demorasse a perceber que a realidade no interior da França era bem mais complicada do que ele supunha em 19 Brumário. Quando veio a aprovação de um nova Constituição, no ano VIII (1800), ficou claro que Bonaparte era de fato um novo soberano, "representante único da vontade nacional".[115] Para Constant, ele era um usurpador, mas essa constatação só viria depois, como veremos no próximo capítulo.

Para resumir: com o golpe do 18 Brumário, a topografia da conquista/manutenção do poder, que havia sido elaborada por Maquiavel, se recompôs com os novos elementos que a Revolução fizera surgir. Com Naudé, a fase da preparação aparece mascarada pelo fato de que o ator do golpe de Estado se coloca no lugar daquele que defende o ponto de vista do poder legítimo. Ainda que muitas vezes a ação levada a cabo a partir do lugar do poder seja de fato uma nova forma de ocupá-lo, com novos atores, tudo se passa como se a palavra conspiração não pudesse nem mesmo ser usada. Em compensação, as duas outras fases, a saber, da execução e da manutenção, são exacerbadas, pois o governante, tendo recorrido ao uso extremo da força, deve não apenas assegurar o sucesso de sua ação, mas também justificá-la, de tal maneira que o golpe de Estado adquira aos olhos dos súditos ou cidadãos toda sua legitimidade. Com o 18 Brumário, o percurso pelo terreno da luta pelo poder é trilhado em toda sua extensão. Como vimos, o golpe havia sido precedido por outros golpes, que portavam ora uma certa dubiedade de sentido (13 Vendémiaire), ora eram incompletos em sua realização (18 Fructidor). Com a

---

114 T. Lentz, op. cit., p. 328.
115 F. Furet, op. cit., p. 119.

chegada de Napoleão ao poder, a tópica dos golpes de Estado ganhou um modelo paradigmático, que até hoje orienta o pensamento dos que se ocupam com o tema. Nele reconhecemos com facilidade o momento da preparação e os riscos que ele comporta. Vemos surgir no caminho da execução uma série de obstáculos, que em determinado momento parecem insuperáveis. Quando da execução, o uso da força se mostrou decisivo, mas ele teve de ser conjugado com uma série de manobras políticas, para poder fixar as bases de um novo poder, consolidado no Consulado. Nesse caminho, os atores podem produzir atos vigorosos e destrutivos, como foi o caso, mas não serão capazes de se manter no poder, tendo de recorrer a uma escalada sem fim de violências. Napoleão parecia ter total consciência disso, quando insistia, na fase de preparação do golpe, na necessidade de preservação da legalidade dos atos. Depois de perpetrado o golpe, ele viu claramente que outras ações eram necessárias para a manutenção do poder. De forma hábil, ele descartou Seiyès, iludiu muitos de seus opositores com acenos de conciliação, para finalmente erigir uma estrutura de governo, consolidada na criação do Império, que colocava fim aos movimentos de conquista do poder que começara a elaborar quando desembarcou em Fréjus, vindo do Egito, no dia 9 de outubro de 1799, disposto a tudo para pôr um fim no que acreditava ser o processo de degenerescência da República recentemente instituída.

Olhando do ponto de vista do que chamei antes de topografia do poder, Maquiavel parece fornecer todas as ferramentas para compreender o que se passou naquele fim da Revolução. Isso é verdadeiro em determinado sentido, mas, se quisermos conversar com autores de outros séculos, é preciso prestar atenção aos elementos de continuidade da política através dos tempos, mas também aos elementos de descontinuidade. Naudé, e o pensamento político de seu século, se guiou por tópicas do passado, mas incorporou em seu campo de problemas os relacionados ao surgimento do Estado moderno e suas injunções. Da mesma forma, a política do fim do século xviii foi de tal maneira marcada pelos eventos revolucionários que a recuperação das ideias de Maquiavel, que me parece altamente pertinente para pensar determinados aspectos dos diversos golpes levados a cabo no período, deve ser temperada pelos efeitos das transformações operadas no campo das ações políticas, mas também de sua representação. A nova linguagem política fornece as pistas para que a tópica da conquista/manutenção possa ser percorrida por outras vias sem que seus elementos de base tenham de ser abandonados.

SÉCULO XIX
Golpe de Estado na idade da Revolução Industrial

Em 2 de dezembro de 1804, Napoleão Bonaparte foi sagrado imperador dos franceses. Ele já não manifestava a hesitação que quase o derrotou no 19 Brumário. Depois do golpe de Estado, rapidamente se inteirou do curso da vida política do país e aprendeu a jogar com todas as peças do tabuleiro. Durante o Consulado provisório, instituído nos dias que se seguiram aos acontecimentos de Saint-Cloud, deu mostras de moderação e argúcia, qualidades que muitos não supunham que ele tivesse. Já se preparando para os passos que daria nos próximos meses em direção ao poder solitário, ele soube evitar os excessos contra militares, como Jourdan, que haviam se aliado aos jacobinos e tentaram evitar o golpe. Enquanto isso, seu companheiro de aventura e de poder temporário, Sieyès, foi pouco a pouco sendo colocado de lado e tachado de radical e confuso. Na elaboração da nova Constituição, datada do 22 Frimaire do ano VIII (13 de dezembro de 1799), promulgada dois dias depois, Napoleão teve um papel decisivo não apenas ao insistir no reforço do poder executivo, que ele iria assumir, mas ao descartar com habilidade as fantasias constitucionais de seu aliado e concorrente. Seus gestos de reconciliação, no entanto, não tinham nada dos movimentos ingênuos de quem acabara de chegar ao poder. Ele cedia em alguns pontos para bater forte em qualquer tentativa de ameaçar sua posição. Atacava a direita monarquista e o que restara da esquerda jacobina, ciente de que o novo poder ainda contava com muitos inimigos na França e fora dela.

Com o correr do tempo, Bonaparte foi tecendo as malhas de seu poder. Associando-se a uns (Talleyrand, feito ministro do exterior), descartando outros (Ouvrard, banqueiro que o havia ajudado), modificando as leis e criando uma nova forma de exercício do poder executivo. Até 1804, a França viveu como uma República, o que agradava a muitos setores militares, mas também fez gestos de conciliação com as forças ligadas à Igreja católica e aos monarquistas por meio da Concordata de 1801, que diminuía os conflitos com o papa e devolvia algum poder aos católicos. Os dois outros cônsules, nomeados junto com ele depois do 18 Brumário – Cambacérès e Lebrun –, tiveram um papel pouco relevante até o "senatus-consulte" de 18 de maio de 1804, que fez do primeiro cônsul o imperador Napoleão I. Pode ser que uma parte da população e dos agentes políticos se sentissem vivendo em um regime republicano, mas o fato é que Bonaparte, naqueles anos frenéticos, operou, não sem enfrentar muitos percalços, a consolidação de seu poder numa nova forma monárquica.

Se a Revolução Francesa encontrou seu fim no 18 Brumário, o golpe de Estado encontrou seu destino em 1804. A partir dessa data, pouco a pouco, o evento de 1799 se transformou numa referência incontornável da política moderna e contemporânea. Albert Soboul, grande historiador da Revolução Francesa, o chamou de "modelo do golpe de Estado parlamentar", o que mostra o papel que teve na historiografia do período e no pensamento político posterior.[1] Com as ações daquele ano se firmou uma maneira de conquista do poder que, servindo-se de elementos tomados de empréstimo do passado, como o recurso à força e, se necessário, à violência, abriu uma nova visão do que era uma luta política na nova realidade criada pela eclosão da Revolução.

[1] A. Soboul, *La France napoléonienne*, p. 42.

Nascia o golpe de Estado moderno. Se prestarmos atenção aos acontecimentos que vão dos dias frios de novembro de 1799 até a coroação do novo Imperador, veremos que um golpe de Estado se encaixa melhor na tópica da conquista/manutenção, que me guia neste estudo, do que no imaginário político de nosso tempo, que acredita que um golpe de Estado se resume às ações violentas e por vezes espetaculares da tomada do poder. Napoleão de fato conquistou o poder nos dias agitados de Brumário, mas sua ação não se esgotou naquele momento nem poderia. Seu golpe foi uma abertura para a ocupação do poder e para a consolidação de sua maneira de governar e, para isso, ele precisou de tempo, como precisaram de tempo para consolidar o mando os conspiradores de todos os tempos.

O reaparecimento de uma ideia

Só um exame exaustivo de todas as fontes para o estudo da vida política do século xix permitiria conhecer a frequência do uso do conceito de golpe de Estado no período que se seguiu aos acontecimentos de 1799. Essa pesquisa exigiria um esforço gigantesco, que não alteraria a hipótese principal de que a Revolução criou uma realidade política e conceitual, uma nova camada de significados, que alterou para sempre o sentido do termo cunhado quase duzentos anos antes. Depois do 18 Brumário, o vocábulo permaneceu submerso, por um tempo, até que, já na primeira década do século xix, emergiu na linguagem política e teórica depois do que podemos chamar de período de latência.

No *Memorial de Santa Helena*, Las Cases, que recolheu os propósitos de Napoleão na prisão, afirmou que ele se recusava a considerar o 18 Brumário um crime. Ao contrário, sua ação teria sido guiada pela mais estrita necessidade. "O fato", teria afirmado Bonaparte, "é que a pátria sem nós estaria perdida e que nós a salvamos. Os atores, os grandes atores *desse memorável golpe de Esta*do, no lugar de denegações e justificações, devem, a exemplo desse romano (Cícero depois de ter desbaratado a conjuração de Catilina), se contentar em responder com orgulho a seus acusadores: nós afirmamos que salvamos nosso país, venham conosco agradecer aos deuses."[2] Não há como saber se essas foram as palavras exatas do antigo imperador. O memorialista registrou sua fala numa época em que ele era acusado de vários crimes e, para muitos, tornara-se uma página a ser virada da história francesa. Pode ser que o uso do termo golpe de Estado seja um anacronismo do memorialista, que refletia o momento em que a percepção sobre o período napoleônico estava mudando. No mesmo livro, Napoleão teria uma outra vez se referido aos golpes de Estado de forma positiva, quando mencionou o Estatuto de Bayonne, espécie de nova Constituição, que pretendia abrir espaço para o reinado de seu irmão José em 1808 na Espanha. A nova Carta pretendia colocar um freio nas regalias da monarquia local. O antigo imperador teria dito: "Bayonne não foi uma armadilha, mas um esplêndido golpe de Estado."[3]

Nas falas que conhecemos de Napoleão do período do 18 Brumário, ele nunca menciona golpes de Estado, o que não tem nada de surpreendente. O texto acima pode ser fiel às palavras do Imperador sem que tenha havido uma mudança em sua forma de compreender suas ações do fim do século XVIII. O que muda é que ele faz a ponte entre as antigas conjurações (Catilina) e a história de seu tempo. Por meio dessa conexão, ele, ou seu memorialista, contribuiu para atualizar o conceito de golpe de Estado ligando-o ao mesmo tempo à tradição. Decorre daí o uso do termo conjuração, e uma referência ao tempo presente, no qual a revolução havia se tornado um polo de atração irresistível

---

2   Comte De Las Cases, *Mémorial de Sainte-Helène*, tomo I, p. 774. (Grifo meu.)
3   Ibid., p. 694.

de toda linguagem política. Foi preciso que a Revolução encontrasse seus limites, para que o conceito de golpe de Estado pudesse reemergir com uma nova camada de significados.

Algo semelhante ocorre nas memórias de Barras. O velho político, que fora uma figura dominante durante o período do Diretório e conseguira, bem ou mal, escapar das punições que costumavam colocar um termo em carreiras tortuosas como a sua, ao falar de sua participação nos eventos do 18 Fructidor, se refere às suas ações dessa maneira: "Já há algum tempo eu tinha conferências diárias com os deputados e patriotas influentes. Eu os colocava em movimento para preparar o povo *para o golpe de Estado indispensável* que eu organizei."[4] Mais uma vez, o uso do termo pode ser um anacronismo, uma vez que o texto foi escrito já no século XIX, quando seu uso se generalizara. Na introdução, feita por George Duruy, golpe de Estado aparece várias vezes para se referir aos acontecimentos entre o 18 Fructidor e o 18 Brumário, mas o mesmo não se repete nas memórias nas quais abundam referências à Revolução e suas etapas, mas não aos golpes. Nos discursos de Barras proferidos quando era membro do Diretório também não ocorre o termo, ainda que ele tenha estado no centro de muitos dos atos que ficaram conhecidos posteriormente como golpes de Estado. Provavelmente, como talvez tenha sido o caso com Napoleão, recorrer a uma palavra do antigo vocabulário político, que ganhara um novo significado, tenha sido uma maneira de tentar entender, de um novo ponto de vista, acontecimentos que haviam sido tragados pelo redemoinho de conceitos do período revolucionário.

O século XIX foi prolífico na publicação de escritos de antigos revolucionários, que haviam sobrevivido às suas tormentas. Mathurin de Lescure, que se ocupou com a publicação de alguns

---

[4] Barras, *Mémoires de Barras. Le Directoire du 18 Fructidor au 18 Brumaire*, p. 13. (Grifo meu.)

tomos da *Biblioteca das memórias relativas à História da França durante o século XVIII*, colocou no título de um volume uma referência direta aos golpes de Estado: *Memórias sobre as jornadas revolucionárias e os golpes de estado*.[5] Curiosamente, apesar do editor ter chamado a atenção para o termo, entre as memórias dos participantes dos eventos do período abrangido pelo livro, como Gohier, membro do Diretório durante o 18 Brumário, Lucien Bonaparte e outros, o termo não aparece. Nós o encontramos apenas no curto escrito de Lacretelle sobre o golpe do 13 Vendémiaire, quando afirma: "A Constituição (de 1795) se apresentava como o final de uma ditadura marcada pela anarquia e mesmo pela servidão aos ditadores, em suas várias fases. Era um porto no qual desejávamos chegar, mas o Código revolucionário impedia a entrada e tornava a passagem perigosa, sobretudo por ser ele guardado por homens habituados aos golpes de Estado da Revolução."[6] Mais uma vez o uso do termo me parece fortuito. O importante é que revela, como nos outros exemplos que citei, que foi preciso esperar o fim da Revolução de 1789, por meio do golpe de 1799, para que aos poucos os conceitos de revolução e golpe de Estado começassem a ser postos lado a lado, como operadores essenciais para compreender a política que emergiu da década que mudou o mundo.

Essa hipótese se mostra ainda mais plausível quando consultamos os documentos relativos aos atos do Diretório durante toda sua existência.[7] Nos quatro tomos contendo os arquivos da instituição, o termo golpe de Estado não comparece nem uma vez. Quando consultamos as notas anexadas pelo organizador Antonin Debidour no começo do século XX, o panorama se inverte.

---

5   M. de Lescure, *Mémoires sur les Journées Révolutionnaires et les coups d'État*.
6   Lacretelle, "Le 13 Vendémiaire", p. 334.
7   A. Debitour, *Recueil des actes du Directoire exécutif: procès-verbaux, arrêtés, instructions, lettres et actes divers*.

Abundam referências aos acontecimentos que foram desde o século XIX classificados como golpes de Estado. Essa maneira de ver as coisas perdura até os dias de hoje, o que por vezes nos leva a esquecer que durante a existência da "escola de golpes de Estado", que marcou o fim da época gloriosa da Revolução, poucos se referiam a eles, ou até mesmo imaginavam que podiam ser uma referência para compreender o que estavam vivendo. A tempestade revolucionária parecia ter varrido tudo das épocas passadas, inclusive seu vocabulário político. Afinal, não se cria um novo mundo recorrendo a utensílios linguísticos e conceituais que tinham sua origem marcada pelas práticas do Antigo Regime. Isso explica por que conjuração, conspiração e outras palavras, apesar do sentido negativo, continuaram a ser empregadas, enquanto razão de Estado, segredo de Estado e golpe de Estado foram postos para fora do campo vocabular dos revolucionários. A Antiguidade podia fornecer palavras e ideias para a formação de uma nova era, mas não a monarquia corrompida, que havia perdido sua força e se transformara numa máquina de opressão.

Em 1818, Étienne Aignan (1773-1824), membro da Academia francesa, se debruçou sobre o tema num curto panfleto publicado em Paris.[8] O autor era pouco conhecido nos meios políticos, mas sabia que o tema de seu escrito era espinhoso e capaz de produzir resistência por parte de seus contemporâneos num momento em que as bases de um novo poder estavam sendo assentadas depois de décadas de transformações radicais. Talvez por isso, já na primeira página, ele responde à pergunta sobre a natureza de seu objeto, definindo-o como: "a quebra ilegal e violenta de uma resistência presumida perigosa".[9] Segundo ele, não pode haver golpes de Estado em governos despóticos, pois neles não se encontra nenhuma forma de legalidade. No caso francês, do século XVII

---

8 E. Aignan, *Des coups d'État dans la monarchie constitutionnelle*.
9 Ibid., p. 1.

até a Revolução, os golpes existiam, mas eram tremendamente perigosos. Já num regime constitucional, segundo o acadêmico, "os golpes de Estado são impossíveis", pois nenhuma "resistência" pode ser ilegalmente quebrada, uma vez que isso quebraria o corpo social e suas leis.[10] Ressoa aqui o papel que a ideia moderna de Constituição teve no pensamento político desde o fim do século XVIII. Deixada de lado a referência à tradição e ao direito divino dos reis como fundamento do poder, o conjunto de leis era, aos olhos daqueles escritores do começo do século, o único referencial fiável para a condução dos negócios públicos. Restava convencer uma parte de seus contemporâneos que ainda sonhava com a restauração monárquica nas formas dos séculos anteriores.

Diante disso, o autor associa dois conceitos ao afirmar que, num regime constitucional, golpes de Estado e dissolução do Estado são a mesma coisa. A radicalidade dessa definição que é completada com a afirmação de que "toda violação da lei é um golpe de Estado"[11] se explica em parte pelas críticas que ele dirige ao processo de exclusão de vários cidadãos presente no decreto de 24 de junho de 1815. Dirigindo-se ao rei, o autor do panfleto insiste na ideia de que não há mais espaço na França para ações que no passado pareciam fazer parte do poder monárquico. Nessa lógica: "toda espécie de golpe de estado numa monarquia constitucional é uma traição do povo e do monarca".[12]

O escrito de Aignan é um panfleto que não tinha pretensões teóricas. Ele queria intervir nas disputas políticas de seu tempo, recorrendo a um conceito que tinha tido um papel importante no passado como arma da monarquia para resolver seus impasses. Ele ajuda a ver, no entanto, que, naquele momento, o vocabulário político se reorganizava e passava a conter o termo golpe

---

10 Ibid., p. 3.
11 Ibid., p. 18.
12 Ibid., p. 15.

de Estado numa acepção que estivera ausente das disputas políticas mais acirradas do período revolucionário. Mesmo alguns acontecimentos recentes, como o 18 Brumário, mereceram outro tratamento na nova linguagem política. Isso fica visível no relato do que aconteceu naqueles dias extraordinários por alguém que os vivera diretamente. Em 1819, Jean Adrien Bigonnet (1755-1832) publicou um texto no qual relata suas experiências.[13] Já no título, ele alude ao que chama de golpe do 18 Brumário. Em 1799, ele era membro do Conselho dos Quinhentos e junto com seus colegas foi destituído pelas ações de Bonaparte e Sieyès. Sua narrativa não tem nada de especial. Ela não acrescenta nenhum fato novo ao que já se sabia. Mas, da mesma forma que o texto do acadêmico, o escrito do antigo parlamentar mostra que o conceito de golpe de Estado passara a ser usado de forma cada vez mais ampla e como ferramenta para entender acontecimentos, que pareceriam estar ligados a uma nova forma de se fazer política, para a qual os antigos vocábulos não mais serviam. Retrospectivamente, Bigonnet reviu o período que se seguiu à morte de Robespierre sob uma nova luz. Para ele: "É suficiente lembrar essa sequência de golpes de Estado, todos levados a cabo para salvar e fortalecer a República e que se transformaram todos em ocasiões para servir à ambição e às vinganças de alguns indivíduos."[14]

Em 1823, o *Dicionário da Academia Francesa*, em sua sexta edição, finalmente mudou a definição de golpe de Estado. Ele o classificou como uma "medida extraordinária e sempre violenta à qual um governo recorre quando a segurança do Estado lhe parece comprometida".[15] O verbete não exclui inteiramente o fato de que os golpes de Estado partem do governo para se preservar, mas ressalta que são ações violentas, que ocorrem

---

13 J.A. Bigonnet, *Coup d'État du Dix-huit Brumaire*.
14 Ibid., p. 7.
15 D. Richet, "Coup d'État", vol. Événements, p. 64.

fora das normas que regem a vida política ordinária. Depois de um período em que o conceito estivera submerso, ofuscado pelo brilho dos acontecimentos revolucionários, o fim da época napoleônica em 1815 fez com que, aos poucos, ele voltasse a ser usado de forma cada vez mais explícita e definida. Como tantos outros termos do vocabulário político, golpe de Estado passou a ser pensado a partir da transformação que fora operada na cena política europeia depois de 1789.

No período que separa o fim da era napoleônica e os acontecimentos de 1830, o termo pouco a pouco voltou a ser usado, ainda que nem sempre de maneira precisa. Encontramos um exemplo desse uso corrente do vocábulo em vários trechos do grande escritor monarquista do período François-René de Chateaubriand (1768-1848). Ele foi um dos grandes intelectuais de seu tempo. Sua atuação em favor da monarquia o fez uma das "cabeças brilhantes do partido realista".[16] Mas nos enganaríamos se pensássemos que ele defendia o retorno do Antigo Regime. Ele combinava, com grande originalidade, os princípios monárquicos com a defesa da liberdade, produzindo a curiosa mistura entre uma visão aristocrática da sociedade e elementos essenciais do liberalismo político, como o apego à liberdade de imprensa.[17]

Os golpes de Estado nunca ocuparam um lugar de destaque no pensamento de Chateaubriand, embora ele tenha se referido a eles em várias ocasiões. Naquele que é considerado seu escrito político mais importante, *De la monarchie selon la charte* (Da monarquia segundo a carta), ele fala dos golpes de Estado poucas vezes, sempre num sentido próximo ao do século XVII.[18] Ele mostra que os ministros acreditam poder aplicar um golpe de Estado

---

16 M. Winock, *As vozes da liberdade. Os escritores engajados do século XIX*, p. 48.
17 Ibid., p. 66.
18 F. de Chateaubriand, *De la monarchie selon la charte*, p. 96.

se forem capazes de vencer as eleições e, assim, se verem livres de uma Câmara de Deputados incômoda que os obrigaria a se curvarem à maioria. Naudé não teria dado outro parecer sobre o caso. Também em suas monumentais *Mémoires d'outre-tombe* (Memórias de além-túmulo), ele por vezes se refere aos golpes como o de 18 Fructidor (4 de setembro de 1797).[19]

Mas foi, sem dúvida, nos anos 1826 e 1827 que o tema pareceu lhe interessar de forma mais aguda. Como membro da Câmara dos Pares, espécie de órgão próximo da Câmara dos Lordes inglesa, o escritor se lançou num combate sem tréguas contra a lei proposta pelo ministro da Justiça, Peyronnet, que impunha severas restrições à liberdade de imprensa.[20] Chateaubriand não podia aceitar algo dessa natureza, mesmo estando do lado do novo rei Carlos x, que havia ocupado o trono em 1824. Para ele, os que sonhavam com essas medidas acreditavam que podiam aplicar golpes de Estado como se fazia no tempo de Luís xiv. Numa monarquia constitucional não havia lugar para uma avaliação positiva do mecanismo de preservação do poder preconizado pelos defensores da monarquia absoluta. "Um golpe de Estado numa monarquia constitucional seria uma revolução, pois depois desse golpe de Estado, que atingiria os indivíduos, os tribunais e as câmaras, só restaria a coroa, que não representaria mais, como na monarquia de Luís xiv, tudo que havia se perdido", afirmava ele.[21] Assim, se ele via com certa naturalidade, ou com neutralidade, a aplicação de medidas extremas num regime monárquico absoluto, nada parecia justificar seu uso num regime como o que ele preconizava. Mesmo sem teorizar os golpes de Estado, o escritor incorporou a camada negativa de sentido que se depositara no

---

19 F. de Chateaubriand. *Oeuvres complètes de Chateaubriand*. 14, Mémoires d'outre-tombe, p. 584.
20 M. Winock, op. cit., p. 75.
21 F. de Chateaubriand, *Chateaubriand illustré; Mélanges politiques*, p. 164.

vocábulo com os novos tempos. Admissíveis no passado, as ações extremas de preservação do poder arriscavam em seu tempo significar o fim de todas as liberdades.

Em escritos polêmicos, teóricos ou em memórias, a questão dos golpes de Estado entrou na moda dos debates políticos nas primeiras décadas do século XIX. Ao mesmo tempo, alguns pensadores se encarregaram de dar-lhe uma nova configuração no plano das ideias. Entre eles, estava Benjamin Constant.

Benjamin Constant, teórico dos golpes de Estado

Em 1802 já ficara claro para o ainda jovem escritor que ele se engajara numa aventura que não iria conduzir ao regime republicano com o qual sonhara nos anos anteriores. Nos escritos dos anos iniciais do novo século, ele pôs a nu muito de sua decepção e forjou algumas estruturas teóricas que iriam acompanhá-lo para o resto da vida. Constant perdeu seu lugar no Tribunato no dia 17 de janeiro de 1802, depois de um suposto sorteio que, na verdade, só expulsou da instituição os que faziam oposição a Napoleão Bonaparte. Durante os próximos doze anos, ele, junto a sua amiga Germaine de Staël, viveu entre a Suíça, a Alemanha e a França. Nesse período, escreveu bastante, levou uma vida sentimental agitada e perdeu muito dinheiro jogando de forma compulsiva.[22] Em meio a uma agitação desenfreada, que o levou de volta aos braços de Napoleão no célebre período dos Cem Dias,

---

22 Os escritos desse período estão disponíveis hoje em dois livros: *Fragments d'un ouvrage abandonné sur la possibilite d'une constitution républicaine dans un grand pays* e *Principes de politique applicables à tous les gouvernements*. A parte final do livro VI que trata dos golpes de Estado dessa edição foi reproduzida no século XIX em: B. Constant, "De la suspension et de la violation des Constitutions", p. 38-43.

mudou muitas vezes de posição no tabuleiro da política francesa e europeia, mas manteve firme sua bússola liberal, que o fez defender a liberdade em todas suas figurações: liberdade de imprensa, de culto, individual e jurídica.[23]

Muitas de suas ideias já estavam expressas nos textos que foram conservados em manuscritos do período entre 1802 e 1810. É num deles que o escritor se dedicou de forma mais direta à questão dos golpes de Estado. Nesse terreno, Constant operou uma guinada no pensamento político de seu tempo, que marcou para sempre as reflexões sobre o tema. Embora as ideias principais estejam disseminadas em muitos de seus textos, há uma grande coerência com relação aos princípios políticos que defendia. No tocante ao tema que me interessa aqui, o pensador provavelmente não se deu conta de imediato de que estava colocando uma nova camada de significado sobre um conceito ao qual dedicou algumas páginas, mas que nunca esteve no centro de suas preocupações e de seu léxico político. Durante toda sua vida, para ele, o conceito central foi o de Constituição.[24] Nesse terreno, ele fora marcado pelo surgimento do constitucionalismo americano, que o influenciou durante toda a vida. O futuro mostraria que suas reflexões sobre os golpes de Estado haviam ultrapassado em muito o escopo de suas intenções iniciais.

Constant não se preocupou em definir golpes de Estado a partir de autores como Naudé. O que lhe interessava era o fato de que as pessoas, em todos os tempos, são fascinadas pelo que ele chamava de ações "de uma rapidez extrajudicial", verdadeiros

---

[23] J. Jennings, "Constant's Idea of Modern Liberty", p. 72.
[24] Sobre esse problema ver: T. Todorov, *Benjamin Contant, la passion démocratique*. Sou devedor de trabalhos essenciais sobre o autor na literatura brasileira: Luís Falcão, "Benjamin Constant: os princípios e as repúblicas", p. 190-221. Luís Falcão, "Benjamin Constant and the Combination of the Freedom of the Ancients with that of the Moderns", p. 1-28.

"atentados políticos".[25] Nessa categoria, ele colocava os golpes de Estado do século XVII, perpetrados pela monarquia absoluta, mas também ações do passado, que recorriam à violência para pretensamente salvar o Estado. Até mesmo a punição que Cícero impôs aos partidários de Catilina entravam nesse rol de ações que desconhecem todos os direitos e derrubam a constituição.[26] "Fala-se bem frequentemente da utilidade dos golpes de Estado", diz ele, "e da rapidez que, não deixando tempo aos facciosos de se reconhecer, assegura a autoridade dos governos e a constituição dos impérios; mas não encontramos na história um só exemplo dos rigores ilegais que tenham produzido de maneira durável um efeito salutar."[27]

Constant não enxergava nessas ações outra coisa a não ser a violência destrutiva. Não há, segundo ele, aspectos positivos que acompanham golpes de Estado. Eles são uma maneira de intervir na cena pública que, longe de preservá-la, a expõe a todos os males. Talvez ele estivesse pensando em Napoleão, quando afirmava que: "os golpes de Estado, longe de serem reprovados como merecem, foram sempre descritos com respeito e complacência".[28] Mas o mais importante não era entrar em guerra contra um governante específico, que ele temia, mas afirmar um princípio que conservaria pelo resto da vida: o da superioridade das leis sobre qualquer ação que hoje chamaríamos de voluntarista.

De forma premonitória, Constant criticou os que, como veremos no próximo capítulo, acreditavam salvar a constituição recorrendo a medidas de exceção. "No curso de nossa revolução, nossos governos frequentemente pretenderam ter o direito de

---

25 B. Constant, *Principes de politique applicables a tous les gouvernements (version 1806-1810)*, livro VI, capítulo 1, p. 168.
26 Ibid., livro VI, capítulo 1, p. 169.
27 Ibid., livro I, capítulo 1, 171.
28 Ibid., livro VI, capítulo 1, p. 178.

violar a constituição para salvá-la", dizia ele.²⁹ Esse foi o caso de Napoleão, segundo o pensador; esse era o caso de todos os governantes, que não percebiam que "um governo constitucional cessa de direito de existir tão logo a constituição não existe mais e uma constituição não existe mais assim que ela é violada".³⁰ O que se conserva é o poder dos que agiram contra a constituição, que foi aniquilada pelos que supostamente a defendiam. Esses atos de pretenso salvamento do Estado não passam de golpes de destruição das instituições. Constant concluiu seu argumento quando, anos depois, retomou o problema da destruição das constituições pelos golpes de Estado. Para ele: "Se o perigo pode ser conjurado, não o seria jamais pela violência, pela supressão da justiça, mas sim aderindo escrupulosamente às leis estabelecidas, às formas tutelares, às garantias de preservação."³¹

O argumento do pensador é claro: nada resta de uma constituição que foi violada. Portanto, golpes de Estado não podem servir de desculpa para a destruição do aparato institucional. Ele não estava nesse momento interessado em voltar às considerações que fizera antes sobre o tema. Ele as menciona,³² fala da responsabilidade dos escritores medíocres, que, acreditando serem homens de Estado, se deixam levar pelo sonho de participar de grandes medidas e de golpes de Estado,³³ mas, mesmo sem reivindicar para si o mérito de uma inovação conceitual, neste texto, ele consolidou a ideia de que não há compatibilidade possível entre um golpe de Estado e uma Constituição.³⁴ Fica nítido, no movimento argumentativo de Constant, o aparecimento

29 Ibid., livre vi, capítulo 2, p. 180.
30 Ibid., livre vi, capítulo 2, p. 181.
31 B. Constant, "De la suspension et de la violation des Constitutions", p. 40-41.
32 Ibid., p. 41.
33 Ibid., p. 43.
34 Curiosamente, quando publica um livro em 1815 com partes inteiras dos textos anteriores, ele não mantém as reflexões sobre os golpes de Estado.

da nova camada de significado aposta ao termo golpe de Estado. Ela aponta para o fato de que golpes de Estado não são simples violação da lei, mas sim a destruição do edifício constitucional. A partir desse momento, raros serão os autores que deixarão de mencionar essa camada de significado quando forem falar do tema. Esse será um marco do pensamento liberal do século XIX, que vai se expandir por várias correntes de pensamento. Mesmo os que, como Carl Schmitt no século seguinte, defendem o emprego de medidas excepcionais para supostamente salvar o aparato constitucional, são obrigados a reconhecer que a Constituição é um referente maior da vida política moderna e contemporânea. Mas isso é matéria para o próximo capítulo. Voltemos a outros temas do autor.

Constant, na esteira de suas reflexões sobre os golpes de Estado, se preocupou com a tomada ilegal do poder, que ele chamou de usurpação em suas reflexões dos anos iniciais do século. O livro no qual ele desenvolve plenamente sua tese sobre este problema, no entanto, só foi publicado em janeiro de 1814, um pouco antes da abdicação de Napoleão. *De l'esprit de conquête et de l'usurpation* (Do espírito de conquista e da usurpação) é, como outros trabalhos do pensador liberal, recheado de contradições, mas também de voos de imaginação e criação conceitual.[35] A primeira parte é quase inteiramente dedicada aos problemas das guerras de conquista e de seus efeitos sobre os povos. Ele repete Locke, que havia isolado no interior de seu livro *Segundo tratado sobre o governo* o tema da conquista pela guerra dos debates sobre a política interna. Mas essa não era sua única referência, uma vez que a questão da usurpação podia ser encontrada em muitos autores afiliados ao pensamento liberal ao longo do século anterior. A segunda parte

B. Constant, *Principes de politiques applicables a tous les gouvernements représentatifs et particulièrement à la constitution actuelle de la France*.
35 B. Constant, "De l'esprit de conquête et de l'usurpation", p. 107-253.

do livro do pensador francês explora justamente o conceito de usurpação e suas implicações na modernidade. É ela que interessa aqui. Constant não pretende expor em detalhes seu pensamento a respeito dos diferentes regimes políticos, mas procura detalhar as diferenças entre um governante, qualquer que seja ele, que chega ao poder de forma legítima e os usurpadores. O critério usado pelo pensador liberal é sempre o da legitimidade e da ilegitimidade. "A usurpação", afirma, "é uma força que não é modificada ou moderada por nada. Ela é necessariamente marcada pela individualidade do usurpador e essa individualidade, pela oposição que existe entre ela e todos os interesses anteriores, está sempre num estado de desconfiança e hostilidade."[36] A usurpação, portanto, não é uma ação que diga respeito apenas a um regime em especial, mas sim aos meios empregados para se chegar ao poder. "Um monarca", diz ele, "chega nobremente ao trono, um usurpador o atinge através da lama e do sangue..."[37] Constant associa a usurpação a uma combinação de ilegitimidade e violência. Por isso, ela está mais próxima da conquista pela guerra, que examinara na primeira parte de seu escrito, do que de uma transição política ordinária.[38] Talvez de maneira inconsciente, ele se aproxima da abordagem de Maquiavel da questão da conquista, mas conscientemente está muito mais próximo de Locke e de sua análise das situações-limite que estudamos anteriormente. Para Constant, quando se trata de lutar contra outros povos pela posse de um território, numa guerra tradicional, os efeitos gerados pelas batalhas podem ser nefastos para uma nação, mas não estão necessariamente calcados em uma ação ilegal. Quando a violência é empregada para se chegar ao poder, ela se assemelha, em muitos aspectos, à conquista de um território, mas, para o pensador francês, não pode ser recoberta

---

36 Ibid., p. 165.
37 Ibid., p. 166.
38 Ibid., p. 168.

pelo manto da legalidade e degenera sempre em despotismo. Interessa notar que, por essa via sinuosa, Constant acabou aproximando usurpação e conquista, sem, no entanto, conferir-lhe a naturalidade que via nela Maquiavel. A conquista interna do poder, por vias ilegais ou ilegítimas, será sempre um mal para ele, assim como era para Locke. Em que pese, no entanto, a proximidade entre os dois pensadores, não podemos deixar de lado o que os separa. Para ambos, revolução e constituição são operadores conceituais centrais. Ocorre que os dois conceitos haviam mudado de sentido e ampliado seu alcance teórico com o passar do tempo. Constant se inscreve na tradição liberal de maneira decisiva, ao mesmo tempo que a modifica incorporando em suas reflexões suas vivências no seio de uma revolução que havia mudado a face da modernidade. Herdeiro dos liberais do século anterior, ele soube compreender o caráter transformador dos eventos que estavam mudando a cena política europeia.

Dessa vez, o pensador certamente pensava em Napoleão quando escrevia seu texto. Numa nota, ele chega a falar da "usurpação de Saint-Cloud".[39] Apesar de a obra ter sido percebida inicialmente como uma crítica ao Imperador, Constant acabou acrescentando alguns adendos que temperavam suas posições iniciais. Isso provavelmente se deveu ao fato de que Constant aceitou redigir uma nova constituição de caráter liberal para a França no período conhecido como o do "governo dos Cem Dias", quando Napoleão fugiu da prisão e marchou para Paris comandando uma tropa que deveria tê-lo detido por ocasião de seu desembarque na França. Seja como for, a usurpação era para Constant um mal maior, que maculava todas as ações levadas a cabo em seu nome na esfera pública. Fazendo um balanço dos anos de Napoleão à frente da França, ele dizia: "Eu acredito, devo confessar, que é mais importante mostrar que os

---

39 P. Gueniffey, *Les Dix-huit Brumaire*, p. 425.

males que Bonaparte infringiu à França vieram do fato de que seu poder degenerou em usurpação."[40] A usurpação de um trono, mesmo quando anteriormente tinha havido abuso por parte do monarca, só podia resultar em despotismo e, por isso, não podia gestar uma forma duradoura de poder, um regime estável.[41]

Constant forjou uma nova linguagem para tratar o problema dos golpes de Estado. Em primeiro lugar, ele retomou, como vimos, a associação dos golpes com as ações de conquista. Que ele tenha chamado o ato de conquistar o poder por vias tortas de usurpação não muda em nada o sentido de seu argumento. Em segundo lugar, ele passou a ver esse tipo de ação na esfera pública como algo ilegal e ilegítimo, que nada tinha a ver com as formas de sucessão aceitas em vários tipos de regime. Um terceiro ponto que liga os dois conceitos é o fato de que ele associa esse tipo de intervenção à violência e até mesmo ao despotismo. Talvez por isso ele tenha procurado amenizar as críticas a Napoleão num momento em que, de forma ingênua, acreditou que poderia se servir do poder e carisma do imperador para implementar suas ideias sobre como deveria se estruturar um regime republicano naquelas circunstâncias. Esse projeto não deu em nada. Mas até o fim de sua vida, em 1830, Constant participou ativamente da vida política se envolvendo num sem-número de polêmicas e debates. Pouco tempo depois do fim do período napoleônico, em 1815, ele voltou ao tema da usurpação, dessa vez nomeando explicitamente a questão dos golpes de Estado. Nesse momento, o manto semântico da Revolução já havia arrefecido seus efeitos sobre a linguagem da política e o velho conceito podia ressurgir, agora com um novo significado.[42]

---

40 B. Constant, op. cit., p. 261.
41 Ibid., p. 236.
42 H. Rosenblatt, *Liberal values. Benjamin Constant and the politics of religion*, 2008.

Anos depois, seu pensamento continuava a ressoar na Europa. Em 1843, um obscuro escritor à cata de notoriedade publicou um livro com um título sugestivo: *Des réactions politiques et des coups d'État* (Das reações políticas e dos golpes de Estado).[43] Na primeira parte, referente às reações políticas, o autor se limita a reproduzir um texto de Constant publicado quase cinquenta anos antes. Já na introdução, no entanto, M. de Hoffmanns ataca Naudé, como se seu pensamento ainda fosse nocivo em pleno século XIX, por sugerir que um golpe de Estado pode ser positivo para os habitantes de um país. É nessas águas que ele os define, seguindo diretamente Étienne Aignan, como "a quebra, pela violência, de uma resistência ou de um obstáculo que é presumido perigoso, embora seja legal".[44] Bem à moda do pensador liberal francês, ele admite que uma monarquia absoluta, ou mesmo uma tirania, podem ser palco de ações violentas e extraordinárias, sem perder sua funcionalidade. Num regime constitucional, que o autor chama de governo misto, os golpes de Estado não têm razão de ser e ameaçam a existência do Estado. "*É raro*, conclui, senão impossível que um golpe de Estado funde uma ordem de coisas sólida e durável."[45]

Poucos anos depois da divulgação dos escritos de Constant, a terceira camada de significado, que excluía dos regimes constitucionais os golpes de Estado, já se transformara num lugar comum da linguagem política. Essa maneira de ver os momentos extremos da vida pública teve um papel importante nos anos seguintes nos debates e polêmicas que povoaram a vida das nações europeias.

---

43 M. de Hoffmanns, *Des réactions politiques et des coups d'État: précédés d'un coup d'oeil rétrospectif sur quelques hommes célèbres du XVIIIe siècle considérés comme écrivains politiques*.
44 Ibid., p. 80.
45 Ibid., p. 89.

Só se fala de golpe de Estado

No ano da morte de Benjamin Constant, 1830, várias publicações, na maior parte panfletos de autores pouco conhecidos, inundaram o mercado de livros da França tendo como tema principal os golpes de Estado. Com o passar do tempo, os escritores não acreditavam ser necessário explicar para o leitor o que era um golpe de Estado, ainda que seu significado tivesse mudado muito nos anos que se seguiram à Revolução. Tudo se passava como se a antiguidade do conceito eximisse os polemistas e jornalistas de aprofundar o exame de seus significados. A partir desse momento, estava claro que a ideia de revolução iria conviver por muito tempo com a de golpe de Estado e que, por vezes, seriam confundidas. Quando se queria, por exemplo, atacar a Revolução, uma estratégia era amalgamá-la com os atos violentos de tomada do poder, negando-lhe o caráter criativo e renovador das formas políticas. A relativa liberdade com a qual se lançava mão dos conceitos se explica pelo fato de que a profunda transformação da linguagem política operada pelos eventos revolucionários, sobre a qual falamos no capítulo anterior, tinha completado seu processo de amadurecimento e havia criado novas referências para se falar do mundo político. Inicialmente, golpe de Estado não era um operador central dessa nova linguagem, mas, como vimos, os acontecimentos do período napoleônico e os escritos de pensadores como Benjamin Constant haviam terminado por introduzir o termo nas discussões políticas ao lado de conceitos como o de Constituição, representação e outros. Cada um dos termos havia seguido uma trajetória diferente, mas todos sinalizavam o fato de que um novo vocabulário passara a ser empregado na arena pública em toda sua extensão.

Para entender o contexto do surgimento das várias brochuras nas quais figurava a noção de golpe de Estado, é preciso voltar ao ano de 1830. Entre os dias 27 e 29 de julho, um levante popular conhecido como os "três dias gloriosos" pôs fim ao reinado de Carlos

x. O rei havia tentado reviver o absolutismo em sua face mais radical. Entre outras medidas, tentou dissolver o parlamento, que fora dominado pela oposição em duas eleições sucessivas. Apesar de seu ímpeto de controle da cena política, o monarca acabou sendo obrigado a renunciar depois dos acontecimentos daqueles dias. Dessa vez, no entanto, a monarquia constitucional resistiu com a subida ao trono de Luís Filipe, duque de Orléans, que iria permanecer até a revolução republicana de 1848.

François Guizot (1787-1874), que teve um papel central no reinado de Luís Filipe, legou-nos uma saborosa descrição dos acontecimentos de julho em suas *Mémoires pour servir à l'histoire de mon temps* (Memórias para servir à história de meu tempo).[46] Ele fazia parte dos pensadores liberais, que por meio de suas obras e de sua ação política tentavam implantar na França os valores e as instituições que viam realizados na Inglaterra.[47] Na esteira de Benjamin Constant, Guizot buscou contribuir para a construção de um regime representativo, que colocasse um fim à Revolução, fazendo prevalecer a noção de soberania da razão. Por meio dela, ele se contrapunha tanto ao direito divino quanto à ideia de soberania popular, tal como fora formulada por Rousseau. Antes do período durante o qual foi uma personagem política importante e que durou até 1848, ele já havia participado de várias polêmicas públicas, o que lhe valera uma série de aborrecimentos. Talvez por isso, ele viu com muito bons olhos a abdicação de Carlos x. De maneira geral, Guizot tinha uma posição política moderada, que o levava a se contrapor tanto aos partidários da volta ao Antigo Regime quanto aos que desejavam seguir em frente com uma revolução permanente.[48] Para

---

46 F. Guizot, *Mémoires pour servir à l'histoire de mon temps.*
47 Ver a esse respeito: C. Lefort, "Guizot: le libéralisme polemique", p. 113-140.
48 Para um estudo amplo do pensamento de Guizot, ver: P. Rosanvallon, *Le moment Guizot.*

ele, desde o fim do século anterior, bastava explodir uma revolta em um lugar qualquer do país que rapidamente tudo se inflamava e o edifício legal era posto à prova imediatamente.[49] Foi isso que assustou o deputado recém-eleito, quando retornou a Paris no dia 27 de julho. A cidade estava tomada por uma grande confusão da qual participavam desde deputados, que tentavam interferir no rumo dos acontecimentos, até os Guardas Nacionais, que haviam se unido aos protestos populares. Para Guizot não havia dúvida de que a aspiração profunda dos que se propunham a defender os deputados reunidos na casa do parlamentar Aufry-Puyraveau era a de desencadear uma nova revolução. Ele se encontrava na curiosa posição de desejar a transformação do regime vigente ao mesmo tempo em que queria evitar um novo movimento das forças revolucionárias.[50]

Monarquista convicto, mas contra o absolutismo; admirador da república e de seus valores, mas não a ponto de desejá-la para a França, Guizot não hesitou, como muitos de seus contemporâneos, em chamar de revolução os acontecimentos que acabaram modificando a Constituição e colocando os Orléans no lugar dos Bourbon no trono da França. Sua posição era ambígua, pois ele definia de forma muito crítica os sentimentos dos revolucionários. Para ele: "O gosto e o pecado revolucionários, por excelência, é o gosto e o pecado da destruição, para se dar em seguida o orgulhoso prazer da criação."[51] Naquele ano, muitos desejavam uma nova revolução, para implantar uma república popular, que fora derrotada em suas pretensões nos últimos anos. Mas a potência do movimento se esgotou rapidamente, dando lugar a um regime que duraria por quase duas décadas. Durante o tempo em que existiu, Luís Filipe implantou uma monarquia liberal, que

---

49 F. Guizot, *Mémoires pour servir à l'histoire de mon temps*.
50 Ibid., p. 6-10.
51 Ibid., p. 21.

colocou em prática muitas políticas associadas à experiência da monarquia inglesa da qual era um grande admirador. Esse programa de governo contentou atores como o deputado, que rapidamente foi convertido em ministro do Interior, mas deixou muitos insatisfeitos. Anos depois isso ficaria bem claro.

Não vou acompanhar em detalhes o desenvolvimento das ideias do pensador liberal nem suas considerações sobre sua longa experiência na vida pública da época. Suas *Mémoires* (Memórias) abrem uma janela para a língua política falada por seu tempo, o que permite aquilatar a importância que os novos vocábulos políticos haviam adquirido com o passar dos anos depois dos eventos de 1789. Diante da irrupção das forças populares com suas reivindicações por maior participação na vida pública, não havia como evitar o uso do termo revolução. No caso de Guizot, ele mais teme do que admira o movimento que finalmente o guindou ao poder. E, no entanto, ele o chama pelo nome que não gostaria de ver plenamente realizado: revolução. Ao mesmo tempo, os participantes da cena política se acostumaram a usar a nova linguagem, servindo-se dela tanto para precisar a natureza dos acontecimentos quanto como arma retórica, para combater os adversários. Nesse momento, golpe de Estado já passara a fazer parte das falas as mais corriqueiras das disputas políticas. O termo incorporou o sentido negativo, que aos poucos se colara a ele, enquanto ainda ressoavam as camadas de sentido que lhe haviam sido incorporadas com o tempo. A Revolução, como uma modalidade de mudança do poder, passara a conviver com um incômodo rival, que nada tinha de glorioso, mas que nem por isso deixava de ajudar a entender e a intervir na vida política.

Essa aproximação e repulsa entre os dois termos estava presente na cabeça de muitos participantes da cena política na primeira metade do século. Encontramos um bom exemplo desse estado de coisas num panfleto publicado um pouco antes da queda do rei Carlos x.[52] O autor, que se nomeia simplesmente como "um filho da Revolução", comenta a revolta da Câmara dos Deputados, que acabou sendo dissolvida por conta de sua oposição ao ministério nomeado pelo rei. A presença de Polignac, um monarquista absolutista à frente do governo, era um dos pontos mais fortes da discórdia e da disputa com o monarca. O texto foi escrito tendo em mente a nova composição da Câmara da qual faziam parte Guizot e seu amigo Benjamin Constant.

O panfleto toma o partido de Carlos x e o defende contra as ações dos deputados, que queriam a demissão dos ministros. O autor temia que essas ações pudessem colocar em risco a estabilidade do regime, o que de fato acabou ocorrendo poucos meses depois de ter sido publicado. Deixando de lado a análise da posição política defendida pelo autor, que se esconde por trás da pretensa afiliação à Revolução, ele expõe o uso que era dado ao conceito de golpe de Estado naquele momento. No texto, as camadas de significado sobre as quais tenho insistido se desvelam em toda sua extensão.

A primeira vez em que o termo é usado se refere aos atos do ministro Polignac. Sem defender suas políticas, chamadas de contrarrevolucionárias, o autor afirma que o ministro agia dentro da legalidade, pois, do contrário, poderia ter se aproveitado da situação da nação para aplicar um golpe de Estado.[53] Nesse ponto, o conceito é usado no sentido próximo do que prevalecera até a Revolução. Tratava-se de um golpe de força praticado pelo governante, para preservar o poder e evitar que fosse transferido a outros grupos. O elemento principal, se Polignac tivesse recorrido

---

52 *Au roi et à la nation, sur la crise actuelle et le coup d'État tenté involontairement par la dernière chambre des députés, ou de la distinction établie par la charte entre le pouvoir absolu et le pouvoir réel ou relatif du roi et des chambres.*

53 Ibid., p. 24.

ao golpe de Estado, teria sido, como na época de Richelieu, o do emprego da força para a conservação da posição de mando.

O autor, no entanto, sublinha que o ministro não tentou nem expandir seu poder nem anular diretamente aquele da Câmara de Deputados. Por isso, abdicou de usar recursos extremos para se manter. Invertendo seu olhar, o escritor passa a analisar as ações dos deputados. A Câmara, que acabou deposta, "fez involuntariamente um golpe de Estado, quando declarou ao rei, antes de ter julgado os ministros por seus atos, que não podia apoiar o ministério".[54] Dirigindo-se aos novos deputados, o "filho da Revolução" os conclama a não se opor ao ministério, pois, nesse caso, "ela faria voluntariamente um golpe de Estado, pois necessitaria, em todo conhecimento de causa, de usar de medidas de exceção bem mais graves do que a dissolução".[55] Surge aqui a ideia de golpe de Estado como conquista violenta do poder e não apenas sua conservação. Nessa situação, segundo o autor, seus perpetradores são obrigados a lançar mão de meios de exceção, uma vez que abandonaram o curso normal da vida política.

Nesse ponto do texto, a camada de significado que Constant havia revelado se apresenta com toda nitidez. Ao criticar a possibilidade de que os deputados talvez se recusassem a aceitar o ministério nomeado pelo rei, o autor define um golpe de Estado em termos que lembram o constitucionalista. Para o panfletista: "na França entendemos por golpe de Estado as determinações e medidas políticas que saem da ordem legal ou da Constituição."[56] Continuando a falar na linguagem de seu tempo, ele conclui que, se os deputados conseguissem seus intentos, o país se veria envolto em uma nova revolução.[57] No lugar de insistir na diferença

---

54 Ibid., p. 25.
55 Idem.
56 Ibid., p. 27.
57 Ibid., p. 28.

dos dois conceitos, talvez pela ausência de uma ideia clara do que era uma revolução, o autor acabou opondo os dois conceitos, pois, para ele, o rei defendia o legado da Revolução, alinhando-os, entretanto, numa sequência temporal que julgava inexorável. Na sua lógica, ao golpe de Estado dos deputados se seguiria necessariamente uma revolução.[58]

Poucas semanas depois, Carlos x partiu para o exílio e o parlamento instituiu um novo poder monárquico. Alguns deputados, como Guizot, haviam temido uma nova onda de transformações revolucionárias e ficaram contentes quando o movimento, que haviam qualificado de revolução, perdeu fôlego. Na língua política falada pelo autor do panfleto, no entanto, o que havia acontecido fora um golpe de Estado parlamentar. As ações perpetradas eram, ao mesmo tempo, ilegais, pois segundo ele feriam a Constituição, e revolucionárias, uma vez que reabriam o campo da criação de novas leis. Mesmo sem muita precisão teórica, o texto aponta para o que aludi na Introdução, a saber: que o conceito de golpe de Estado foi sendo transformado ao longo do tempo sem necessariamente se despir de suas antigas roupagens. Se o ministro Polignac tivesse se servido dele, teria feito um uso clássico de um instrumento de conservação do poder conquistado. Derrotado pelas forças populares e por membros do legislativo, sofreu um golpe de Estado, que foi de fato a conquista do poder por novos atores políticos. Olhando para os dias atuais, fica claro que a tomada do poder pelo parlamento, ao arrepio das leis constitucionais, ou com sua deformação explícita, faz parte da história do conceito e não é uma invenção recente de nossas frágeis democracias latino-americanas.

No mesmo ano, Joseph-Hippolyte de Santo-Domingo (1785-1832) publicou um pequeno escrito no qual acusava os padres e toda a hierarquia católica de estar na origem dos males que

---

58 Ibid., p. 29.

haviam atormentado a França depois da Restauração e que ainda pesavam sobre a cabeça dos franceses.[59] Usando do tom dos revolucionários do século anterior, que reclamavam a adoção do código civil do clero, o autor não hesita em acusar os padres e toda a hierarquia católica de espoliar a França e fazer do rei um refém de crenças e ritos aos quais, segundo ele, poucos franceses aderiam de coração.[60]

O texto foi escrito depois que Carlos x já havia deixado o país e que o clero tinha aderido ao novo poder, como sempre fizera até então, quando se tratava de defender seus interesses mais imediatos. Antes, no entanto, do que Santo-Domingo qualificava de jornadas gloriosas da Revolução de 1830,[61] os clérigos haviam tentado um duplo golpe de Estado. O primeiro foi levado a cabo quando, sob a influência direta da Igreja católica romana, a Câmara dos Pares, espécie de Câmara hereditária, que seria extinta depois da queda do rei, aprovou uma lei que permitia punir os atos que fossem considerados um sacrilégio. Como afirma o autor do panfleto: "Todos os espíritos esclarecidos julgaram essa lei um golpe de Estado audaciosamente atentatório à liberdade civil e religiosa."[62] A esse golpe bem-sucedido deveria ter se seguido outro, efetuado pelo rei contra o parlamento e o povo francês. "O arcebispo de Paris, mais circunspecto, cobriu com um mel apostólico seus conselhos sanguinários. Ele encorajou, em nome do céu, Carlos x a perjurar e tentar um golpe de Estado."[63]

Chama a atenção o fato de que Santo-Domingo faz um uso ambíguo do termo golpe de Estado. Num primeiro momento,

---

59 J.H. de Santo-Domingo, *Les Prêtres instigateurs du coup d'État, ce qu'ils ont fait, ce qu'ils auraient fait, ce qu'ils peuvent faire*.
60 Ibid., p. 33. "La vérité est que l'immense majorité des Français ne professe point le catholicisme."
61 Ibid., p. 32.
62 Ibid., p. 19.
63 Ibid., p. 22.

sou tentado a pensar que ele apenas retoma o sentido do conceito tal como Naudé o definira, ou seja, um ato de força visando a conservação do poder. Carlos X, sendo rei, só poderia dar um golpe de Estado para se manter no poder, não para conquistá-lo. Mas, para o autor, o caso analisado era um pouco diferente. O foco dos ataques do autor era a Igreja católica que, por intermédio do rei, tentara um golpe de conquista do poder. Em suas palavras estão presentes todas as etapas de um golpe de Estado em toda sua complexidade: a conquista e a exigência de manutenção do poder. Essa dinâmica de interferência direta na cena política estava calcada num universo teórico e linguístico diferente daquele do século XVII. Numa primeira camada de significado estava o conceito de revolução, que alterou o significado dos golpes de Estado. Numa segunda camada, a presença da noção de Constituição fazia com que o ato de tentar conservar o poder por meio de um golpe de Estado, intentado pelo rei sob instigação do clero, tinha um sentido negativo e ilegítimo. Para Santo-Domingo, os padres católicos teriam praticado todos os crimes possíveis contra seus adversários religiosos, mas também contra o povo francês. Depois de ter listado todos os atos que o clero teria cometido, ele concluiu: "Eis o quadro incompleto das misérias e infelicidades que nos reservaria o absolutismo sacerdotal se seu golpe de Estado tivesse prosperado."[64]

Na terceira década do século XIX, na França, a Revolução ganhou a incômoda companhia dos golpes de Estado. Era impossível falar de um termo sem imediatamente evocar o outro. Isso mostra que os dois termos tiveram seu significado modificado pelo tempo, mas também pela presença do outro no interior da linguagem política e teórica corrente. Jornalistas, polemistas, panfletistas e escritores se deram conta dessa nova polaridade e a exploraram segundo seus desígnios. Mesmo em textos de

64 Ibid., p. 31.

pouca circulação e impacto como os de Jean-Baptiste Mesnard, de quem foram conservados poucos escritos e quase nenhuma informação sobre sua vida, ressoava a nova polaridade. Sob o título pomposo de *O golpe de Estado e a Revolução*, o escritor pretendeu mostrar que a aristocracia, no século anterior, havia tentado deter a marcha inexorável do tempo por meio de um golpe de Estado.[65] Mas esse intento fracassou, pois a Revolução já se apresentara no horizonte e não podia mais ser detida. Para Mesnard, o mesmo acontecera em 1830. Os ministros conspiravam, mas nada podia deter a vontade popular. Mais uma vez, a aristocracia havia jogado o rei numa armadilha e o "povo saberia encontrar um novo Mirabeau".[66]

1830-1848: de uma revolução a outra

Após a revolução abortada, que colocou para fora os Bourbon, a França viveu por quase duas décadas sob um regime monárquico fortemente marcado pelo pensamento liberal, em especial pela figura emblemática de Guizot. De um certo ponto de vista, foi um período de estabilidade durante o qual a oposição republicana inquietava um pouco o poder sem realmente ameaçar sua existência. A vida parlamentar era a imagem dessa situação de equilíbrio com disputas retóricas, que pouco afetavam o cotidiano do país. Embaixo dessa superfície calma, no entanto, atores políticos descontentes com o rumo das coisas procuravam encontrar uma maneira de balançar o equilíbrio, que mantinha o poder monárquico, para fazer valer seus ideais republicanos

---

[65] J.B. Mesnard, *Le coup d'État et la Révolution*, p. 12 – "elle conseille elle osa conseiller au prince de tenter des coups d'état pour rétablir son pouvoir absolu."
[66] Ibid., p. 15.

e socialistas. De fato, se olharmos para a Europa no período que se seguiu à queda de Napoleão em 1815, veremos um continente atravessado por movimentos revolucionários que, mesmo quando não eram bem-sucedidos, abalavam as estruturas tradicionais de poder. Na França, o descontentamento com a política da monarquia de Luís Filipe fez nascer uma série de sociedades secretas, que almejavam derrubar o rei e instalar um novo regime de liberdades.

Nesse período, começou a brilhar a figura radical de Auguste Blanqui (1805-1881), que teve um papel importante nas lutas sociais e políticas ao longo de quase todo o século XIX. No curso dos anos 1830, ele se envolveu diretamente em pelo menos duas tentativas de derrubar o governo. Em 1836, junto com Armand Barbès (1809-1870), Blanqui criou uma sociedade secreta – Sociedade das Famílias –, que acabou sendo descoberta, o que valeu aos dois amigos um ano de prisão.[67] Livres, eles se juntaram a uma nova sociedade secreta, *Saisons*, que no dia 12 de maio de 1839 passou à ação. Seus membros investiram contra a chefatura de polícia, construíram barricadas e ocuparam o Hôtel de Ville de Paris (prefeitura). Barbès leu uma proclamação na qual designava um novo governo, mas tudo acabou com a morte de 66 membros da sociedade secreta e a prisão dos líderes. Blanqui ficou preso até a Revolução de 1848.[68]

Com as lentes atuais, o movimento de tomada de poder levado a cabo pelos participantes da sociedade secreta se parece muito com um golpe de Estado. O objetivo imediato era a conquista do poder. Houve uma fase secreta de preparação e a escolha de alvos prioritários, que deveriam abrir as portas para a instalação de um novo governo. Antes, no entanto, de concluirmos que, de fato, o que as sociedades secretas queriam era

---

67 S. Berstein e M. Winock, *L'Invention de la Démocratie. 1789-1914*, p. 131.
68 Ibid., p. 132.

aplicar um golpe de Estado e tomar o poder, vale a pena voltar nosso olhar não apenas para o universo semântico criado pelo fato revolucionário, mas também para a nova configuração do campo da ação política, que surgiu naquele século. Como vimos, os golpes de Estado estavam na cabeça e na boca de muitos, mas nem toda tentativa de tomada do poder era compreendida por meio do conceito que estou investigando. No contexto da época, a revolução havia alterado profundamente o território da política e feito surgir novas maneiras de pensar as muitas formas de intervenção na cena pública, que passaram a povoar as sociedades em meio a intensas transformações. Uma dessas formas era o que Blanqui estava buscando, quando montava suas barricadas pelas ruas de Paris: uma insurreição.

A insurreição fracassou, mas seus líderes nunca mudaram de ideia. Tratava-se de atacar o poder para lançar o país no caminho de um novo tempo e, para isso, era preciso derrubar a todo custo as velhas estruturas. Aos olhos de revolucionários como Blanqui isso nada tinha a ver com os golpes de Estado, que haviam se multiplicado depois da fase gloriosa da Revolução. Mesmo no processo judicial, que se seguiu aos acontecimentos dos dias 12 e 13 de maio de 1839 e que valeu longos anos de prisão para os principais inculpados, a expressão golpe de Estado não foi usada.[69] A violência das ações, a determinação dos autores das ações visando derrubar o governo estabelecido e a falta de respeito pelas leis convenceram os juízes de que se tratava de um ato conduzido por atores radicais. Nessa época, esse tipo de ação não era chamado de golpe de Estado.

Blanqui também não aceitaria ver suas ações postas ao lado daquelas perpetradas pelos que eram então chamados de usurpadores. Para ele, o que ele tentara fora um ato de soberania popular, uma maneira de forçar a história em direção às conquistas

---

69 Cours de Paris, *Affaire des 12 et 13 mai 1839*. Rapport par M. Mérilhou.

que viriam inevitavelmente com a radicalização da Revolução. Ele foi uma das figuras centrais do que Pierre Rosanvallon chamou de "cultura da insurreição". Para o estudioso: "Para alguns a insurreição não é somente uma desordem imposta pela tirania ou pela privação dos direitos. Ela é de um lado uma forma política e social, plenamente positiva nela mesma, e uma postura moral, que cumpre o imperativo moderno da autonomia."[70] Blanqui não apenas tentou tomar o poder por meio de uma insurreição, mas passou a vida teorizando sobre esse tipo de ação.

Nessa "cultura" as barricadas ocupavam um lugar essencial. Elas materializavam uma maneira de compreender a dinâmica das forças sociais e políticas em direção à superação das injustiças.[71] "A política, nesse caso, é diretamente uma força de vida e uma potência criativa, que abole em seu princípio a distância mortal entre as intenções e a realidade",[72] afirma Rosanvallon. Por isso, ao longo da vida, Blanqui se interessou pelo que foi caracterizada como "uma verdadeira filosofia política da insurreição",[73] mas também pelos aspectos práticos da organização de uma ação nas ruas das cidades nas quais o poder estava concentrado. Sua atenção foi, desde cedo, dirigida às considerações políticas da natureza da revolução e pelos caminhos práticos para alcançar seus fins. Nesse percurso, as reflexões de Philippe Buonarroti (1761-1837) tiveram um impacto decisivo em sua trajetória. Buonarroti participou da conspiração de 1796, à qual já fizemos referência, ao lado de Babeuf. Embora essa tentativa de tomar o poder não tenha tido sucesso, ela serviu como objeto de inspiração para um livro que teve um papel importante no

---

70 P. Rosanvallon, *La démocratie inachevée: Histoire de la souveraineté du peuple en France*, p. 130-131.
71 Ibid., p. 131.
72 Ibid., p. 134.
73 Ibid., p. 132.

percurso das ideias socialistas na Europa. Em *Conspiration pour l'égalité dite de Babeuf* (Conspiração pela igualdade dita de Babeuf), o autor dá livre curso às suas ideias e constrói uma reflexão que aborda temas essenciais da época: a coletivização da propriedade, os caminhos para a construção de uma igualdade radical entre os membros de uma sociedade, a necessidade de seguir os passos iniciais da Revolução Francesa em direção a um futuro radiante.[74] Ao lado desse tipo de considerações, ele detalha os passos dos conspiradores e as providências que tomaram para tentar derrubar o poder. Buonarroti chama a atenção para os aspectos essenciais do comunismo igualitário de Babeuf ao mesmo tempo que descreve a constituição de um comitê secreto da conspiração.[75] Esse comitê designou doze "agentes revolucionários" para agir em diversos locais de Paris em conjunto com o que chamou de "agentes militares".[76] Aos poucos, segundo o autor, as condições objetivas para passar à ação foram preenchidas e o comitê secreto, a partir da análise das observações de diversos colaboradores, decidiu que estava na hora de passar da fase da conspiração para a fase da insurreição.[77]

Como sabemos, a conspiração fracassou, como fracassaram depois as tentativas de tomar o poder levadas a cabo por Blanqui. Trezentos anos antes, como vimos no primeiro capítulo, Maquiavel já mostrara que o caminho dos conspiradores é longo e difícil e que mesmo a mais rígida preparação encontra obstáculos que não foram previstos. Atores como Blanqui, Barbés, Buonarroti, Babeuf e tantos outros não estavam interessados nas análises rigorosas do pensador florentino. Para eles, o horizonte era o da revolução, que traria mudanças profundas para toda a humanidade e faria

---

74 PH. Buonarroti, *Conspiration pour l'égalité dite de Babeuf*.
75 Ibid., p. 95.
76 Ibid., p. 102-104.
77 Ibid., p. 108.

esquecer o passado. No percurso desses revolucionários surgiu a ideia de que o fracasso de suas ações era devido, pelo menos em parte, à falta de preparação dos atores envolvidos nas conspirações. Buonarroti acabou influenciando muitos revolucionários de seu tempo com sua preocupação com a organização dos meios para levar a cabo uma ação de tomada do poder.

Blanqui foi um dos que foi tocado por suas ideias.[78] Nos longos anos que passou preso, que lhe valeram alcunha de "o encarcerado", ele meditou longamente sobre o tema. Num escrito de 1868, ele deu vazão às suas ideias sobre a preparação de uma insurreição. Em "Instructions for an Armed Uprising" (Instruções para uma tomada de armas),[79] Blanqui começa expondo sua vinculação com a causa revolucionária, que deve ser "benéfica aos trabalhadores, contra a tirania do capital e deve reconstituir a sociedade com base na justiça".[80] Depois desse início, que nada mais faz do que reafirmar as convicções expressas ao longo de sua vida, ele passa a examinar detalhadamente os aspectos práticos de uma insurreição. As revoluções de 1830 e 1848 fracassaram, segundo ele, porque foram mal preparadas, não seguiram os preceitos que ele ia enunciar.[81] O velho revolucionário indica desde o número de canhões necessários para assustar a população pelo barulho que fazem até o tipo de rifle que deve ser usado em uma insurreição.[82] Blanqui organiza os batalhões,[83] ensina como treiná-los,[84] e até como devem se movimentar numa cidade como Paris.[85] Fiel à celebração das barricadas como instrumento

---

78 P. Rosanvallon, op. cit., p. 148.
79 L.A. Blanqui, "Instructions for an Armed Uprising".
80 Ibid., p. 297.
81 Ibid., p. 298.
82 Ibid., p. 301.
83 Ibid., p. 306.
84 Ibid., p. 310.
85 Ibid., p. 316.

e símbolo da tomada do poder pelos trabalhadores, ele descreve em detalhes como construí-las e torná-las inexpugnáveis.[86]

A tentativa de dominar a técnica da insurreição teve uma longa vida. Ela esteve na cabeça de muitos revolucionários dos séculos seguintes, mas também interessou os que, como Malaparte, procuraram criar uma técnica para os golpes de Estado. Perdido o manto sagrado das revoluções, que fazia das insurreições o momento inaugural de uma grande transformação histórica, os movimentos de rua perderam o *glamour*, mas passaram a ser olhados com outros olhos pelos que se interessaram pela nova forma de fazer política que havia emergido no século XIX. As argutas análises de Maquiavel não detiveram o ânimo insurrecional de autores como os que citamos, mas chamaram a atenção de pensadores que apenas queriam pensar a realidade dos golpes de Estado. O par conceitual conspiração/insurreição se fixou como uma referência tanto para os que queriam compreender a dinâmica das revoluções quanto para os que se interessaram mais diretamente pela tomada do poder em todas as circunstâncias. Na verdade, no imaginário político da primeira década do século XIX, havia uma sequência de ações que correspondiam a uma ordenação conceitual que ajudava a compreender as turbulências da época. A tríade conspiração-insurreição-revolução fornecia um norte para os que, imersos nos acontecimentos, desejavam pensar o futuro imediato. Nesse universo semântico e conceitual, golpe de Estado corria paralelamente, como se não tivesse a mesma dignidade dos outros conceitos, mas os desafiava por quebrar a lógica dos que desejavam e dos que temiam as transformações políticas e sociais, que ameaçavam quase toda a Europa.

Olhando para a história francesa do período, temos razões para não identificar insurreição e golpe de Estado, apesar da

---

86 Ibid., p. 319-323.

existência de uma proximidade evidente entre as duas ações em alguns casos. Isso se deve ao fato de que, além das razões teóricas para não confundir os dois conceitos, havia também o fato de que, durante o período que separa a Revolução abortada de 1830 e os eventos revolucionários de 1848, um personagem tentou por duas vezes tomar o poder por meio do que só pode ser descrito como um golpe de Estado. Estou falando do futuro imperador Napoleão III. No mês de outubro de 1836, ele se lançou numa aventura em Estrasburgo. Na ocasião, tentou sublevar a guarnição local, para depois seguir para Paris. Sua ação foi um fiasco, que lhe custou o exílio. O intrépido príncipe não desistiu e, em 5 de agosto de 1840, fracassou mais uma vez em sua tentativa de aplicar um golpe de Estado. Dessa vez o lugar inicial era Boulogne-sur-Mer. Ele nem conseguiu sair da cidade, mas sua ação se pareceu muito com tentativas semelhantes que aconteceram nos quatro cantos do planeta no século seguinte.[87] Ninguém levou muito a sério suas desastradas aventuras a tal ponto que, quando ele se elegeu presidente anos depois (1848), poucos se preocuparam com os golpes de pacotilha intentados anos antes. Os golpes de Estado continuaram a conviver com seus "vizinhos". As conspirações, as usurpações, as insurreições, as revoluções forneciam as balizas dentro das quais evoluía a linguagem política. Nela cabiam também os golpes de Estado, que, sem obterem prestígio, iam aos poucos ocupando um lugar de destaque nas teorias políticas e no imaginário popular. Os anos seguintes iriam reservar uma amarga surpresa para os que se limitaram a sorrir com as trapalhadas de um príncipe que sabia encantar os franceses.

Vou continuar a falar da França, embora o ano de 1848 tenha sido especial para toda a Europa. A revolução estava nos ares do tempo. Eric Hobsbawm tem razão em ter caracterizado essas

---

87 S. Berstein e M. Winock, op. cit., p. 166-167.

décadas iniciais do século XIX como "A era das revoluções".[88] Em vários países pululavam eventos que faziam prever as grandes transformações às quais o continente parecia estar destinado. Marx e Engels fizeram parte dos que não apenas acompanharam o que acontecia em várias cidades, mas procuraram intervir, quando isso lhes pareceu possível nos limites de suas forças.[89] Anos depois, Marx foi um dos que souberam ver o alcance do golpe de Estado de Luís Napoleão. No começo de 1848, no entanto, o espectro que rondava Paris era o da revolução; ninguém falava de golpe de Estado.

Os acontecimentos que separam as ações revolucionárias de 1848 e o início de um novo Império já foram objeto de muitos estudos, mas vale a pena voltar a alguns eventos essenciais para compreender a dinâmica que porá fim a mais um momento de intenso desejo de transformação da cena política europeia. Nas décadas iniciais do século, vários países haviam passado por uma transformação radical da paisagem social e política. A irrupção da era industrial havia criado um proletariado urbano, que mudava o tom das reivindicações dos diversos grupos sociais, mas também a compreensão do que deveria ser uma sociedade justa. Utopia se misturava com o desenvolvimento de sistemas representativos, a reivindicação pelo sufrágio universal se fazia ao lado de demandas que diziam respeito ao mundo do trabalho. A literatura conhecia uma verdadeira explosão ao lado das outras artes, que pretendiam acompanhar as transformações profundas que mudavam a face das sociedades.[90]

Foi nesse contexto sulfuroso e por vezes subterrâneo, cujos efeitos nem sempre eram sentidos pelos atores políticos mais importantes, que no dia 22 de fevereiro se realizou em Paris um

---

88 E.J. Hobsbawm, *A era das revoluções: 1789-1848*, cap. v.
89 K. Marx e F. Engels, *O Partido de Classe*.
90 M. Gribaudi e M. Riot-Sarcey, *1848 la révolution oubliée*, p. 131-142.

"banquete" reunindo vários opositores do governo. Era mais um da série de encontros que, para fugir da proibição de reuniões públicas, desafiavam as autoridades por meio de um ato que parecia uma simples confraternização. Dessa vez as coisas deram errado. A multidão que acompanhava os participantes do banquete a partir da praça da Madeleine acabou se envolvendo em uma luta com as forças de repressão, da qual resultaram vinte mortes e a irrupção de uma insurreição generalizada.[91] No dia 24 de fevereiro, o rei tentou salvar seu poder demitindo Guizot, mas já era tarde demais.

O ano de 1848 foi um ano excepcional. Com a queda da monarquia, foi organizado um governo provisório, que pela primeira vez colocava no centro do poder membros oriundos dos movimentos socialistas. O princípio do sufrágio universal (masculino) se impôs como um marco fundamental da renovação do país; o povo em armas fez renascer o sonho da democracia direta, o republicanismo emergiu como norte para uma nova era.[92] A convocação para a eleição dos membros da Assembleia Constituinte, que finalmente deveria transformar a França numa república, foi um momento de alegria e confraternização, que não tardou, no entanto, em se transformar em apreensão e medo das classes dominantes. Ainda que seja difícil traçar um perfil completo das forças sociais e políticas em luta naquele momento, aos poucos foi ficando claro que havia na sociedade uma nova divisão de forças que opunha o campo liberal ao campo socialista. Para muitos deputados, tratava-se de frear o avanço das ideias socialistas nos bairros pobres de Paris e, ao mesmo tempo, impedir a reação dos monarquistas nas áreas rurais.[93] Difícil programa de ação!

---

91 M. Agulhon, *1848 ou l'apprentissage de la République*, 1848-1852, p. 38-39.
92 P. Rosanvallon, *Le sacre du citoyen: Histoire du suffrage universel en France*, p. 372-387.
93 M. Agulhon, op. cit., p. 56-66.

A Assembleia caminhava lentamente com seus trabalhos, quando no dia 15 de maio uma multidão invadiu o palácio Bourbon, onde os deputados se reuniam habitualmente. Supostamente, os manifestantes cobravam do governo provisório o apoio à Polônia oprimida pelos exércitos prussianos. Barbés tentou, junto com Blanqui, mais uma vez sublevar o povo de Paris, o que acabou não acontecendo.[94] Mas ficou um gosto amargo na boca de muitos habitantes pobres de Paris e da província, que não tardariam a produzir uma nova insurreição.

No dia 22 de junho, a Assembleia, que se sentia pressionada, decidiu fechar as Oficinas Nacionais, que forneciam a única possibilidade de obter alguma renda para milhares de desempregados. A decisão colocou fogo nas ruas de Paris. No lado leste da capital, a população mais pobre se insurgiu, montou barricadas em vários pontos da cidade e partiu para o combate. As lutas duraram de 23 a 25 de junho e resultaram na morte e prisão de milhares de pessoas. Como sintetizou o historiador Maurice Agulhon: "As jornadas de junho serão na nossa história, mais do que qualquer momento anterior ou posterior, uma batalha de classes em estado puro."[95] Paris foi tomada pelo medo. Esse estado de espírito acabou por contaminar as províncias, que enviaram tropas para apoiar o governo provisório. Os dias sangrentos ficaram na memória da cidade. Se no campo político se opunham socialistas, republicanos, monarquistas, liberais em suas muitas nuances, o tecido social e urbano ficou marcado pelas cenas que demonstraram que a fratura social viera para ficar e que a ilusão da concórdia surgida com a queda da monarquia em fevereiro já havia desaparecido.

Flaubert, que foi apenas um expectador dos acontecimentos de fevereiro,[96] deixou páginas extraordinárias sobre esse

---

94 M. Agulhon, *Les Quarante-huitards*, p. 140-149.
95 M. Agulhon, *1848 ou l'apprentissage de la République*, 1848-1852, p. 79.
96 M. Winock, *Flaubert*, cap. vii, p. 145-169.

período em seu romance *A educação sentimental*. Nele, alguns personagens andam por Paris nos dias dos combates. O que até hoje chama a atenção e ajuda a compreender o clima da cidade sublevada é a descrição daqueles dias fora do comum:

> A insurreição havia deixado naquele bairro traços formidáveis. O solo das ruas se encontrava, de um lado ao outro, cheio de lombadas. Sobre as barricadas em ruínas restavam viaturas públicas, canos de gás, rodas de charretes. Algumas poças negras em alguns lugares, deviam ser sangue. As casas estavam crivadas de balas e sua estrutura aparecia sob os restos de gesso. Gelosias presas por um prego pendiam como molambos. As escadas haviam despencado, as portas se abriam no vazio. Percebia-se o interior dos quartos com seus papéis de parede destruídos; algumas coisas delicadas haviam sido conservadas, algumas vezes.[97]

A Assembleia Constituinte e uma parte da população e dos atores políticos viu com alegria a derrota da insurreição. Ficou pairando no ar o medo com o aparecimento de forças, que antes estavam submersas num universo que não fazia parte da visão de mundo da classe política e da burguesia. No dia 4 de novembro foi aprovada a nova Constituição, que previa a eleição de um presidente da República pelo sufrágio universal. Para construir o texto constitucional, os deputados tinham por referência a tradição revolucionária francesa e a experiência da democracia americana. Ambas estavam presentes de diversas maneiras no corpo de leis. Nenhuma foi, no entanto, uma referência suficiente para frear o sonho de retorno ao passado, que começara a habitar a mente de muitos atores da cena política francesa.

Alexis de Tocqueville (1805-1859), membro moderado da oposição ao governo de Guizot, fazia parte do grupo vencedor

---

[97] G. Flaubert, *L'Éducation sentimentale*, p. 408.

de fevereiro de 1848 e foi um observador atento dos acontecimentos daquele ano. Há muito, ele ocupava um lugar no parlamento sem aderir às ideias socialistas, que circulavam a cada dia mais intensamente pela Europa, e sem deixar de criticar os rumos da monarquia, que julgava esclerosada. Em suas memórias do período, ele segue em detalhes o caminho dos que, como ele, desejavam ver a França aderir plenamente à modernidade democrática, sem sucumbir ao que considerava os excessos revolucionários. Observador e participante dos acontecimentos de seu tempo, ele dizia: "É perda de tempo procurar conspirações secretas que tenham produzido acontecimentos dessa espécie, pois as revoluções que se realizam pela emoção popular são em geral mais desejadas do que premeditadas. Aquele que se jacta de tê-las maquinado nada mais faz que delas tirar partido."[98] Como outros pensadores de seu tempo, Tocqueville acreditava que em períodos de transformações profundas da sociedade, é preciso manter o respeito pela Constituição, ou ao que havia sobrado dela.[99] Isso não o impedia de querer mudar as constituições. Muito pelo contrário. Depois dos acontecimentos que levaram à queda da monarquia, ele se dedicou de corpo e alma ao processo de escritura de uma nova Constituição.[100] O importante, para ele, era o respeito às leis, que serviam de obstáculos ao que considerava como aventuras perigosas nascidas do tumulto das insurreições. Depois das jornadas de julho, ele sentiu um grande medo de que uma sucessão de insurreições levasse a França a trilhar os terríveis caminhos que no passado haviam

---

98 A. Tocqueville, *Lettres choisies*, p. 773. Seguimos aqui a tradução de Modesto Florenzano em A. Tocqueville, *Lembranças de 1848: As jornadas revolucionárias em Paris*, p. 73.
99 Ibid., p. 782; p. 86.
100 A esse respeito ver: P. Manent, *Tocqueville et la nature de la démocratie*; F. Mélonio, *Tocqueville et les Français*.

conduzido ao Terror. De forma direta, ele afirmou: "Eu que detestava os montanheses e não apoiava a República, mas que adorava a liberdade, experimentei, desde o dia seguinte, ao fim das jornadas, grandes apreensões."[101]

Em seus textos, Tocqueville usa muitas vezes a tríade conceitual conspiração-insurreição-revolução, sem que tenha desenvolvido uma teoria específica para tratá-la no corpo de seus textos. Da mesma maneira, nunca escreveu uma teoria dos golpes de Estado, embora tenha se preocupado com eles, especialmente no período que separa a revolução de fevereiro de 1848 e o golpe de dezembro de 1851. Em suas *Memórias* não usou o termo, mas intuiu os caminhos que conduziram a ele. Quando apresentou Luís Napoleão, de quem foi ministro das Relações Exteriores entre 3 de junho e 29 de outubro de 1849, evitou cair na armadilha que capturou até mesmo políticos experientes como Adolphe Thiers (1797-1877), que acreditavam poder manipular o futuro imperador pela sua suposta mediocridade na condução dos negócios públicos. Tocqueville, ao contrário, achava muito difícil que, depois de sua presidência, Luís Napoleão aceitasse voltar para a vida privada. Sua ambição era grande demais para se contentar com as pequenas glórias de um mandato eletivo.[102] A usurpação do poder era um objetivo claro para o presidente, embora ele procurasse disfarçar sua vontade de todos os jeitos.

Depois da experiência como ministro, a saúde de Tocqueville se deteriorou, o que o afastou da vida pública que, no entanto, não abandonou inteiramente.[103] Foi nessa condição que o príncipe-presidente o convocou para uma conversa sobre a situação política. Os dois homens se conheciam pouco, nunca haviam sido próximos, mas havia um certo respeito mútuo, que

---

101 A. Tocqueville, *Lettres choisies*, p. 887; A. Tocqueville, *Souvenirs*, p. 220.
102 Ibid., p. 938; Ibid., p. 282.
103 A. Jardin, *Alexis de Tocqueville*, p. 426-455.

fazia com que pudessem discutir, sem barreiras intransponíveis, assuntos delicados. No dia 15 de maio de 1851, Tocqueville encontrou-se com o futuro imperador e, dessa vez, falou abertamente sobre a possibilidade de um golpe de Estado. Segundo ele, para permanecer no cargo, Luís Napoleão teria que romper com a Constituição e, para isso, existiam três caminhos: com o apoio da Assembleia, com o apoio do povo, ou por meios próprios.[104] Os primeiros caminhos, concordaram os interlocutores, não existiam mais. Restava, pois, o golpe de Estado. Dessa vez, o antigo ministro não podia evitar o termo, que aparentemente não usava com desenvoltura.[105] Esse podia ser levado a cabo de forma solitária ou conduzido com o apoio popular, solução que parecia ser a mais desejada pelo príncipe-presidente. Tocqueville saiu do encontro certo de que ele tentaria alguma coisa para permanecer no poder.

O que chama a atenção nas observações do autor é que ele fala de um golpe de Estado conduzido pelo povo. Normalmente os golpes de Estado eram levados a cabo por atores solitários ou por grupos políticos restritos. Com o acréscimo da nova camada de significado, que chamava a atenção justamente para o fato de que o referencial maior da vida política era a Constituição, passou a ser possível pensar que ela podia ser violada pelo elemento popular, para servir à conquista do poder por um ator particular do cenário político. Tocqueville não usou na ocasião o termo revolução, pois, embora tivesse assistido no curso de sua vida a vários eventos revolucionários, ele compreendeu que,

---

104 A. Tocqueville, *Lettres choisies*, p. 994; A. Tocqueville, *Souvenirs*, p. 350.
105 Depois dessa data, o termo aparece muito pouco em sua correspondência sem remeter a uma formulação mais elaborada do problema. Há uma ocorrência numa carta que endereçou a seu amigo Louis de Kergorlay, no dia 22 de julho de 1852, na qual faz menção ao golpe de Estado do 18 Brumário (*Oeuvres complètes* d'Alexis de *Tocqueville*, tomo v, p. 383).

naquele ano de 1851, o povo seria chamado para consagrar a tomada de poder por um único ator e não para intervir como ente coletivo na cena pública.

No dia 2 de dezembro seu medo se consumou. Junto com um grupo de deputados, ele protestou veementemente contra os atos de Luís Napoleão, o que lhe valeu uns dias de prisão.[106] Sua carreira política estava terminada. Ele nunca perdoou ou aceitou compor com o destruidor da representação nacional e das liberdades públicas. Na carta que escreveu para seu irmão Eduardo, ele dizia que não pretendia participar de nenhuma aventura, pois "não era mais criança e tinha experiência com os negócios. Eu sei", diz ele, "que o golpe foi dado, o crime perpetrado e que, no momento, só resta se submeter".[107] Sem perder a lucidez, em sua correspondência, ele fala do que o amargurava naquele momento fatídico. No plano dos sentimentos, ele sofreu com a adesão de amplos setores da sociedade ao golpe, que faziam com que ele "se sentisse estrangeiro em seu país". Do ponto de vista das explicações teóricas, ele se fixou em duas linhas principais, que se conectavam com o curso dos acontecimentos. Em uma carta na qual procurou explicar os acontecimentos a seus amigos de sua cidade natal, ele afirmou que o golpe de Estado (expressão da qual não se serve) estava contido na Revolução de fevereiro. "A partir do momento em que o socialismo apareceu, deveríamos ter previsto o reino do sabre", diz ele.[108] Como muitos dos escritores ligados à tradição de pensamento liberal, Tocqueville tinha pelas ideias socialistas uma verdadeira ojeriza. A ameaça de uma revolução de cunho popular o levava a recusar qualquer caminho que pudesse levar

---

106 A. Jardin, *Alexis de Tocqueville*, p. 436.
107 A. Tocqueville, *Lettres choisies. Souvenirs*. p. 728.
108 A. Tocqueville. "Lettre à Jean-Bernadin Rouxel". Paris, le 14 décembre 1851, Ibid., p. 741.

à quebra da institucionalidade. Ao mesmo tempo, como ficou claro num artigo que enviou ao jornal *Times* de Londres, ele não acreditava que o golpe podia ser legitimado por um pretenso perigo vermelho.[109] Para ele, o que havia acontecido era um crime contra a Constituição, que levaria à destruição de importantes conquistas das últimas décadas, entre elas a da liberdade de expressão. A associação entre golpe de Estado e crime contra as leis foi o eixo de um pensamento que não se reconhecia no que ocorria na França de 1851.

1851: um novo golpe de Estado

Pode ser que nem todos os constituintes tivessem a intuição de que um perigo rondava o regime saído das eleições de dezembro de 1848, que implantou um novo poder executivo com a posse do presidente Luís Napoleão Bonaparte no dia 20 do mesmo mês. Havia certa euforia em alguns grupos políticos com a implantação da República. A ideia fizera um longo percurso desde 1789 e parecia ter seduzido amplos setores da sociedade. No outro extremo do espectro político, alguns ainda sonhavam com o retorno da família Bourbon ou dos Orléans ao poder. Mas isso não parecia estar na ordem do dia. Com a prisão dos líderes da insurreição de junho, o campo popular estava desfalcado, mas não inativo. Os que não haviam sido vitimados pela repressão não acreditavam que a revolução estava próxima, mas não deixavam de se organizar, como nas décadas anteriores, em sociedades secretas. Mesmo num clima que parecia indicar um certo apaziguamento da cena política, a desconfiança com relação à nova estrutura de poder levou os deputados a incluírem um estranho

---

109 A. Tocqueville. "Lettre à Mrs. Harriet Grote", 8 décembre 1851, Ibid., p. 730-740.

artigo na nova Constituição: o artigo 68. Ele praticamente prevê a punição para uma tentativa de golpe de Estado. É claro que o termo não aparece na Carta, mas não há equívoco possível quanto ao sentido do texto. Nele está escrito: "Toda medida pela qual o presidente da República dissolve a Assembleia nacional, a prorroga ou cria obstáculos ao exercício de seu mandato, é um crime de alta traição." O ocupante do poder executivo pode ser destituído de suas funções e perde o poder, devendo ser julgado por uma Alta Corte de Justiça.

Causa certa estranheza que um texto constitucional contenha a previsão de uma ruptura institucional por parte justamente do primeiro mandatário da República e não diga nada a respeito dos outros poderes. Mas, como toda Constituição, aquela misturava o enunciado de princípios gerais com as apreensões momentâneas de seus autores. A presença de um presidente com um poder quase monárquico à frente do executivo gerava dúvidas. Ninguém sabia se ele iria conter seu impulso de se tornar o único dono do poder. Se analisarmos o artigo à luz do contexto político, veremos que ele reflete a longa trajetória da ideia de golpe de Estado. Num primeiro plano, aponta para o caráter extraordinário das medidas de exceção levadas a cabo pelo detentor do poder executivo e para o uso que ele pode fazer da violência para assegurar sua vontade. Aqui, identificamos a primeira camada de significado, que surgiu ainda no século XVII com Naudé. Num outro sentido, fica claro que os deputados não estavam pensando em uma revolução e, sim, numa conquista do poder pela força sem nenhum caráter positivo. Como vimos, essa camada de significado havia surgido no século anterior. Por fim, o próprio enunciado do artigo mostra que os deputados estavam em plena sintonia com o fato de que golpes de Estado eram, antes de tudo, um ataque à Constituição. Teremos ocasião de ver que nem todos os atores e pensadores políticos do século XIX levavam em conta todas as camadas de significados que haviam sido incorporadas ao conceito com o passar do tempo. Mas é inegável que elas estavam presentes na linguagem política de então. Nos primeiros anos da Segunda República francesa, os deputados (que eram chamados, então, de representantes) tinham todas as razões do mundo para suspeitar das intenções de um presidente ao qual a Constituição dava grande poderes e que não parecia respeitar inteiramente as leis que haviam sido promulgadas naqueles anos.

Luís Napoleão Bonaparte era pouco conhecido pelos franceses. Ele passara boa parte de sua vida preso por suas tentativas de golpe de Estado ou vivendo no estrangeiro. Além disso, não era um bom orador e demonstrava pouco ou nada suas emoções. Ao lado disso, não se apresentava como um conservador radical. Na verdade, numa assembleia dividida entre os quase quatrocentos monarquistas de várias tendências, os democratas-socialistas em torno de duzentos representantes fiéis à ideia de república, e os herdeiros da Montanha, representantes que se situavam mais à esquerda do quadro político, o futuro imperador estava muito longe de ter uma maioria com a qual pudesse governar. Foi essa aparente fraqueza, aliada à sua inexperiência política, que levou o velho deputado Thiers a classificá-lo de "cretino fácil de ser manipulado".[110]

Com o passar do tempo, foi ficando claro que o político conservador, que tanto pesava na vida pública, se equivocara. A Assembleia dividida não era capaz de fazer uma oposição eficaz ao presidente. Ao votar no dia 31 de maio de 1850 uma lei que restringia o sufrágio universal, ela abdicou de conservar os laços que acreditava ter tecido durante as eleições com o povo francês. Esses laços terminaram de esgarçar quando, entre os dias 8 e 13 de junho do mesmo ano, foi votada uma lei que proibia os clubes políticos e interditava a imprensa ligada aos democratas

---

110 P. Lagoueyte, *Le coup d'État du 2 décembre*, p. 9.

e socialistas. Por seu lado, Luís Napoleão entendeu que teria de buscar apoio lá onde fora eleito mesmo sendo um quase desconhecido. Como um político dos tempos atuais, passou a viajar pelo interior da França buscando apoio junto à pequena nobreza e ao campesinato, que parecia estar sob o fascínio da memória dos feitos do tio. É claro que sua estratégia nem sempre dava certo. Certa noite em Besançon, por exemplo, ele tentou se misturar aos participantes de um baile popular e acabou tendo de ouvir seguidos gritos de "Viva a República". Com o correr do tempo, no entanto, um outro grito premonitório começou a aparecer no curso de suas viagens: "Viva Napoleão, viva o imperador."[111] Esses acontecimentos despertavam o medo da classe política e sinalizavam que ele aspirava a algo mais do que a presidência que já ocupava.

O ano de 1851 começou com uma França cada vez mais dividida. A ala mais à esquerda da Assembleia se vira enfraquecida com as leis aprovadas no ano anterior. Os conservadores, quanto a eles, estavam longe de encontrar um ponto de equilíbrio satisfatório. Enquanto isso, Luís Napoleão seguia firme em seu propósito de se manter no poder. Como a Constituição não permitia a reeleição, ele tentou em julho de 1851 aprovar uma lei que permitiria mudar os artigos da Constituição que interditavam a reeleição. Derrotado, colocou definitivamente o golpe de Estado em sua pauta, talvez a única, para suas pretensões cada vez mais declaradas de se manter no poder.[112] Entre os deputados, muitos continuavam a acreditar que o sobrinho do antigo imperador não representava uma ameaça verdadeira. Pensavam eles que o presidente só fazia conspirar, esquecidos de que essa era a primeira etapa de quase todos os golpes de Estado. Depois de sua derrota para o parlamento, o presidente chegou a pensar em passar à ação no dia 20 de agosto,

---

111 Ibid., p. 13-14.
112 Ibid., p. 16-18.

mas acabou deixando para mais tarde, pois o complô não lhe parecia estar maduro. Escaldado com seus insucessos anteriores, que lhe valeram a prisão, ele preferiu se cercar de todas as precauções.

Os golpes de Estado da família Bonaparte parecem ter se beneficiado sempre com o tempo ruim. No começo de dezembro, Paris estava coberta por uma névoa ou por uma chuvinha que gelava os ossos. Não foi diferente na noite do dia 1º, quando, para manter as aparências, o presidente circulou na recepção tradicional no Palácio do Eliseu. Poucas pessoas sabiam das preparações e os segredos foram guardados a sete chaves. Como já mostrou Maquiavel, esse é o passo mais complicado das conspirações. Contrariando as previsões de Thiers, Luís Napoleão mostrou que aprendera com os fracassos anteriores e que não tinha nada de um cretino. Ao contrário, se preparou para o dia fatídico organizando bem os vários passos da ação que pretendia levar a cabo. No campo militar, por exemplo, ele soube incorporar ao golpe oficiais seguros e eficientes, evitando ser descoberto e contrariado antes do momento fatal. Durante a noite, ordenou a ocupação da Imprensa Nacional e pôs em movimento as tropas que reunira para a ocasião, espalhando-as pela cidade.

Paris amanheceu no dia 2 de dezembro ocupada pelos soldados. Muitos deputados foram presos e a cidade estava coberta por cartazes que anunciavam o golpe. Ao ler os escritos afixados na madrugada, os habitantes da cidade não podiam ter dúvida sobre o que estava acontecendo. O primeiro artigo era uma violação explícita da Constituição, pois previa a dissolução da Assembleia, o que feria diretamente o famoso artigo 68 ao qual fiz referência. No curso do dia, os deputados, que não tinham sido presos ainda, evocaram seguidamente esse fato para exigir a demissão do presidente e a intervenção das forças armadas em favor da Constituição. Não deu em nada. Apesar de conseguirem se reunir e de tentar deliberar à luz da legislação vigente, acabaram tragados pelo curso dos acontecimentos.[113] A famosa Alta Corte, à qual caberia o processo de deposição do presidente, até tentou alguma coisa, mas fracassou redondamente ao não conseguir nem mesmo começar os procedimentos legais.

A última esperança residia nas camadas populares, que em outras ocasiões haviam manifestado seu apreço pela Revolução e pela República. Dessa vez, no entanto, as coisas eram diferentes. A Assembleia era legítima, mas nem um pouco popular. No dia 3, um grupo de deputados tentou sublevar o povo apelando para seu senso cívico. Os republicanos ainda livres lançaram um apelo aos soldados dizendo que o que estava ocorrendo era um crime de alta traição, uma usurpação do poder, em outras palavras, um golpe de Estado. Em outras ocasiões, os soldados haviam confraternizado com a população e posto em marcha a revolução. Mas nada ocorreu em Paris apesar do medo dos comandantes militares, que procuraram evitar ao máximo que seus comandados se misturassem com os habitantes dos bairros mais populares. Nesses dias brilhou a figura de Victor Hugo (1802-1885), que iria se transformar num dos mais ferrenhos oponentes ao imperador, que dava naqueles dias seus primeiros passos ditatoriais. O grande escritor esteve à frente dos deputados resistentes, incentivou a construção de barricadas e percorreu as ruas com os símbolos da Assembleia no peito. No dia 4 seu sonho desmoronou.[114]

Luís Napoleão e seus cúmplices haviam preparado bem suas ações. O uso da violência se mostrou efetivo no último dia de combates nas ruas de Paris. Na madrugada, a cidade havia visto a construção de inúmeras barricadas. Ainda que não tenha havido uma adesão maciça dos bairros operários, os republicanos conseguiram mobilizar um número importante de defensores capazes de fazer face por algum tempo às forças mobilizadas

---

113 Ibid., p. 27-30.
114 Ibid., p. 51.

pelos golpistas.[115] O resultado foi um verdadeiro massacre de populares e defensores da Constituição nos bulevares mais centrais da cidade. Respondendo hipoteticamente a um ataque vindo da janela dos apartamentos, alguns batalhões abriram fogo sobre os que se encontravam em seu caminho, mesmo se estivessem desarmados e apenas observando os movimentos da tropa. Dessa vez, a insurreição não desembocou em uma revolução, como acontecera em outras ocasiões, mas deu origem a um longo período antidemocrático e antirrepublicano. O massacre do bulevar Montmartre marcou o começo de uma era de regressão política na qual as camadas populares tiveram pouco peso na cena pública. Depois da capital, os movimentos de resistência ao golpe se espalharam pelo país encontrando a mesma ferocidade por parte dos adeptos do novo poder, que havia ensanguentado as ruas de Paris. Em alguma medida, a resistência no interior da França foi mais demorada do que a da capital. Mas o processo de destruição da Segunda República não podia mais ser detido. A França estava pronta para mais um período imperial.

Nos dias que se seguiram aos combates, Luís Napoleão fez uma proclamação à população na qual elogiava os soldados, que haviam atirado contra a população, tratava os republicanos, que haviam comandado a reação, como um bando de exaltados perturbadores da ordem pública e agradecia à população que, segundo ele, havia sabido resistir à tentação de se juntar à insurreição.[116] Meio século depois do golpe do tio, o presidente golpista, que em breve se tornaria o imperador Napoleão III, recobriu seus atos com uma fala cínica, que se transformaria num lugar comum dos futuros golpes de Estado. Alguns observadores, como Rodolphe Apponyi (1802-1853), antigo secretário da embaixada austro-húngara em Paris, que havia passado a noite

115 Ibid., p. 59-70.
116 Ibid., p. 71-72.

do dia 1º de dezembro na recepção do Palácio do Eliseu, viu nas ações dos dias seguintes um bem-sucedido golpe de Estado nos moldes dos que aplicara o cardeal Richelieu séculos antes.[117] Ele soube enxergar o papel da violência nas ações de tomada do poder, apreciou a preparação silenciosa dos conjurados, mas deixou de lado o fato de que fora um golpe contra a Constituição. Luís Napoleão não cometeu o mesmo erro de apreciação. Sabendo perfeitamente que seu ato era um atentado à lei vigente, tratou de encobri-lo com palavras grandiloquentes. Afinal, de todos os tempos, nenhum conspirador nomeia seus feitos como eles são. Golpes de Estado, a partir do século XIX, se tornaram uma maneira difundida de conquistar e se manter no poder, mas ninguém deseja ver-se associado a um evento que desde o século XVIII passou a ter uma conotação negativa.

Os conspiradores, talvez de forma inconsciente, captaram o cansaço da burguesia com as frequentes insurreições e a distância que separava os republicanos ligados à Assembleia e à Constituição dos operários e habitantes dos bairros pobres da capital e das cidades do interior. Essa mistura de apatia e desesperança certamente ajudou Luís Napoleão a varrer do mapa a ordem republicana. Mais uma vez, Flaubert soube captar como poucos o clima que reinava numa parte da população cansada das sucessivas insurreições. No dia seguinte ao golpe, Frederico, personagem do romance *A educação sentimental*, que havia experimentado uma viva emoção com as insurreições de 1848, ficou quase indiferente aos acontecimentos. Diz Flaubert: "Na manhã seguinte (3 de dezembro) seu empregado doméstico lhe falou das notícias. O estado de sítio havia sido decretado, a Assembleia fora dissolvida, uma parte dos representantes do povo enviados para a prisão de Mazas. Os negócios públicos lhe deixaram indiferentes, tanto ele estava preocupado com seus próprios

---

117 R. Apponyi. *De la révolution au coup d'État: 1848-1851*.

negócios."[118] A arena pública parecia enfraquecida aos olhos de muitos. O golpe de Estado instaurava um novo momento no qual a vida privada ganhava terreno e deixava para trás, por enquanto, os muitos sonhos revolucionários. Uma parte importante da burguesia, que havia sido mestra durante a monarquia de junho (1830-1848) e que vira seus privilégios ameaçados pela instauração da República e pela difusão das ideias socialistas, viu no golpe uma oportunidade para recuperar sua antiga posição de predominância e de desenvolvimento de um liberalismo que a protegia. Para os que não aceitaram os novos tempos, restaram a prisão, o exílio e o desafio do pensamento.

No plano político, o legado do golpe de 1851 foi o que se convencionou chamar de bonapartismo. Segundo Pierre Rosanvallon, Napoleão I colocou em prática de maneira intuitiva alguns dos elementos centrais do bonapartismo, que para muitos eram contraditórios: a crença num governo guiado pela razão e a certeza de que todo poder se funda na soberania popular.[119] Já seu sobrinho, desde cedo, procurou sistematizar esses elementos fornecendo-lhes uma estrutura geral que os transformou em verdadeiros princípios políticos. Como resume o estudioso:

> Ele se preocupou em inscrever o bonapartismo numa teoria elaborada da democracia moderna, precisando o modelo original sob as espécies que podemos chamar de cesarismo. Enquanto o bonapartismo define uma fórmula política e administrativa, no sentido amplo do termo, o cesarismo define de maneira restrita uma concepção da democracia (que pode se inserir enquanto tal no quadro mais amplo do bonapartismo).[120]

---

118 G. Flaubert, op. cit., p. 497.
119 P. Rosanvallon, *La démocratie inachevée*, p. 183.
120 Ibid., p. 183.

O cesarismo se funda, sob a batuta de Napoleão III, em primeiro lugar, na afirmação da importância do plebiscito. Operando o curto-circuito do poder legislativo por meio do apelo direto ao povo, o governante supostamente garante a supremacia da soberania popular, evitando assim os efeitos deletérios das ações incontroladas do legislativo.[121] Com isso, é a história da democracia que deve ser revista.[122]

Um segundo ponto, afirma Rosanvallon, é que o cesarismo rompia com a tradição revolucionária, que desprezava os chamados corpos intermediários, que operavam a ligação entre a sociedade e o Estado. Os defensores da nova forma de autoritarismo também rechaçavam os poderes tidos como limitadores da centralização do executivo e de sua capacidade de mando, mas não anulavam o papel da sociedade civil, concedendo-lhe mesmo uma certa autonomia.[123] Por fim, os adeptos de Napoleão III e de sua forma de governar acreditavam que havia uma fusão entre o imperador e o povo. O cesarismo, palavra utilizada desde 1851, pretendia marcar a diferença entre o bonapartismo do Primeiro Império e o projeto de um novo poder instaurado com o golpe de Estado. Apontando para as ditaduras do mundo antigo, ao mesmo tempo que defendia a soberania popular, o novo regime pretendia ter fundado uma nova maneira de fazer política à distância da concepção liberal da democracia e das formas violentas da tirania.[124]

Com o bonapartismo/cesarismo se consolidou uma nova tríade conceitual: conspiração-golpe de Estado-regime autoritário. A nova configuração partilha com sua antecessora – conspiração-insurreição-revolução – o primeiro elemento, mas

---

121 Ibid., p. 191.
122 Ibid., p. 193.
123 Ibid., p. 201.
124 Ibid., p. 217.

difere radicalmente nos outros. Em ambos os casos, não podemos falar de um laço necessário, que uniria seus elementos, mas sim de um conjunto de possibilidades, que em suas combinações afetam de maneira variável a cena política. Como mostrou Maquiavel, a primeira etapa é a mais complicada. A maioria das conjurações falha e não resulta numa alteração do poder. Da mesma forma, as insurreições são muitas vezes derrotadas sem dar início a uma revolução. Golpes de Estado também são parados com frequência pela reação vigorosa dos ocupantes do poder, sejam eles quem forem. Mas, se são bem-sucedidos, em geral, dão lugar a um regime autoritário, que corresponde à fase de consolidação depois da conquista do novo poder. Embora eu não possa enunciar esse caminho como uma lei imutável, o que o século XIX mostrou foi que é quase impossível que uma república democrática nasça de um golpe de Estado. Essa questão esteve no coração das reflexões mais instigantes sobre os acontecimentos que se iniciaram em 1851. Republicanos, anarquistas e socialistas desenvolveram interpretações diferentes, mas não necessariamente divergentes para um fato que acabou sendo um marco incontornável da reflexão política do tempo: a liberdade e a igualdade não combinam com um golpe de Estado.

Victor Hugo: historiador republicano de seu tempo

No dia 14 de dezembro de 1851, Victor Hugo chegou em Bruxelas munido de um passaporte falso com o nome de Lanvin. Começava um longo período de exílio, que faria dele a figura central da resistência dos republicanos aos novos donos do poder na França. Já ia longe o dia 5 de agosto de 1829, quando o jornal *Le Globe*, para protestar contra a censura de sua peça Marion Delorme, havia estampado na manchete "Primeiro golpe de Estado literário".[125] Dessa vez, um golpe de Estado político transformara a paisagem interna de seu país interrompendo por duas décadas o avanço dos ideais republicanos, que haviam galvanizado corações e mentes da Segunda República.

Victor Hugo reagiu de pronto ao exílio com a arma que manejava com maior destreza: a pena. *Napoleão, o pequeno*, escrito e difundido em 1852, surgiu depois que ele abandonou o projeto de publicar uma história do golpe, que só seria retomada em 1877. O livro circulou inicialmente na Bélgica e depois, clandestinamente, na França. Em seguida, ele se espalhou por toda a Europa. Marx disse sobre o escrito que se tratava de uma invectiva, que mais engrandecia do que diminuía o personagem, que, ao dar o golpe, parecia ter mais poder do que de fato tinha.[126] O fato, no entanto, é que foi um acontecimento literário que fez de Hugo um polo fundamental da resistência ao novo poder. Sua posição inflexível contra o regime imperial e seus escritos serviram ao longo dos anos para degradar a imagem do futuro imperador Napoleão III na França e no estrangeiro.

Victor Hugo não pretendia escrever um tratado teórico sobre os golpes de Estado. Do ponto de vista político, ele se colocava decididamente ao lado dos republicanos e esposava as ideias de um socialismo humanista ao qual se convertera nos anos em que fizera parte das Assembleias Legislativas da II República francesa. *Napoleão, o pequeno* é ao mesmo tempo obra de um moralista e de um observador atento e crítico da cena política de seu tempo. Antes dele, os golpes de Estado não pareciam oferecer o cenário privilegiado para os escritores, que se serviam de eventos históricos para acolher a trama de seus romances. Mesmo Alexandre Dumas (1802-1870), cuja trilogia

---

[125] M. Winock, *As vozes da liberdade: os escritores engajados do século XIX*, p. 151.
[126] K. Marx, *O 18 de Brumário de Luís Bonaparte*, p. 325.

do Renascimento se desenvolve durante o período em que o conceito ganhou projeção, fala pouco dele.[127] Hugo o coloca no centro de suas considerações. Descortina os acontecimentos principais e seu significado e ajuda a ver como a linguagem política de seu tempo tratava os golpes de Estado. Por vias indiretas, ajuda a colocar à prova algumas das hipóteses que foram apresentadas até aqui.

Em *Napoleão, o pequeno*, Hugo usa sua verve polêmica para atacar os novos senhores do poder. O livro não pretende apresentar uma visão neutra dos acontecimentos, mas sim uma leitura emocionada do que ele não hesita em qualificar como crime.[128] No curso do escrito, Hugo traça o perfil de Bonaparte, de seus seguidores e discorre sobre os sinais que já apareciam no horizonte público, antes do fatídico dia 2 de dezembro. Um dos sinais anunciadores, que muitos teimavam em não ver, quando as ações dos golpistas já estavam em curso, era a degradação do debate público, a recusa em aceitar as regras republicanas, fato expresso na insistência de alguns em mudar a Constituição para favorecer o então presidente.[129] Para o escritor, a audácia dos golpistas se mostrou no dia 2 de dezembro, pois eles não procuraram em momento algum esconder o que estavam fazendo. Diz Hugo: "Esse crime é composto de audácia e de sombras. De um

---

127 A trilogia de Alexandre Dumas se compõe dos romances *La Reine Margot*, *La Dame de Monsoreau* e *Les Quarante-Cinq*. Publicados em sequência a partir de 1845 tratam da trama envolvendo personagens históricos como o rei Carlos IX e seus sucessores e de personagens fictícios. No primeiro romance, Dumas faz menção à linguagem da "razão de Estado". No segundo, fala explicitamente de circunstâncias que requeriam um golpe de Estado por parte do rei. Mas o sentido é o do século XVII, sem conexão com a linguagem do tempo do escritor. (A. Dumas, *La Reine Margot*, p. 702; *La Dame de Monsoreau*, p. 564).
128 V. Hugo, "Napoléon le Petit", p. 8.
129 Ibid., p. 63.

lado ele se mostra cinicamente à luz do dia; de outro, ele se esconde e mergulha na bruma."[130] O futuro imperador nada mais era, naquele momento, do que um futuro ditador.[131]

É impossível resumir o conteúdo de um escrito que percorre caminhos tão variados. Por vezes, Hugo se contenta em realçar o caráter imoral das ações do ex-presidente convertido em ditador; outras vezes, descreve os fatos que determinaram a vitória do golpe. No livro, que tem um fio cronológico entrelaçado com uma acusação política, dois eixos parecem conduzir a escrita. O primeiro é a caracterização do golpe de Estado como um atentado à Constituição. Essa afirmação soa familiar, pois, como vimos, essa era a camada de significado que o século havia colocado sobre o conceito de golpe de Estado. O segundo eixo era a concepção republicana que orientava as ações e o pensamento de Hugo. É da combinação dessas duas referências que nasce o ataque vigoroso feito pelo escritor contra o que se perpetrou contra as leis vigentes na França.

Dizer que o golpe era um crime contra a Constituição encontrava apoio no famoso artigo 68 da Carta. A questão para o Comitê de resistência era como se servir da lei para destituir o presidente golpista.[132] Do ponto de vista formal, tudo estava muito claro. O problema era jogar a lei contra a força; ou melhor, fazer da força, expressa na presença das tropas no interior da cidade, a alavanca para mover a sociedade contra o golpe. Esse era o grande desafio dos opositores à tomada do poder por Bonaparte. Como diz Hugo: "O tirano é esse homem que, saído da tradição como Nicolau da Rússia, ou da astúcia como Luís Bonaparte, toma a seu favor e dispõe como quer a força coletiva de

---

130 Ibid., p. 70.
131 Ibid., p. 79.
132 Ibid., p. 120.

um povo."[133] Se, como aconteceu, a força não se move a favor da lei, cabe ao povo, enquanto soberano, destituir o usurpador.

Essa maneira de enxergar os acontecimentos do dia 2 de dezembro encontrava um largo respaldo na literatura do século, mas Hugo acrescentava a ela um segundo eixo que, sem ser oposto à maneira como Benjamin Constant, por exemplo, via a tomada do poder pela força, acrescentava-lhe elementos da crença republicana do autor. Isso levava-o a considerar que apenas os mecanismos formais não eram suficientes para garantir a manutenção dos valores de uma sociedade livre. Dizendo de outra forma, Victor Hugo lançava mão do arsenal teórico do republicanismo para fundamentar sua recusa do que estava acontecendo e para guiar suas ações de resistência, que, para ele, eram um direito fundado tanto no direito positivo quanto no direito natural.[134] A base para essas considerações era a existência na França de uma república e não mais de uma monarquia constitucional, que ele apoiara em sua juventude. Ele afirmava: "De toda aglomeração humana, de toda cidade, de toda nação, se desprende fatalmente uma força coletiva. Coloque essa força coletiva ao serviço da liberdade, faça-a reger pelo sufrágio universal, a cidade torna-se comuna, a nação se faz república."[135] No centro desse corpo político assim constituído reina a arena pública que faz da palavra o instrumento de afirmação e garantia dos valores republicanos. Desse porto seguro das leis, da liberdade e da igualdade de direitos saiu a força para resistir aos ataques do usurpador pelos republicanos de esquerda, pelos socialistas, pelos liberais da direita e mesmo para alguns monarquistas constitucionais. Victor Hugo, republicano assumido, se jogou de corpo e alma na batalha pela

---

[133] Ibid., p. 134.
[134] Ibid., p. 85.
[135] Ibid., p. 133.

preservação da República que, para ele, seria "o futuro inevitável, próximo ou distante, das nações".[136]

O grande escritor não tinha apenas uma crença arraigada nos valores republicanos. Ele acreditava que eles eram o guia mais seguro para se lançar na luta contra o golpe de Estado. Desse período, data um livro de poemas, *Les Chatiments* (Os castigos),[137] publicado em 1853, e um extraordinário livro de história do golpe, que só veio a ser publicado em 1877, quando a França se via, mais uma vez, ameaçada por um golpe de Estado. Victor Hugo começou a escrever *História de um crime* quando chegou na Bélgica.[138] As dificuldades editoriais, a necessidade de lançar um livro contundente contra os novos senhores do poder (*Napoleão, o pequeno*), acabaram levando-o a adiar a publicação do texto. Ele contém não apenas suas impressões diretas dos acontecimentos, mas também o relato de muitos dos que participaram diretamente dos acontecimentos com quem ele estava em contato. Ele fez questão de colocar como apêndice o testemunho dos que viveram aqueles dias de tormenta. No exílio, o escritor se tornou uma das figuras centrais da luta contra Luís Napoleão. Muitos lhe escreviam, outros o procuravam diretamente. Em seus arquivos existem muitas cartas e relatos que ajudaram a manter viva a memória do crime. Entre eles, encontramos, por exemplo, um manuscrito de sua amante Juliette Drouet, no qual, numa caligrafia cerrada, ela narra como viveu e sentiu o peso dos dias que derrubaram a Segunda República.[139] Por meio desses textos, podemos ver como o grande escritor soube captar os sentimentos, por vezes confusos, dos que foram vítimas de ações que apelaram sem limites para violência.

---

136 Ibid., p. 81.
137 V. Hugo, *Les Chatiments*.
138 V. Hugo, "Histoire d'un crime".
139 Fonds Victor Hugo. II – VARIA. Juliette Drouet. *Journal du coup d'État.* 1801-1900.

Diferentemente do texto de *Napoleão, o pequeno*, o livro de Hugo foi escrito do ponto de vista do historiador com a preocupação de manter absoluta fidelidade aos acontecimentos e buscando apoiar as afirmações seja nas experiências diretas do autor, seja nas de outras pessoas cujos relatos ele recolheu. É claro que o texto é marcado pela emoção de quem viveu uma tragédia. Ele dá espaço não apenas para a dor das vítimas do golpe, mas também para a percepção do clima tenso que dominou Paris, que é um dos personagens mais importantes do livro. Hugo, como já dissemos, mergulhou de cabeça na tentativa de defender a República, usando desde os mecanismos legais, derivados de sua condição de representante do povo junto com outros membros do Comitê de resistência, até de suas relações com os meios populares, que ele conclamou em cartazes afixados por toda a cidade a se sublevar contra os golpistas. Por isso, o relato é ao mesmo tempo eivado de emoções e construído em torno de uma detalhada narrativa de todas as horas entre o dia 1º de dezembro até o momento em que ele foi obrigado a deixar a França, quando sua cabeça estava a prêmio.

Hugo não precisava definir o que era um golpe de Estado. Ele o viveu em toda sua intensidade. Seu pensamento encontra-se ao mesmo tempo diluído em suas observações e como esteio de suas percepções pessoais dos acontecimentos. Já perto do fim do livro, ele relata o encontro que teve com um membro da família Bonaparte, que ele não nomeia, que o procurou para alertá-lo das intenções de Luís Napoleão Bonaparte e para instá-lo, como figura proeminente da esquerda da Assembleia, a tomar a dianteira e solicitar a prisão do então presidente. O escritor se nega a praticar tal ato e justifica sua decisão dizendo que ele não poderia liderar um movimento de tomada do poder:

> Nós somos a minoria e agiríamos como se fôssemos a maioria. Nós somos uma parte de Assembleia e agiríamos como se

fôssemos a Assembleia inteira. Nós que condenamos toda usurpação, seríamos usurpadores. Nós levantaríamos a mão sobre um funcionário que só a Assembleia tem o direito de prender. Nós, os defensores da Constituição, atacaríamos a Constituição. Nós, homens da lei, violaríamos a lei. *Isso é um golpe de Estado*.[140]

Essa citação resume muitas das convicções dos republicanos que se insurgiram contra as ações de Bonaparte. O norte é dado pela ideia da lei, por sua expressão na Constituição e pela organização das instituições segundo princípios herdados da Revolução de 1789. Ao se recusar interromper um golpe que se preparava por meio de um outro golpe, Hugo apontava para os limites da ação política que pretendia conservar os valores que eram apregoados pelos republicanos da Assembleia. "Jamais provocar uma insurreição se não for pelo dever e para sustentar o direito", afirmava ele como regra de conduta na cena pública.[141]

História de um crime, no entanto, não é apenas a expressão das convicções políticas de seu autor. Ele recorre a elas em muitos momentos do texto para justificar suas ações e para tentar compreender os atos dos golpistas. O texto está recheado de reflexões sobre a condição humana, sobre o caráter dos personagens, sobre os imperativos da vida política. Mas ele não se reduz a isso, o que já teria feito dele um grande livro. Hugo nos coloca no centro de uma cidade que vive a cada minuto as expectativas de um movimento que pode condená-la a um regime de usurpação, ou mostrar-lhe a face luminosa da liberdade.

Antes do dia 2 de dezembro, poucos estavam conscientes da iminência de um golpe. Afinal, Luís Napoleão Bonaparte já havia tentado duas vezes e fracassara.[142] Hugo narra com preci-

---

140 V. Hugo, "Histoire d'un crime", p. 408. (Grifo meu.)
141 Ibid., p. 341.
142 Ibid., p. 159.

são o que chamou de "mecanismo do golpe". A maneira como a maioria da Assembleia estava iludida quanto ao caráter do presidente, incluindo aí os membros da direita parlamentar. Como os deputados, perplexos, tentaram organizar de dentro das instituições uma reação ao golpe. Como o futuro ditador, discípulo, segundo o escritor, de Maquiavel,[143] soube disfarçar suas intenções e montar uma conspiração em segredo, de tal maneira que, ao eclodir, pegou muitos dos homens políticos experientes de surpresa. Hugo esposava a ideia que muitos faziam de Maquiavel como um pensador frio, que ensinava a calcular para chegar ao poder. Deixando de lado o fato de que ele falava mais do maquiavelismo do que de Maquiavel, ele sustentava que um golpe de Estado é fundamentalmente um movimento de conquista e conservação do poder.

História de um crime narra em detalhes a evolução de um movimento que, num dado momento, parecia poder ser derrotado. As esperanças se baseavam, em primeiro lugar, na ação dos membros da Assembleia, especialmente da ala esquerda, que Hugo diz ter se comportado de maneira "memorável".[144] O segundo elemento de resistência era o povo que, ao longo das últimas décadas, havia dado mostras de repudiar qualquer forma de tirania. Dessa vez, as coisas não correram como esperado. Os bairros populares ficaram apáticos, esperando pelos acontecimentos. Talvez cansados de tantas insurreições, marcados pela repressão do movimento popular de junho de 1848, que fez tantas vítimas, os operários e trabalhadores manuais não enxergaram nos membros da Assembleia que foram presos seus legítimos representantes. Vistos como privilegiados, que pouco faziam pelo povo, mereceram apenas um olhar curioso, quando foram vistos sendo levados para a prisão.

143 Ibid., p. 217.
144 Ibid., p. 433.

Aos poucos, os deputados, que não haviam sido presos e que eram em sua maioria da esquerda republicana e socialistas, passaram a incentivar setores da população a enfrentar os golpistas. As barricadas, instrumento essencial da luta popular, se espalharam pela cidade. Numa delas, perto da Bastilha, Baudin, um dos membros do comitê de resistência, perdeu a vida. A violência começava a mostrar sua face mais tenebrosa. O escritor percorreu nos dias 2, 3 e 4 de dezembro as ruas de Paris e suas barricadas. Dormiu em vários lugares, pois não podia voltar para casa com risco de ser morto ou feito prisioneiro. Colocou sua vida em perigo seguidamente tentando romper a apatia popular em nome do direito e da liberdade. Foi às barricadas, vagou de reunião em reunião, muitas vezes fugindo um pouco antes da chegada da polícia. Até que, no dia 4 de dezembro, o pior aconteceu. Para barrar o movimento popular, que parecia poder frear o golpe de Estado, o futuro imperador ordenou o massacre. No bulevar Montmartre, as tropas atiraram indistintamente em velhos, crianças e passantes em geral. Victor Hugo não ficou inerte e foi para as ruas ver o que estava acontecendo: "Eu cheguei no bulevar, ele estava indescritível. Eu vi esse crime, essa matança, essa tragédia. Eu vi essa chuva de morte cega, vi cair em torno de mim muitos dos massacrados perdidos."[145]

Luís Napoleão Bonaparte realizou, segundo Hugo, uma nova noite de São Bartolomeu contra o povo de Paris.[146] O acontecimento que Gabriel Naudé considerava um golpe de Estado perfeito reproduziu-se e, para o escritor, conferiu, pelo uso indiscriminado da violência, um elemento de diferenciação do golpe do 18 Brumário, que não havia massacrado a população indefesa. O golpe do 2 de dezembro não atacou apenas os que tinham uma participação ativa na cena pública. Segundo Hugo,

---

145 Ibid., p. 355.
146 Ibid., p. 357.

"seu apetite de exterminação foi até aos pobres e obscuros".[147] Ao longo dos dias, ele teve contato com todas as faces de um golpe de Estado. Da fase da conspiração secreta, que escapou aos olhos de muitos observadores, à conquista do poder pela dissolução da Assembleia, Luís Napoleão Bonaparte percorreu todos os estágios da tomada do poder. Uma vez arruinadas as instituições, a violência tornou-se o instrumento final da conquista. Mas, para o escritor, os que observavam apenas os primeiros movimentos de um golpe de Estado se enganavam. Como tenho insistido, à fase primeira de assalto ao poder se segue necessariamente uma fase de conservação do poder conquistado. Isso muda a direção das ações, mas não necessariamente sua natureza. Ciente de que ao conquistar o poder o novo governante criou inimigos em vários setores da sociedade, ele se vê obrigado a continuar a agir para conservar o que tomou pela força. Luís Napoleão fez exatamente isso. Depois de se impor pelo terror das ações das tropas à luz do dia, continuou a perseguir, a exilar e a matar, para garantir a manutenção da posição alcançada. Hugo sintetizou com enorme clareza a passagem de uma fase para a outra: "O massacre do bulevar teve esse prolongamento infame, as execuções secretas. O golpe de Estado, depois de ter sido selvagem, voltou a ser misterioso. Ele passou da morte em pleno dia para a morte mascarada, à noite."[148]

Poucos autores desvelaram com maior clareza e lucidez a dinâmica de um golpe de Estado. Hugo baseava suas análises numa sólida confiança nos valores republicanos. Eles incluíam, ao lado da defesa da liberdade e da igualdade, que partilhava com liberais como Constant, uma referência aos interesses da maior parte da população e uma crença na importância da participação na vida pública. Ele dizia: "Há duas formas de coragem, a bravura

---

[147] Ibid., p. 424.
[148] Ibid., p. 391.

e a perseverança. A primeira é própria ao soldado, a segunda, ao cidadão."[149] Foi a segunda que o guiou nos dias trágicos do golpe e que o manteve motivado a lutar contra a usurpação nos longos anos de exílio. Ele sabia que "um golpe de Estado vencedor incomoda pouco. Esse gênero de sucesso se permite tudo".[150] Mesmo assim recusou a anistia proposta pelo imperador anos depois e seguiu sua luta pela República até o fim de seus dias. Tendo participado ativamente da vida pública, Hugo não tinha ilusões quanto aos limites das instituições e dos homens. Ele nunca deixou de acreditar, no entanto, que a República e os valores que encarna era a melhor formação política em sua forma democrática. Golpes de Estado eram acontecimentos possíveis na vida de um país e podem até se tornar comuns, mas são incapazes, em sua visão, de gestar algo bom. Herdeiro da diferença estabelecida no século anterior entre um golpe e uma revolução, ciente de que a Constituição é a primeira vítima do império da força na arena pública, ele se manteve firme na ideia de que por esse caminho é impossível fazer progredir a humanidade, crença que partilhava com muitos de seus contemporâneos.

Victor Hugo não inovou na análise dos golpes de Estado. Em seus escritos aparecem nitidamente as camadas de significados, que foram sendo depositadas ao longo dos tempos. O que ele trouxe foi uma visão interna e detalhada da vivência de um golpe de Estado do lado dos derrotados. Mergulhando nos meandros de uma cidade ameaçada e depois ferida pela violência dos golpistas, ele abriu as portas para a compreensão da chaga que as ações golpistas provocam não apenas na arena institucional, mas no tecido social como um todo, até em seus recônditos familiares e individuais. O corpo político é atacado e destruído, segundo ele, por um golpe de Estado, mas não é menor a fratura

---

149 Ibid., p. 404.
150 Ibid., p. 422.

na vida das pessoas que habitam as cidades violentadas. Por isso, pode-se realisticamente compreender a derrota da liberdade. Esse é o ponto de vista do Hugo pensador da política. Mas não se pode aceitar os efeitos da destruição da arena pública e da vida privada. Esse é o ponto de vista do escritor moralista.

Proudhon: o anarquismo e a revolução social

Pierre-Joseph Proudhon (1809-1865) encontrava-se preso no fim do ano de 1851, depois de ter sido acusado de tentar provocar uma insurreição contra os poderes constituídos, pelo que foi condenado a três anos de prisão. Por obra do destino, no dia 2 de dezembro, teve permissão para sair do cárcere por pouco tempo. Imediatamente procurou por Victor Hugo, que estava imerso na organização da resistência ao golpe. A pedido do pensador anarquista, os dois homens se encontraram à beira do rio Sena, próximo da praça da Bastilha, onde as tropas se movimentavam prestes a atacar os que esboçavam alguma reação ao golpe. O escritor, que narra o encontro, diz que Proudhon estava com um aspecto ruim, não lhe falou nada da prisão e foi direto ao assunto que lhe interessava. Meio agitado, foi logo dizendo que acreditava que toda reação ao golpe era inútil. Napoleão já havia conquistado a confiança do povo com a restituição do sufrágio universal. Ele tinha a força, a astúcia e a má-fé a seu lado, enquanto a esquerda só tinha a honestidade e a afirmação de seus princípios generosos. Depois dessa advertência, os dois homens se separaram e nunca mais se reviram. Hugo insistiu na resistência, mesmo sabendo das dificuldades; Proudhon mergulhou nas ruas escuras de Paris, ciente de que havia transmitido seu ponto de vista para os que estavam decididos a lutar até o fim pela República.[151]

---

151 V. Hugo, op. cit., p. 241-242.

A fala do pensador pode parecer fora de lugar naquele dia, mas reflete com precisão as ideias do anarquista, que se tornara conhecido nos anos anteriores por seu ataque à propriedade e por sua crença de que não bastavam boas ideias para levar os operários a agir na direção correta, que, para ele, era a da construção de uma sociedade sem barreiras para a liberdade e expressão individual.[152] Quando Marx chegou à França em 1843, a primeira pessoa que quis encontrar foi Proudhon. O jornalista alemão estava desejoso de se aproximar da complexa galáxia do socialismo francês e via no filho de um operário, que se educara às duras penas, um digno representante do proletariado, que tomava consciência de sua condição e de suas forças. Os ataques que Proudhon desferira contra a propriedade privada e seu ateísmo convicto, que o diferenciava de boa parte dos socialistas franceses, encantaram o escritor alemão. Os dois homens passaram horas conversando ao longo dos dias. Mais tarde, Marx pretendeu ter-lhe ensinado a rigorosa doutrina de Hegel durante esses encontros. Não existem fontes para confirmar se o jovem alemão de fato instruiu o tipógrafo francês, mas disso resultou o estabelecimento de laços que permaneceram por algum tempo.

Os dois pensadores não estavam, no entanto, destinados a se entender. Marx tendia para um socialismo que qualificava de científico e que pregava uma revolução política profunda; Proudhon era partidário da organização dos trabalhadores em associações livres, num sistema que chamava de mutualismo. A revolução deveria implicar uma profunda transformação das bases econômicas do trabalho. Ela seria uma revolução social, que nada podia deter, uma vez que, para ele, era uma força indomável, próxima dos processos naturais. Aos poucos, as divergências que os separariam para o resto da vida foram aflorando. Respondendo ao convite que Marx lhe fizera em 5 de

---

[152] P.J. Proudhon, *Qu'est-ce que la propriété?*.

maio de 1846 para participar de um círculo de correspondentes, que visava estreitar os laços entre socialistas alemães e franceses, Proudhon aceitou superficialmente fazer parte da rede. De fato, no entanto, ele não se comprometeu com o projeto. Ele via nele o risco de que a intolerância de Marx com posições diferentes das suas se transformasse num puro autoritarismo das ideias. A partir daí, os dois escritores iriam se afastar. Numa ação agressiva, Marx desferiu um ataque virulento ao livro de Proudhon, *Filosofia da miséria*, gesto que soou como uma declaração de guerra para o escritor francês. O entendimento inicial entre os dois pensadores se esvaiu para sempre.

Naquele momento, muitos dos eixos do pensamento anarquista de Proudhon já estavam fixados. Individualista convicto, admitia sem rodeios que estamos destinados a viver em sociedade e que, por isso, devemos nos preocupar com os problemas que advêm dessa convivência.[153] Nesse quadro de pensamento, o tema da justiça tinha uma centralidade absoluta, não podendo ser elidido em nome de qualquer outro valor, mesmo aqueles da Revolução de 1789.[154] De sua crítica feroz à propriedade nascia a defesa de um igualitarismo radical, que devia permear toda a vida em comum.[155] A Revolução de 1848 o encontrou em Paris, onde se tornara muito conhecido entre os operários ligados ao socialismo. Ele participou ativamente das ações que puseram fim à monarquia. Fez parte dos que invadiram o Palácio das Tulherias, percorreu as barricadas, mas rapidamente se deu conta de que nada iria mudar se os operários não tomassem as rédeas da sociedade. Eleito para a Assembleia Constituinte, acabou se isolando dos outros representantes, mas ficou cada dia mais

---

[153] G. Woodcock, *Anarquismo: uma história das ideias e movimentos libertários*, p. 94.
[154] Ibid., p. 95.
[155] Ibid., p. 98.

popular entre os artesões e operários, que viviam nos bairros pobres de Paris. Seu jornal *Le Représentant du Peuple* chegou a ser lido por milhares de pessoas até que foi proibido de circular. Ele não se rendeu e fundou vários periódicos, que acabaram atraindo a atenção das autoridades e de milhares de leitores, que acorriam para comprar os exemplares disponíveis.[156]

Proudhon continuou sua atribulada carreira de escritor e militante, mesmo quando já estava preso, até que sobreveio o golpe de Luís Bonaparte. Ele não manifestou entusiasmo algum com a chegada ao poder de alguém que considerava um "aventureiro infame", que se aproveitara das discórdias civis para atingir seu objetivo de instituir uma ditadura na França. No ano seguinte, no entanto, publicou um livro que causou polêmica.[157] Logo no começo do texto, ele afirmava que não tinha nada contra os que tinham dado o golpe, pois ele era inevitável, "como o astrônomo que caiu numa cisterna aceita seu acidente".[158] Isso não significava que ele estivesse de acordo com o golpe, mas sim que, a seus olhos, ele era previsível e que nada mais fazia do que seguir a linha dos acontecimentos que haviam começado com a repressão às classes trabalhadoras em 1848, repressão contra a qual Proudhon lutou com todas as suas forças.[159]

O escritor pretende, ao longo do livro, demonstrar por meio da análise dos fatos que se encadearam depois da queda da monarquia que os republicanos não souberam compreender o sentido da história. Lançando mão de referências a acontecimentos que ligavam os dias gloriosos da Revolução de 1789 às conquistas democráticas de seu tempo, ele chega aos eventos de 2 de

---

156 Ibid., p. 111.
157 P.J. Proudhon, *La Révolution sociale démontrée par le coup d'État du 2 décembre*.
158 Ibid., p. 2.
159 Ibid., p. 11.

dezembro como alguém que percorre um caminho traçado de antemão. Referindo-se ao fato de que Luís Napoleão Bonaparte já havia tentado antes dar um golpe de Estado, Proudhon concluiu: "eis o que, melhor do que qualquer acontecimento, mostra a força das situações e a lógica da história. Eis sobre o que, nós republicanos, devemos refletir profundamente e que deve nos alertar contra toda política subjetiva e arbitrária."[160] Contra as observações de Victor Hugo, o escritor anarquista não recua diante da acusação de que as massas populares foram "cúmplices, de alto a baixo, seja por inação, pelos aplausos, e por vezes por uma cooperação efetiva com o golpe de Estado do 2 de dezembro".[161]

Olhando os acontecimentos históricos do ponto de vista que ele acreditava ser o da necessidade, Proudhon não aderiu ao bonapartismo, mas chegou a se perguntar se as ações do ditador, que considerava como ilegítimas, não poderiam ser desculpadas em nome da utilidade pública.[162] Com isso, ele não pretendia manchar a memória da resistência de homens como Victor Hugo, que empregaram todas as suas forças para tentar parar o golpe, mas sim indicar que ele tinha razão, quando alertou o escritor de que nada do que se fizesse seria suficiente para romper o fluxo dos acontecimentos. Sua percepção de que não havia nada a ser feito se baseava nos princípios teóricos que erigira e que, nas décadas seguintes, iriam influenciar fortemente a constituição do anarquismo europeu. Resumindo sua posição, o anarquista afirmou: "Historiador imparcial, livre de qualquer ressentimento partidário, constatei, a favor do 2 de dezembro, que ele possuía a razão histórica, objetiva e fatal de sua existência."[163]

---

[160] Ibid., p. 68.
[161] Ibid., p. 70.
[162] Ibid., p. 77.
[163] Ibid., p. 118.

Com Proudhon, apareceu uma nova maneira de analisar os golpes de Estado. Sem negar o caráter ilegal e violento dos atos de tomada do poder, como os que assistiu sem tomar parte nas ações de qualquer natureza, ele procurou entender aqueles dias, que qualificou como "a São Bartolomeu dos revolucionários",[164] a partir de seu significado histórico e estrutural. Desse ponto de vista, a dinâmica interna do golpe de Estado, que, como vimos, implicava a existência de várias fases de realização, foi subsumida pelo mecanismo de evolução dos fatos históricos. Isso não quer dizer na visão do anarquista que seja possível antecipar todos os passos dos conspiradores que tentam chegar ao poder, mas sim que não há nada de misterioso em suas ações, que se desenrolam num quadro social e político que é possível iluminar com um conhecimento abrangente do funcionamento das sociedades. Nesse terreno, Proudhon aconselhava seus leitores a prestar mais atenção na economia do que nas disputas políticas, que nem sempre revelam seu significado mais profundo. Para ele, a ditadura, visada por Luís Napoleão, era um "poder conferido pelo povo a um só homem para a execução, não de seus projetos particulares, mas sim do que comanda a necessidade em nome da salvação pública".[165] Nessa lógica, Luís Bonaparte, ao tornar-se ditador, não se transformara em tirano. Contrariamente ao que pode parecer, essa não era uma declaração de aceitação da ditadura bonapartista, mas, para o escritor, uma constatação da natureza dos fatos e de sua inserção na corrente da história. Proudhon procurou demonstrar suas teses recorrendo a uma análise detalhada do 18 Brumário. Pouco importa. Com seu livro, consumou-se a ruptura com as análises da conquista do poder pela força e pela astúcia como um acontecimento que deve ser estudado, em primeiro lugar, com o instrumental da filosofia

---

164 Ibid., p. 139.
165 Ibid., p. 150.

política. Marx dará um novo rosto à guinada teórica iniciada por um dos fundadores do anarquismo do século XIX. Com eles, o golpe de Estado passou a ser um acontecimento corriqueiro dentro da longa marcha da história em direção a seu fim.

Marx e o 18 Brumário: uma visão de classes do 2 de dezembro

Marx havia sido expulso da França no início de 1845. Seu retorno, depois da revolução de 1848, não foi duradouro. Ele e sua família acabaram se fixando em Londres, onde escreveu muitas de suas obras de maturidade. Seu interesse pela França e o desejo de ver o progresso das ideias socialistas por toda a Europa levou-o a se interessar pela história do país, que parecia conduzir a marcha da revolução a bom termo. Disso nasceu um de seus escritos mais conhecidos, que contribuiu em muito para a difusão de algumas de suas ideias: *O 18 de Brumário de Luís Bonaparte*.

O texto já foi objeto de muitos estudos por parte não apenas dos especialistas do marxismo, mas por uma gama variada de estudiosos, que se ocuparam com o pensamento político moderno e com a história do socialismo europeu. Não vou voltar ao campo vasto e fecundo dos estudos marxistas, pois ele escapa a meus propósitos. O que me interessa são as análises do jovem escritor alemão sobre os golpes de Estado à luz das teorias que desenvolvia. Marx não hesita no texto em expor os eixos centrais de seu pensamento. Ele ressalta, em primeiro lugar, o papel das lutas de classe no desenvolvimento da história. Cada passo de sua análise dos acontecimentos situados entre 1848 e 1851 é iluminado por uma estrutura de pensamento, que deixa na sombra os aspectos pitorescos das intrigas políticas para realçar as forças subjacentes a cada disputa entre os diversos partidos em luta. A linguagem do texto é muito diferente daquela dos autores que estudei até aqui. Os atores são as classes, a burguesia, o proletariado, a pequena burguesia, o campesinato e a maneira como cada uma dessas forças se encarnou nas circunstâncias históricas especiais que prepararam o golpe de 1851. É nesse contexto teórico que fazem sentido afirmações como essa: "A Revolução de Fevereiro foi um ataque surpresa, apanhando desprevenida a velha sociedade, e o povo proclamou esse golpe inesperado como um feito de importância mundial que introduzia uma nova era."[166] Conhecedor dos detalhes dos acontecimentos do período, ele os reinscreve num quadro teórico que dá pouca atenção ao jogo das personalidades e às ações espetaculares para se concentrar na marcha da história.

O texto é um exemplo acabado do método de análise política de Marx aplicado ao contexto francês. Gerações de discípulos e herdeiros de seu pensamento seguiram seus passos e a maneira como ele olhava para o cotidiano da política de um ponto de vista que pretendia ultrapassar suas vicissitudes cotidianas. No livro, esse caminho fica explícito desde as primeiras linhas. A autor descreve os movimentos dos participantes da vida política francesa em detalhes. Narra suas peripécias e o modo como se comportam em cada situação. Mas essa é, para ele, apenas a camada superficial dos acontecimentos. Para compreender seu verdadeiro significado, é preciso penetrar na lógica mais profunda da história e desvelar seus sentidos. É assim que devemos compreender afirmações como essa: "À monarquia burguesa de Luís Filipe só pode suceder uma república burguesa, ou seja, enquanto um setor limitado da burguesia governou em nome do rei, toda a burguesia governará agora em nome do povo."[167] Os verdadeiros atores são as classes e não os homens particulares. É claro que as classes possuem existência real, estão encarnadas

---

[166] K. Marx, op. cit., p. 331.
[167] Ibid., p. 334.

em homens e mulheres de carne e osso, mas importam por ultrapassarem o particular e expressarem o universal histórico em movimento. Nesse contexto teórico, Marx afirma: "Quando, porém, se examina mais de perto a situação e os partidos, desaparece essa aparência superficial que dissimula a luta de classes e a fisionomia peculiar da época."[168]

A vontade de seguir com objetividade os acontecimentos daqueles anos não impediu Marx de se colocar no lugar dos polemistas e de tratar com sarcasmo os republicanos franceses da Segunda República. Quase sempre eles são descritos como seres incapazes de compreender a verdadeira dinâmica da história, como marionetes da burguesia, ou, no limite, da pequena burguesia. A própria Constituição, cuja violação indicava para autores como Benjamin Constant a ocorrência de um golpe de Estado, é tratada com ironia. Referindo-se a ela e às disputas em torno de sua preservação levadas a cabo pelos republicanos, ele diz: "Esta era a Constituição de 1848, que a 2 de dezembro de 1851 não foi derrubada por uma cabeça, mas caiu por terra ao contato de um simples chapéu; esse chapéu, evidentemente, era um tricórnio napoleônico."[169]

Marx emprega o termo golpe de Estado seguidas vezes no texto, como um operador corriqueiro da linguagem de seu tempo. Como dá pouca importância ao conjunto legal, fruto da dominação burguesa, não confere significado especial à sua violação nem aos desejos de usurpação que identifica no futuro imperador.[170] Antes de se efetivar, o golpe de Estado estava na mente de todos os burgueses e na língua falada das ruas. Todos o pressupunham, mas ninguém sabia quando iria ocorrer. Isso não se devia, no entanto, a seus olhos, a uma capacidade

---

168 Ibid., p. 348.
169 Ibid., p. 341.
170 Ibid., p. 359.

extraordinária de previsão dos agentes políticos franceses. Ao contrário, "se jamais houve um acontecimento que, muito antes de ocorrer, tivesse projetado diante de si a sua sombra, foi o golpe de Estado de Bonaparte".[171] No lento encadeamento dos fatos, Marx descobre uma lógica que se aclara com a visão da luta de classes subjacentes aos embates entre os diversos partidos. Na construção de uma nova ditadura, só o proletariado manteve exposta sua oposição aos rumos que tomara a Revolução de 1848. Fracassada, ela só podia levar ao empobrecimento da classe trabalhadora. O golpe de Estado, nesse sentido, não tinha nada de específico. Ele foi uma ação como qualquer outra que, para ser totalmente compreendida, devia ser subsumida na lógica da luta de classes. Pouco importa que ele tivesse nascido de uma violação da Constituição, ou que seus agentes recorreram à violência para perpetrá-lo. Esses traços, que costumam distinguir os golpes de Estado de outras ações no cenário político, perdem a importância quando são considerados à luz do movimento inexorável das forças históricas. O 2 de dezembro, tomado como um evento necessário do andar da história, pouco revelou do fundamento dos conflitos fundamentais entre as classes. Ele foi um ponto de chegada, mas não um farol apontado para o futuro.

Resumidamente: ao fim de seu livro sobre o 18 Brumário, Marx não oferece ao leitor uma teoria sobre os golpes de Estado. O que ele apresenta é uma história detalhada dos acontecimentos que o precederam, pensada à luz de uma teoria geral da marcha da história. O que ele pretende é mostrar como o 2 de dezembro ocorreu e como era inevitável que ocorresse. Nesse sentido, o jovem pensador alemão não buscou identificar os golpes de Estado a uma forma específica de ação política. Em alguma medida, eles não parecem ter especificidade alguma, pois fazem parte de um rol de atuações na cena pública, que levam a

---

171 Ibid., p. 389.

cabo certos desígnios de alguns de seus atores sem que para isso seja necessário investigar seu caráter particular. O interesse de Marx pela história francesa permaneceu vivo durante toda sua vida, mas o evento que iria galvanizar sua atenção estava associado à tópica das revoluções proletárias e não aos golpes de Estado. Estamos falando, é claro, da Comuna de Paris de 1871.

O fim de uma época

O ano de 1870 foi decisivo para os destinos da Europa. A Itália terminou seu processo de unificação com a reunião dos territórios romanos ao novo país. A Alemanha venceu com facilidade a guerra com a França e consolidou a formação de uma nova nação no dia 18 de janeiro de 1871, quando os príncipes alemães, reunidos em Versalhes, proclamaram Guilherme da Prússia imperador. Napoleão III foi empurrado para uma guerra, que não estava nos seus planos, e para a qual o exército francês não estava minimamente equipado. Mas um conjunto de fatores acabou prevalecendo sobre o bom senso e jogou o país em uma aventura que decretaria o fim da monarquia. É possível que poucos dos envolvidos na confusa proclamação da Terceira República, no dia 4 de setembro de 1870, tivessem consciência da importância que o acontecimento teria no futuro. As ações não foram nem um pouco coordenadas, deixando para depois a solução da maior parte dos problemas políticos mais urgentes. De imediato, refletiam a derrota nos campos de batalha e a prisão do imperador. Enquanto os exércitos prussianos marchavam em direção a Paris, encontrando pouca resistência, as discussões internas expunham um país fraturado e incapaz de definir seu futuro. Os republicanos pareciam destinados a governar o país, depois que a derrota fosse equacionada e as forças internas reorganizadas. Mas nada saiu como pretendiam. Muitos dos atores políticos mais influentes, que desejavam o fim da monarquia, se viram prisioneiros de um jogo político complexo, que era jogado por atores que compunham um espectro político que ia da extrema esquerda aos mais radicais partidários da restauração monárquica.

A rendição incondicional e, para muitos, vergonhosa da França na guerra que travara com a Prússia fez explodir Paris. Da mistura de decepção, medo e revolta nasceu uma nova revolução, que viria a ser conhecida como a Comuna de Paris. Por 72 dias, a partir do dia 18 de março de 1871, a população operária e pobre da cidade se lançou numa luta feroz contra as forças externas, mas também contra o exército francês. O saldo do sonho de instalar uma república em Paris e depois expandi-la para todo o país foi terrível. Milhares perderam a vida; mais de trinta mil "*communards*" foram feitos prisioneiros; a extrema esquerda francesa foi posta fora de combate por longos anos. A Comuna já foi objeto de um grande número de estudos e continua a fascinar pela radicalidade e determinação de seus atores principais.[172] Émile Zola (1840-1902) soube como poucos descrever o sofrimento moral e a desesperança que acompanhou os que participaram do colapso do Império e da França. Seguindo de perto em *A derrocada* os passos de seus personagens da batalha de Sedan, que selou o destino da guerra com a Prússia, até as ruas cobertas de cadáveres, durante a repressão aos aderentes da Comuna, ele mostrou com precisão o difícil caminho percorrido para a implantação da Terceira República francesa.[173]

Afastada temporariamente a possibilidade de eclosão de uma nova revolução, permanecia na memória o golpe de Estado, que

---

[172] Para uma visão sintética dos acontecimentos ver: J. Rougerie, *La Commune de 1871*. Para um estudo mais detalhado dos acontecimentos: J. Rougerie, *La Commune et les Communards*.
[173] E. Zola, *La débâcle*.

pusera fim à Segunda República. O fantasma voltou a assombrar o país quando, em 16 de maio de 1877, o presidente designado general Mac-Mahon (1808-1893) destituiu o presidente do Conselho, Jules Simon (1814-1896), que contava com o apoio da Câmara dos deputados dominada pelos republicanos. Estava dada a partida para o que poderia ter sido um golpe de Estado liderado pelos conservadores desejosos de implantar um programa regressivo de governo que chamavam de "ordem moral". Dessa vez deu tudo errado para os golpistas. Depois da dissolução do legislativo e da convocação de novas eleições, os republicanos, liderados por Léon Gambetta (1838-1882), partiram para o ataque dispostos a se servir do sufrágio universal masculino para colocar de pé a Constituição republicana aprovada em 1875. Com a vitória nas eleições do dia 14 de outubro de 1877, os republicanos afastaram os conservadores monarquistas do poder e mostraram que era possível lutar contra os golpes de Estado servindo-se das ferramentas constitucionais.[174]

Nas décadas finais do século xix, a tópica dos golpes de Estado já havia penetrado não apenas no vocabulário das disputas políticas, mas também na visão de mundo dos que estavam minimamente atentos ao que ocorria na vida pública. Em 1877, Flaubert, que aos poucos havia se aproximado do republicanismo, classificou as ações malfadadas de Mac-Mahon de "golpe de Estado interior".[175] Com essa simples denominação, ele indicava que naquele momento as camadas de significados às quais me referi até aqui estavam plenamente consolidadas no léxico político. Golpes de Estado eram vistos, em geral, como ações violentas de conquista do poder essencialmente negativas, que afrontavam as leis vigentes. Qualquer escritor de panfletos se via na obrigação de definir o que era um golpe de Estado e como

---

174 S. Berstein e M. Winock, op. cit., p. 309-330.
175 M. Winock, *Flaubert*, p. 591.

eles se distinguiam das revoluções. Onésime Monprofit, por exemplo, afirmou que as revoluções "eram obra de todo um povo que se insurge em nome do direito e da justiça".[176] Já os golpes de Estado eram tidos como ações violentas, levadas a cabo por homens poderosos, para conquistar o poder a qualquer custo.[177] Na mesma época, um certo dr. Chassagne publicou um volume confuso, cheio de dados mal alinhavados, que visava um público mais amplo. Seu livro *Histoire populaire des coups d'État en France* (História popular dos golpes de Estado na França) era vendido a um franco e circulou por vários meios sociais.[178] É difícil saber quais eram os propósitos de uma obra que coletava informações dispersas sobre vários acontecimentos, mas sua simples existência mostra como o tema havia se difundido para além dos teóricos da política.

Ao longo do capítulo, estudei um bom número de autores de língua francesa e fiz referência majoritariamente a acontecimentos da história da França. Isso pode dar ao leitor a impressão de que a problemática que me interessa ficou restrita no século XIX a um único país ou aos que se interessavam por sua história. Esse não foi, no entanto, o caso. No dia 10 de março de 1858 foi apresentada uma peça em cinco atos no Burton's New Theatre, em Nova York, com o sugestivo título de *The Coup d'*État.[179] Por meio de diálogos longos, por vezes enfadonhos, o autor, hoje desconhecido, colocava em cena os principais atores do golpe de Luís Napoleão Bonaparte, mostrando o lado violento de suas ações. Pouco importa a qualidade artística da encenação. Ela mostra que o tema e o vocabulário dos golpes já havia

---

176 O. Monprofit, *Les coups d'État, histoire et théorie. 18 Brumaire, 1830, 2 décembre*, p. 12.
177 Ibid., p. 15.
178 Dr. Chassagne, *Histoire populaire des coups d'État en France*.
179 *The Coup d'État, A Drama in Five Acts*.

viajado e ia se implantando no imaginário do século e na linguagem da política. Aos poucos, o termo *coup d'État* foi sendo adotado em outras línguas, como no caso do inglês, ou simplesmente traduzido, como no italiano. Nas décadas finais do século XIX e nas primeiras décadas do século XX, novos termos, que traduziam realidades semelhantes ou próximas dos golpes de Estado, foram sendo criados. No alemão, surgiu o termo *putsch*, significando assalto ao poder, e, em espanhol, a palavra *pronunciamento*, que significa um tipo de conquista militar do poder. Seja como for, no começo do século XX, golpe de Estado fazia parte da linguagem política ordinária e era pensado como uma ação comum, ainda que negativa, da cena pública. O progresso técnico iria acrescentar-lhe uma nova camada de significado, como veremos no próximo capítulo.

SÉCULO XX
O século da técnica e os golpes de Estado

Depois da Primeira Guerra Mundial, a Alemanha se tornou palco de uma agitação política intensa, que iria determinar os rumos de sua história pelas próximas décadas. O país, arruinado pela guerra, pressionado pelos vencedores, que haviam imposto um pesado pagamento de reparações no Tratado de Versalhes, se viu tragado numa torrente de disputas políticas e desastres econômicos que parecia não ter fim.[1] Nesse período, os partidos se dividiram em tantas tendências que era difícil compreender o mapa político do parlamento. Aliados da véspera se tornavam inimigos mortais e os governos duravam apenas o tempo para criar nova divisão nas forças políticas. Planos e conspirações para tomar o poder se multiplicavam impulsionados pela miséria, pela formação de grupos paramilitares e pela incapacidade de a República de Weimar lidar com a cena internacional.[2]

Um conjunto de eventos sacudiu o frágil equilíbrio da recém-implantada república alemã. A República havia sido proclamada em 9 de novembro de 1918 e teve sua Constituição promulgada no dia 31 de julho de 1919. Nem por isso teve vida fácil. Desde o começo foi questionada, sobretudo, pelas forças nacionalistas de direita e pelos grupos de extrema esquerda.

---

[1] R.J. Evans, *The Coming of the Third Reich*, p. 156-230.
[2] Ibid., p. 187.

Logo nos primeiros anos de existência, o número de assassinatos políticos, de insurreições e de desobediência às leis constitucionais foi tamanho que era difícil apostar em sua sobrevivência. Influenciada por esse clima de conflagração, em 13 de março de 1920, uma brigada de mais de 6 mil homens, sob o comando do capitão de corveta Erhardt, marchou sobre Berlim, onde foi saudada por Ludendorff, um herói da guerra de imenso prestígio em todas as classes sociais. Os conspiradores exigiram a demissão do governo, que prudentemente havia deixado a cidade. O líder da conspiração, o Dr. Wolfgang Kapp, exigiu o cargo de chanceler, contando com a complacência das tropas, que num primeiro momento se negaram a atirar contra seus colegas de armas. O *putsch* foi de curta duração, mas mostrou que muitos dos atores da cena política alemã acreditavam que a melhor maneira para se chegar ao poder era por meio de um golpe de Estado.[3] A chegada ao poder de Mussolini em 1922 só fez crescer a percepção de que os mecanismos da democracia parlamentar eram lentos e ineficazes para lidar com a tragédia que estava sendo vivida pelo povo alemão. O mesmo caminho parecia estar sendo trilhado na Espanha. No dia 13 de setembro de 1921, depois de uma derrota catastrófica do exército espanhol no norte da África, o general Miguel Primo de Rivera fez um *pronunciamento* e se declarou ditador. O rei Alfonso XIII permaneceu como chefe de Estado, mas, de fato, os militares, agrupados em torno da figura do general, estabeleceram um governo que iria durar até 1930.[4] Em vários países, acreditavam alguns, se alguém quisesse colocar o país num novo rumo, o melhor caminho a ser seguido era o do golpe de Estado. No caso de Kapp, o *putsch* foi mal preparado, mas nem por isso deixou de influenciar o curso da vida política alemã. Os conspiradores, com sua falta

---

3 P. Gay, *Le Suicide d'une république*, p. 188.
4 A. Beevor, *La Guerre d'Espagne*, p. 50-53.

de preparação, mostraram que mesmo atos improvisados de tomada do poder pela força eram capazes de abalar a cena pública.

No dia 8 de novembro de 1923, véspera da comemoração do nascimento da contestada República de Weimar, Adolf Hitler, o líder em ascensão de um dos partidos de extrema direita baseado na Baviera e membro da Liga de Combate Alemã, passou ao ataque tentando repetir as ações que haviam conduzido outros líderes europeus ao poder.[5] A situação na Baviera não tinha nada de simples. A região assistia ao crescimento dos grupos paramilitares e de pequenas organizações políticas, que disputavam a proeminência na cena política. Naquela ocasião, o futuro ditador não era a figura mais destacada. A personagem mais importante era o velho herói de guerra, Ludendorff, que já participara dois anos antes do complô para ocupar Berlim. As coisas eram ainda mais complicadas pelo fato de que a região era dirigida por Gustav von Kahr, um conservador, comissário geral do Estado, que governava com poderes quase ditatoriais.[6]

Apesar do clima confuso, o grupo de Hitler decidiu que estava na hora de passar à ação sob pena de ver os militantes de seu partido de extrema direita, o Partido Nacional Socialista, migrarem para outras formações. O dia escolhido, talvez por seu simbolismo, foi 8 de novembro. Por volta das 20h30, um grupo capitaneado por Hitler, Göring e Ludendorff irrompeu na Bürgerbräukeller, uma cervejaria tradicional da cidade, onde Kahr discursava para mais de 3 mil pessoas. Apesar do tumulto que se seguiu, os conspiradores, depois de atirar para o alto, acabaram sendo ouvidos e anunciaram o início de uma revolução nacional. O governo bávaro foi declarado deposto e a intenção de formar um novo governo nacional, apresentada aos presentes. Segundo os conspiradores, nenhuma resistência seria tolerada,

---

5   I. Kershaw, *Hitler*, p. 155.
6   Ibid., p. 158.

mas todos deviam ficar tranquilos, pois o golpe não era contra os líderes políticos presentes, mas contra os membros do governo federal. Os conspiradores destinavam altos postos no futuro governo aos membros do governo bávaro presentes na ocasião, o que era uma maneira de apaziguar os ânimos.[7]

Tudo havia sido muito mal preparado. Os conspiradores haviam pensado ocupar vários regimentos e locais públicos, mas nada saiu como planejado. Hitler acabou deixando a cervejaria para tentar ajudar na tomada do Quartel de Engenharia, o que acabou servindo para a liberação dos líderes do governo bávaro por Ludendorff, que havia permanecido na Bürgerbräukeller. Uma vez fora do local de detenção, eles trataram de organizar a resistência. No curso da noite, Hitler e seus companheiros intuíram que o plano de tomada do poder pela força havia fracassado, mas ainda assim organizaram uma marcha no dia 9 de novembro para ocupar o prédio do Ministério da Guerra.[8] Por volta do meio-dia, cerca de 2 mil homens se puseram em marcha. No meio do percurso, as forças paramilitares encontraram a polícia. Houve um tiroteio ao fim do qual havia quatorze golpistas e quatro policiais mortos. Os conspiradores principais fugiram, mas Hitler acabou sendo preso. Em sua curta permanência na cadeia, apenas oito meses, tornou-se a principal figura da extrema direita, conquistando a simpatia não somente de pessoas das classes mais pobres, mas de muitos membros da elite econômica e financeira.[9]

Mais de cem anos antes, no dia 9 de novembro de 1799 – o 18 Brumário –, Napoleão havia começado sua caminhada em direção ao poder, que iria exercer por quase quinze anos. Na fria manhã do golpe de Munique, quando o futuro ditador foi ferido e acabou preso, também começou uma longa caminhada para o

---

7   Ibid., p. 161.
8   Ibid., p. 163.
9   Ibid., p. 164.

poder total. Napoleão planejou bem seu golpe e tomou o poder. Hitler e seus companheiros foram desastrados, quase amadores, e colocaram tudo em risco. Alguns jornalistas da época chegaram a pensar que ele estava acabado, mas a história se encarregou de desmenti-los.[10] O importante é que as duas ocasiões provaram que, apesar das várias faces que os golpes de Estado podem apresentar, são parte integrante não somente do vocabulário político da contemporaneidade, mas também do repertório de ações que podem levar à conquista e à manutenção do poder.

* * *

A conflagração que dominou o cenário político alemão e europeu nos anos 1920 e 1930 era algo que poucos previram alguns anos antes. O sentimento de que a Europa estava destinada a uma catástrofe, dominante naquelas décadas, contrastava com as esperanças que dominavam muitos pensadores da *belle époque*. Muitos escritores, que viveram as tragédias da primeira metade do século xx, acreditaram que antes de 1914 o mundo tinha vivido um período de paz e estabilidade, que nunca mais seria recuperado. Stefan Zweig (1881-1942), em seu livro de memórias, diz que intelectuais e artistas pensavam que, com o progresso, o fim da violência e da miséria era uma questão de tempo. "Acreditava-se", diz ele, "nesse progresso mais que na Bíblia e seu evangelho parecia irrefutavelmente demonstrado pelos novos milagres cotidianos da ciência e da técnica."[11] As décadas seguintes trouxeram um amargo desmentido às esperanças bem-intencionadas dos que sonhavam com a chegada de um novo mundo no qual as ciências passariam a ter um papel determinante em favor do estabelecimento de uma paz duradoura entre

10 Ibid., p. 165.
11 S. Zweig, *Le monde d'hier*, p. 27.

as nações. O grande escritor foi um dos que foram tragados pela voragem da guerra. Mas ele tinha razão ao apontar para o papel que a ciência e a técnica teriam no novo século, ainda que elas não tenham sido nem de longe o instrumento da paz e da superação das velhas mazelas da humanidade.

O filósofo Adauto Novaes tem mostrado com grande acuidade que a técnica se incorporou de tal maneira em nossas vidas que tornou impossível pensar os destinos da humanidade separados dos caminhos trilhados por seus engenhos e práticas. Seu impacto não se deu apenas no plano do conhecimento e da produção da vida material, mas se infiltrou pelos poros da política e da vida privada. Um ser da técnica e da ciência emergiu afetando toda a humanidade sem que velhas mazelas como a fome e a violência tenham sido superadas.[12] As reflexões sobre os golpes de Estado também acabaram sendo afetadas por essa transformação radical de nossa existência. Num primeiro momento, com os juristas, tratou-se menos de transformar os golpes em uma técnica do que de pensá-los de um ponto de vista positivo, em que se sobressaía a ideia de que o conjunto das ações políticas podia ser compreendido por meio do recurso a uma visão "científica" da realidade. Rapidamente, no entanto, a ideia de que os passos para a tomada do poder pela força podiam ser codificados por meio de uma descrição minuciosa das ações a serem levadas a cabo dominou a mente de muitos pensadores a ponto de produzir verdadeiros manuais de ação, que lembravam os escritos do século XIX que ensinavam como fazer uma barricada para assegurar o controle de uma cidade. A diferença é que, nos novos tempos, a ideia do domínio da realidade pela técnica havia adquirido um tal prestígio que não havia como colocar em dúvida a eficácia dos atos ensinados pelos novos conquistadores.

---

[12] Apenas como exemplo da produção do pensador brasileiro, ver: A. Novaes, *Dissonâncias do progresso*.

O tratamento da tomada do poder a partir de uma visão positiva da técnica e da ciência coube, em primeiro lugar, aos juristas de língua alemã.

Carl Schmitt e os juristas alemães do início do século

Nas primeiras décadas do século xx, a Alemanha foi sacudida por uma série de golpes, insurreições e tentativas de revolução. O resultado da agitação na esfera política foi um clima de constante instabilidade, que contribuiu em muito para a ascensão do nazismo em 1933. Os pensadores políticos, cientistas sociais, literatos e jornalistas reagiram aos acontecimentos cada um a seu modo, mas sempre sob o signo da urgência e do medo. A expressão teórica mais completa da crise contínua que abalou o país e suas instituições foram os debates jurídicos intensos que se travaram entre os representantes de várias correntes de pensamento e seus desdobramentos em outros campos do saber. Quando falo dos juristas, é preciso lembrar, no entanto, que os trabalhos de investigação nesse território do saber foram levados a cabo em comunhão com outras esferas do conhecimento, o que as tornaram ao mesmo tempo instigantes e complexas. Foi comum nesse período que um pensador fosse ao mesmo tempo jurista, filósofo e historiador, o que tornava as discussões no cenário intelectual extremamente ricas.

Uma boa parte dos teóricos do direito na primeira metade do século passado na Alemanha se ocupavam do que se chamava "direito do Estado".[13] Isso era derivado em grande parte do fato de que o Estado e a Constituição não coincidiam em sua origem. Havia uma clara percepção de que o Estado precedia a

---

13 A. J. Jacobson e B. Schlink, *Weimar: A Jurisprudence of Crisis*, p. 2-39.

Constituição, em particular aquela de 1919, que dera origem à República de Weimar. Como o período de sua existência (1919-1933) foi todo marcado pela ideia de crise, era natural para os pensadores políticos e para os juristas pensar a partir desse referencial. Essa percepção dominava os que se mantinham alinhados com a tradição jurídica herdada do período imperial tanto quanto os que acreditavam que a Primeira Guerra Mundial havia sido um marco a partir do qual as mudanças no mundo exigiam mudanças no plano do direito. Nesse terreno convulsionado, no qual se enfrentavam diferentes correntes de pensamento, as ideias de ruptura e de exceção figuravam no topo das preocupações teóricas tanto dos que tinham adotado um ponto de vista positivista da lei quanto de seus adversários. A existência do artigo 48 da Constituição, que permitia a intervenção do presidente com o apoio das forças militares, para salvar a República, mostra o quanto a ideia de ameaça à estrutura constitucional e política fazia parte do dia a dia dos cidadãos e dos políticos do período.[14]

O tema dos golpes de Estado circulava livremente na linguagem política, assim como o da revolução, sem que necessariamente fosse objeto de uma elaboração teórica mais aprofundada. Max Weber (1864-1920), tido como um dos criadores da sociologia, por exemplo, fala com grande naturalidade que em 1890 Bismarck, o fundador da Alemanha contemporânea, só tinha duas alternativas para permanecer no poder: render-se às pressões de seus adversários, ou recorrer a um golpe de Estado. Ele preferiu renunciar. Weber não se sentiu obrigado a precisar o sentido do termo, pois certamente seus leitores sabiam a que ele estava se referindo.[15] Mais para o fim de seu escrito, no entanto, ele volta ao tema em termos bastante contundentes. Observando o clima de tensão reinante em seu país, ele prevê que o Estado corria o

14 Ibid., p. 11.
15 M. Weber, *Parlamentarismo e governo*, p. 14.

risco de ser atacado por uma série de golpes de Estado (*putsch*) diante da grave crise econômica pela qual passava. Essas ações provinham, segundo ele, dos sindicalistas, mas também das forças mais conservadoras. Essa constatação o levava a uma conclusão bastante forte: "Contra o *putsch*, a sabotagem, e semelhantes erupções politicamente estéreis, que ocorrem em todos os países – ainda que com menos frequência aqui do que em outras partes –, todos os governos, mesmo os mais democráticos e os mais socialistas, teriam de proclamar a lei marcial para não se exporem às consequências atualmente reinantes na Rússia."[16] Naquele momento, definitivamente, golpe de Estado e revolução andavam de mãos dadas no pensamento alemão.

Desde essa época, Hans Kelsen (1881-1973) ocupou um lugar de destaque no pensamento jurídico e político não apenas na Alemanha, e na Áustria, mas em todo o mundo ocidental. Figura de proa do positivismo jurídico, que se definia a partir da ideia de que as leis de Estado deveriam ser abordadas como entes autônomos, logicamente construídos, que se aproximam dos métodos das ciências naturais, Kelsen deu um alcance internacional a um pensamento que vinha sendo formulado desde a metade do século XIX na Alemanha.[17] Sua preocupação com a forma o levou a construir um sistema complexo de referências, que remetia todos os problemas a um núcleo teórico comum. Em um de seus livros mais famosos, *Teoria pura do Direito*,[18] ele afirma que sua teoria se coloca do ponto de vista normativo, do que deveria ser e não do que é do ponto de vista sociológico. Nesse sentido, a teoria pura do direito se ocupa de normas e não do que na modernidade era chamado de direito natural. Para Kelsen, a validade de uma lei não deve ser misturada com sua eficácia, que é

16 Ibid., p. 84.
17 Ibid., p. 43.
18 H. Kelsen, *Pure Theory of Law*.

importante apenas na medida em que ajuda a jurisprudência a encontrar a ordem coercitiva apropriada para uma dada situação jurídica. Resulta desse ponto de vista teórico que uma teoria do direito não deve se comprometer com valores nem com a política. Ela precisa se separar desses elementos para garantir a força normativa de seus fundamentos.

Era mais do que natural que o problema dos golpes de Estado aparecesse no pensamento de Kelsen, que o enquadra numa apresentação mais ampla da natureza do direito e suas expressões formais. De alguma maneira, isso era esperado. Em Kelsen, existe uma referência ao problema em seu livro *Teoria geral do Direito e do Estado*.[19] Como em outros autores do período, o tema aparece entrelaçado com a questão da revolução, mas o objeto da atenção do jurista é o esclarecimento do papel dessas ações na criação de um novo Estado. Suas análises partem da constatação de que um Estado não existe somente no espaço – num território –, mas também no tempo. Nesse sentido, é possível que num mesmo espaço existam dois Estados diferentes, desde que não ao mesmo tempo. No interior do pensamento do jurista, essas questões são abordadas ao mesmo tempo como problemas do direito nacional e do direito internacional. Esse entrelaçamento das duas esferas é fundamental para a análise que ele faz dos golpes de Estado.[20]

Segundo o autor, a questão geral a ser analisada é a do nascimento e da morte do Estado. A baliza para pensar esse tema é exposta da seguinte maneira:

> Um novo Estado no sentido do direito internacional passa a existir caso um governo independente tenha se estabelecido proclamando uma ordem coercitiva para um determinado

---

19 H. Kelsen, *Teoria geral do Direito e do Estado*.
20 Ibid., p. 314-315.

território, e se o governo for eficaz, i.e, se for capaz de obter a obediência permanente a essa ordem por parte dos indivíduos que vivem nesse território.[21]

Conservada essa referência, não é possível criar um novo Estado, mas apenas um novo governo no fluxo da vida política ordinária. Já do ponto de vista internacional: "Admite-se um novo governo apenas se ele for estabelecido através de revolução ou *coup d'État*."[22]

A grande novidade do pensamento de Kelsen é que ele elege o fórum do direito internacional para solucionar o problema da identidade dos Estados nacionais. Muitas das teorias que estudei até aqui, sem descurar do papel do direito internacional, tendiam a centrar as análises dos golpes de Estado no plano nacional, procurando desvendar a dinâmica das políticas internas que levam à ruptura da ordem política e jurídica. Para os que são desalojados por um golpe, como na França em 1851, a nova ordem não pode ser considerada legítima, uma vez que subverteu a Constituição. O jurista não despreza a dinâmica interna, nem poderia, mas inverte o olhar ao dizer que a melhor maneira de abordar o tema é investigando-o do ponto de vista externo. Dessa maneira, o problema da identidade de um Estado deixa de ser examinado exclusivamente pelos que participam de sua criação e manutenção e passa a ser objeto dos que terão que interagir com a nova ordem do ponto de vista do direito internacional. Um governo legítimo deve, segundo ele, ser legítimo também do ponto de vista internacional. Essa maneira de analisar o problema da irrupção de um novo governo, mesmo por meio do emprego da força, o conduz a uma conclusão, que não deixa de ter um sabor polêmico:

21 Ibid., p. 315.
22 Ibid., p. 316.

Portanto, segundo o direito internacional, revoluções vitoriosas ou *coups d'État* bem-sucedidos devem ser interpretados como procedimentos por meio dos quais uma ordem jurídica nacional pode ser modificada. Ambos os eventos são, à luz do direito internacional, fatos criadores do direito.[23]

De um certo ponto de vista, Kelsen olha para as revoluções e golpes de Estado como formas de conquista e manutenção do poder, o que coincide com a maneira como tenho conduzido minhas análises. Mas, diferente de um pensador como Maquiavel, por exemplo, ele toma o problema pelo viés do direito, mais especificamente do direito internacional. Não se pode, com isso, dizer que Kelsen é favorável ao uso da força para a conquista do Estado. Não se trata disso. O problema que ele pretende resolver diz respeito ao ponto de vista jurídico, que deve ser adotado diante do fato consumado de uma revolução ou de um golpe de Estado bem-sucedido, precisa ele. É claro que os habitantes de um Estado transformado por uma ação violenta sentem tremendamente seus efeitos na vida cotidiana. A pergunta é: como lidar na esfera internacional com esse fato? Para ele, se o novo governo for capaz de fazer respeitar uma nova constituição, ainda que produzida depois de uma sequência de atos violentos, "então, esse governo e sua constituição são, segundo o direito internacional, o governo legítimo e a constituição válida do Estado".[24]

Esse ponto de vista, diz o autor, não pode, no entanto, reclamar uma validade universal atemporal. Ele é válido apenas se houver uma norma de direito internacional que "reconheça a revolução vitoriosa e o *coup d'État* bem-sucedido como métodos de modificar a constituição".[25] As proposições de Kelsen têm

23 Ibid., p. 318.
24 Ibid., p. 523.
25 Ibid., p. 524.

valor normativo, segundo ele, apenas se for aceita a existência e validade do direito internacional como instância que determina a validade das ordens jurídicas nacionais. Se não for esse o caso, deve-se então tomar como ponto de referência o direito nacional e, nesse caso, a violação de uma constituição é um fato suficiente para negar validade jurídica ao novo governo. Como lembra o jurista, desde Aristóteles esse debate existe e é condicionado pelo ponto de vista adotado para se julgar a validade da ordem jurídica de um Estado particular.[26] Por isso, as considerações feitas por Victor Hugo sobre a ilegitimidade do governo de Napoleão III são inteiramente válidas, uma vez que foram feitas do ponto de vista do direito nacional. Nesse terreno, a violação da Constituição não constitui um meio para a criação de direito.

No campo dos juristas liberais de esquerda, próximos ao mesmo tempo do círculo de Max Weber e do positivismo jurídico, encontramos a figura de Richard Thoma (1874-1957), um dos grandes defensores da Constituição de Weimar. Seus trabalhos, escritos durante os anos anteriores à chegada de Hitler ao poder, pretendiam mostrar de forma coerente qual deveria ser o funcionamento do regime se fossem seguidos os princípios de sua formulação teórica, que tinha grande proximidade com a visão de mundo dos social-democratas. Para ele, as concepções individualistas do direito, que estavam na origem da noção de Estado no século XIX alemão, deveriam ser substituídas por uma noção mais formal da lei e do Estado.[27] Disso deveria resultar um regime parlamentar no qual os interesses do povo fossem de fato representados sem que ele se convertesse numa república popular na qual a ideia de democracia direta devesse prevalecer.

Algumas poucas referências ao problema dos golpes de Estado aparecem no pensamento de Thoma relacionadas com a

---

26 Idem.
27 A.J. Jacobson e B. Schlink, *Weimar: A Jurisprudence of Crisis*, p. 152.

questão da natureza democrática da Constituição de 1919 e o problema de sua revisão.[28] Muitos juristas da época temiam a ideia, inclusa no texto constitucional, de que a lei maior poderia ser revista a qualquer momento desde que fossem respeitadas duas regras. A primeira de que 2/3 do parlamento votasse a favor da revisão; a segunda, que um plebiscito, que obtivesse mais da metade dos votos populares, indicasse claramente a vontade de mudança da lei constitucional. Esse mecanismo, segundo alguns, acabava por introduzir na Constituição uma duplicidade no *pouvoir constituant*.[29] Ou seja, havia na verdade mais de uma instância que podia ser mobilizada para refazer uma lei, que era compreendida como um corpo de normas, que contém as regras fundamentais para a existência do corpo político. Para Thoma, a República de Weimar era o produto direto da ação dos delegados, que haviam sido escolhidos para redigir a Constituição em consonância com o governo do Reich e com os desejos populares, que se fizeram ouvir pelos partidos cujos propósitos eram bem conhecidos pelo público em geral. As ideias dos partidos políticos mais importantes presentes na Assembleia Nacional eram amplamente divulgadas, segundo o jurista e, por isso, ninguém podia alegar que não sabia o que pensavam os representantes.[30]

Thoma acreditava que o texto constitucional tinha conseguido reunir os desejos populares e os imperativos formais de uma república democrática. Para ele, a presença dos desejos da maioria só podia ser de caráter legal, pois a ideia de representar de fato uma "maioria ausente" era "meramente uma ideia ou uma ficção".[31] Apoiando-se numa concepção formal da lei, o jurista não se opunha à possibilidade de revisão constitucional. Ele

---

28 R. Thoma, "The Reich as a Democracy", p. 157-170.
29 Ibid., p. 163.
30 Ibid., p. 162.
31 Ibid., p. 162.

acreditava que havia um certo exagero no pensamento daqueles que acreditavam que a simples existência da possibilidade de revisão do texto, presente no artigo 76 da Constituição, corria o risco de ser pensada como um "sistema de golpe de Estado legalizado".[32] Apesar de sua confiança de que o mecanismo existente não era um espaço aberto para golpes de Estado, ele dizia:

> No entanto, do ponto de vista da democracia e do liberalismo, a partir do qual a interpretação deve começar, seria impossível avaliar o que a maioria das pessoas, de forma resoluta e indubitável, deseja e decide de forma legal em um golpe de Estado ou rebelião, mesmo que ele subverta os pilares básicos da presente Constituição![33]

O jurista, apesar de sua confiança na ideia de constituição, intuiu a brecha pela qual os golpes de Estado abalam as estruturas legais e as destroem. Confiante em sua compreensão positiva da natureza das leis, ele não chegou, no entanto, a avançar uma teoria sobre a destruição do estado de direito por meio de um conjunto de ações, que, no entanto, faziam parte do cotidiano da República de Weimar. Tudo se passa como se sua convicção de que as leis devem ser olhadas apenas pelo ponto de vista formal o cegasse diante da realidade dos momentos em que a lei se vê ameaçada justamente por aqueles que aceitam romper o círculo mágico da pura forma. Esse passo, em direção a uma teoria dos momentos de exceção e ruptura, foi dado por um pensador conservador que não se deteve nas portas da lógica e da coerência formal.

Golpe de Estado não foi um conceito importante em nenhuma das obras do jurista e filósofo político Carl Schmitt (1888-1985), que, antes de sua adesão ao nazismo em 1933, se apresentava

---

32 Ibid., p. 163.
33 Idem.

como um defensor da Constituição de Weimar e do Estado soberano criado na segunda metade do século anterior.[34] Mas, assim como os revolucionários franceses do século XVIII, ele foi obcecado pelas ameaças que pesavam sobre o Estado alemão e em como lidar com elas. Como mostrei, em vários momentos da modernidade, a ideia de golpe de Estado teve parentesco próximo com esse problema e se aproximou desde o século XVII da questão da soberania. A via aberta por Maquiavel, que pensava as ações de tomada do poder por meio das conspirações, teve um peso bem menor para o autor que, suprema ironia, faria parte de um importante grupo de juristas que contribuiu para destruir as instituições republicanas alemãs na década de 1930. Schmitt não foi, no entanto, estrangeiro às ações espetaculares, que mudam o curso da política e, frequentemente, os ocupantes do poder. Ele preferiu abordar o tema a partir da ideia de exceção e de crise como tantos outros de sua geração.[35]

Como ele não teorizou diretamente os golpes de Estado, meu horizonte de investigação será o de suas considerações sobre a temática da soberania e da exceção. Como esses problemas estão distribuídos em várias de suas obras, vou me concentrar em alguns aspectos de seu livro *Teologia política* e nas consequências de suas formulações principais para a compreensão dos fundamentos da vida política na contemporaneidade. As interpretações recentes da obra de Schmitt têm sido marcadas pela importância concedida ao problema do *estado de exceção* e as consequências políticas da aceitação dessa ideia como fazendo parte do universo jurídico e político das democracias

---

34 Ver a esse respeito: O. Jouanjan, *Justifier l'injustifiable: L'Ordre du discours juridique nazi*; C.Y. Zarka, *Contre Carl Schmitt*.
35 Para uma visão de conjunto do pensamento de Schmitt, ver: C. Galli, *Genealogía de la política. Carl Schmitt y la crisis del pensamiento político moderno*.

ocidentais.[36] Agamben, em seu livro *Estado de exceção*,[37] aponta para a solidariedade conceitual entre os livros *Teologia política* e *A ditadura*. Para ele, trata-se de uma chave para compreender a *démarche* de nosso autor. Para o estudioso, Schmitt, ao insistir no livro de 1921 sobre a distinção entre "ditadura comissarial" e "ditadura soberana",[38] criou as condições para fazer do conceito de soberania o núcleo de suas considerações sobre a relação entre política e direito e apontar o *estado de exceção* como o grande problema da filosofia política contemporânea.[39] Ancorar o *estado de exceção* na ordem jurídica é, para Agamben, o passo decisivo dado pelo pensador alemão. Essa afirmação se ilumina quando recordamos que, para o filósofo italiano, o século XX marcou um momento de virada na tradição política ocidental, pois fez da exceção uma prática normal de governo. Nas palavras de Agamben: "Um dos caracteres essenciais do estado de exceção – a abolição provisória da distinção entre poder legislativo, executivo e judiciário –, mostra sua tendência a transformar-se em uma prática durável de governo."[40]

A interpretação de Agamben tem o mérito de elucidar os vínculos entre um dos conceitos centrais da obra de Schmitt e algumas reflexões atuais sobre o destino das sociedades ocidentais. Além disso, ela fornece um ponto de partida interessante para a investigação do que poderíamos chamar de periculosidade da filosofia política schmittiana ao mostrar como a ideia de gestão da exceção conduz as sociedades políticas a assumir riscos incompatíveis com qualquer forma de democracia. A *démarche* de

---

36 Tratei mais detidamente essa questão em um artigo cujos argumentos sigo aqui (N. Bignotto, "Soberania e exceção no pensamento de Carl Schmitt", p. 401-416).
37 G. Agamben, *Stato di eccezione*.
38 C. Schmitt, *La dictature*.
39 G. Agamben, op. cit., p. 47.
40 Ibid., p. 17.

Agamben é instigante, mas, ao acentuar o fato de que o recurso às práticas políticas oriundas do espaço definido pelo *estado de exceção* é algo amplo na história de várias nações ocidentais, ele deixa na sombra as rupturas teóricas que sustentam essa tendência, o que, a meu ver, não dizem respeito apenas a um conflito interno ao pensamento jurídico e a seus limites. Em outra linguagem, poderíamos dizer que tudo se passa como se o pensador alemão, sem se referir a ele, tivesse naturalizado o golpe de Estado. Reconhecido não apenas que eles são parte da história moderna, mas parte integrante até mesmo dos regimes constitucionais.

A esse respeito, Jorge Dotti realça o fato de que é essencial para a compreensão da filosofia do autor investigar o uso que ele faz da ideia de exceção.[41] Para o estudioso, Schmitt lida com a questão a partir de sua oposição ao que é normal nos diversos sistemas legais.[42] Ora, esse ponto de partida não visa conferir importância ontológica ao conceito, mas apenas formular o espaço de existência daquilo que escapa à compreensão dos que se guiam pela ordem jurídica estabelecida, pois, como afirma Dotti, "as categorias legais são incapazes de descobrir o sentido do que é novo".[43] Se levarmos em conta essas considerações, compreenderemos a razão pela qual em Schmitt o conceito de soberania está intimamente ligado àquele de exceção. Ao tentar encontrar o estatuto ontológico do lugar que escapa ao normal, Schmitt encontra um dilema, pois a recusa de atribuir um significado positivo qualquer ao que escapa da ordem jurídica pode significar simplesmente que estamos diante de fatos contingentes, que não podem ser objeto de nenhuma teorização. Essa solução devolveria o problema a seu leito tradicional e o expulsaria do terreno daquilo que pode ser pensado. Ora, o grande esforço do jurista foi justamente

---

41 J. Dotti, "Some Remarks on Carl Schmitt's Notion of 'Exception'", p. 24-35.
42 Ibid., p. 28.
43 Ibid., p. 29.

encontrar um assento teórico para esse espaço entre o dentro e o fora, que, segundo Agamben, constitui "estrutura topológica do estado de exceção".[44] Voltando a falar a linguagem dos golpes de Estado, podemos dizer que Schmitt integra num mesmo espaço a ação que preserva o estado de direito e aquela que o ameaça.

Uma das formulações mais conhecidas e polêmicas de Schmitt está presente logo no início de seu *Teologia política*. Para ele: "Soberano é aquele que decide do estado de exceção."[45] Essa definição coloca em cena os dois conceitos que me interessam aqui, o de soberania e o de exceção. Cabe observar, no entanto, que uma parte da crítica recente tem tomado o problema do ponto de vista da associação entre soberania e estado de exceção e deixado na sombra o fato de que a ideia de exceção é ela mesma problemática e merece ser investigada.[46] É claro que os problemas não estão separados, mas ao acentuar na frase o *estado*, interpretado seja como um momento, seja como uma forma específica de ordenação das forças políticas, nos esquecemos de que Schmitt adverte logo no início do livro que ele está lidando com uma "noção limite" e que, portanto, a referência a situações ditas normais não ajuda a formular a questão. Dizendo de outra maneira, é necessário lembrar que o objeto das considerações do autor se encontra fora do alcance dos instrumentos conceituais que empregamos para pensar a política na vida comum das nações. Isso implica dizer que a pergunta sobre o estatuto ontológico da exceção é um problema incontornável, pois permite circunscrever a verdadeira dificuldade que é pensar nos limites da experiência humana.

Schmitt não pretende com sua definição expor uma nova ideia do que seja a soberania, ou mesmo sua ligação direta com

---

44 G. Agamben, op. cit., p. 48.
45 C. Schmitt, *Théologie politique*, p. 15.
46 Para uma leitura lúcida da questão: B. Ferreira, *O risco do político*, p. 108-111.

o problema da constituição. Seu foco está nos casos limites, no problema dos meios de efetivação da vontade daquele que deve tomar as decisões, que dizem respeito a aspectos essenciais da vida política como aqueles da segurança, do interesse público etc.[47] Como resume muito bem Ferreira, trata-se de pensar o lugar no qual "a aniquilação do direito se confunde com sua própria criação".[48] O ponto a ser ressaltado é o fato de que Schmitt nega aos sistemas jurídicos um conteúdo imanente, que os livraria da contingência que assola a vida política. O solo, para a formulação do problema da validade da norma, é o mesmo da construção da vida em comum dos homens.[49] Curiosamente, o jurista havia criticado em uma resenha o tratamento que o historiador Friedrich Meinecke havia dado ao conceito de razão de Estado em seu livro.[50] Para ele, Meinecke tendia a enxergar o conceito em todo lugar, quando, no seu entender, razão de Estado era um conceito que deveria ficar circunscrito à época de Richelieu. Mas ao procurar definir melhor a aplicação da ideia de exceção e sua ligação com a questão da soberania, não está ele buscando encontrar um uso para um conceito muito próximo daquele de golpe de Estado, tal como era compreendido por Naudé no século XVII?

Na sequência do texto citado, Schmitt adverte para o fato de que uma Constituição não pode prever quando será necessário reconhecer a exceção, "no máximo poderá dizer quem tem o direito de intervir nesses casos".[51] Nesses momentos, o soberano aparece nitidamente. "Ele está na margem da ordem jurídica normalmente em vigor, estando ao mesmo tempo submetido a ela, pois a ele incumbe decidir se a Constituição deve ser

---

47 C. Schmitt, op. cit., p. 16.
48 B. Ferreira, op. cit., p. 101.
49 Ibid., p. 103.
50 C. Schmitt, "L'Idée de raison d'État selon Friedrich Meinecke", p. 171-185.
51 C. Schmitt, *Théologie politique*, p. 17.

suspensa em sua totalidade."[52] Estamos, portanto, em um espaço paradoxal, uma vez que a ordem jurídica parece evocar o soberano para a cena política, ao mesmo tempo que arrisca de ser extinta. O fato de que o aparecimento do soberano pareça escandaloso para alguns autores deriva, segundo Schmitt, de que eles não souberam entender a lição de Bodin, para quem, segundo Schmitt,[53] a soberania é evocada sempre como uma exceção. A exceção faz aparecer na cena política uma outra tópica importante do pensamento de nosso autor: a decisão. Quando a ordem política está suspensa, o soberano é aquele que decide de tudo.

Para pensar esse espaço paradoxal, Schmitt faz questão de mostrar que ele não pode ser confundido com a anarquia, ou com o caos; há algo que subsiste, e esse algo deve ser identificado com o Estado. Nesses momentos, segundo ele, "a decisão se libera de toda obrigação normativa e torna-se absoluta em sentido próprio. No caso de exceção, o Estado suspende o direito em virtude de um direito de autoconservação, como se diz".[54] A dificuldade para se pensar o lugar da exceção é justamente que ela não pode ser subsumida nem remetida a nada. Ela é a "decisão em estado puro", para nosso autor.[55] Ora, os pensadores do direito de seu tempo, especialmente Kelsen, haviam antevisto a dificuldade em se teorizar sobre a exceção e, por consequência, sobre a soberania. Por isso, segundo Schmitt, muitos foram levados a recusar os dois temas.[56] Essa postura, longe de resolver a questão, impediu que ela emergisse na cena teórica, mas não na vida prática, no interior da qual a política se resolve.

De maneira resumida, poderíamos dizer que Schmitt alinha

---

52 Idem.
53 Ibid., p. 18.
54 Ibid., p. 22.
55 Ibid., p. 23.
56 Ibid., p. 32.

três conceitos diferentes e os toma como ponto de partida de qualquer reflexão que queira dar conta não apenas das condições da vida normal, mas da vida em comum em toda sua extensão. São esses os conceitos: soberania, exceção e decisão. Com essas ferramentas, um pensamento que queira estar em sintonia com o que ele chamava de "filosofia da vida concreta" poderá enfrentar o desafio de lidar com os casos de exceção, que, no fundo, são, para o autor, os únicos que importam.[57]

A associação direta entre soberania e exceção levou Schmitt a descurar de outras tópicas da tradição filosófica nas quais alguns dos problemas que o interessavam receberam um tratamento diferente daquele que ele propôs. Olhando para o problema dos golpes de Estado tal como o analisei até aqui, é possível fazer uma analogia entre a busca por parte dos que querem conquistar o poder, para supostamente garantir a integridade da soberania, e os que querem decretar o estado de exceção. De forma muito simplificada, uma conspiração levada a cabo para tomar o poder pode perfeitamente se valer da tópica dos golpes de Estado, ou reivindicar para seus autores o direito de decretar o estado de exceção, para pretensamente salvar o soberano.

Em outro texto, Schmitt procura se valer da noção de revolução para fundamentar sua teoria do estado de exceção. Na *Théorie de la constitution* (Teoria da Constituição),[58] ele chama a atenção para o fato de que, logo no começo da Revolução Francesa, o povo se declarou detentor do poder constituinte e coube ao abade Sieyès, autor de um célebre panfleto publicado em 1789 às vésperas da queda da Bastilha (*O que é o terceiro Estado*),[59] estabelecer a distinção entre o poder constituinte, que cabe à nação em sua integralidade, e o poder constituído, que opera no curso

---

57 Ibid., p. 25.
58 C. Schmitt, *Teoria de la Constitución*.
59 E.J. Sieyès, *Écrits politiques*, p. 115-188.

da vida normal dos povos.[60] Para Schmitt, a referência à nação é fundamental, pois permite a afirmação do desejo implícito no gesto dos constituintes de se unir por uma razão de ordem política. Ou seja, ao apontar a nação, e não o povo, como origem do poder constituinte evita-se o caráter vago e muitas vezes obscuro da referência ao elemento popular. Para o abade e deputado da Assembleia Constituinte francesa, a nação é sempre a referência última, o que leva Schmitt a identificar esse lugar com aquele da exceção: "o poder constituinte", afirma, "não está vinculado a formas jurídicas e procedimentos, quando atua no interior dessa propriedade inalienável, está sempre em estado de natureza".[61]

É verdade que, ao apelar para a representação como meio para tornar possível a feitura de uma constituição, perde-se o caráter democrático radical – presente em Rousseau – da ideia de vontade geral, mas isso não altera o fato de que na origem do processo está uma exceção, algo que não pode ser contido nos ordenamentos jurídicos prévios de uma nação. Na continuação da discussão sobre a natureza do poder constituinte, Schmitt lembra que, segundo Sieyès:

> O poder constituinte não se extingue por um ato de seu exercício. Muito menos se apoia em algum título jurídico. Quando o monarca renuncia voluntariamente a seu poder constituinte e reconhece aquele do povo, este último não reside no ato jurídico da renúncia do rei. A razão de sua eficácia está exclusivamente em sua existência política.[62]

A referência a Sieyès é precisa, quando consideramos a emergência da ideia de poder constituinte no seio da Revolução

---

60 Ibid., p. 90.
61 Ibid., p. 91.
62 Ibid., p. 106.

Francesa, mas é necessário investigar se esse momento possui as mesmas características da ideia de exceção em Schmitt. Para o pensador alemão, o estado de exceção não pode existir num vazio total. Essa afirmação visa apontar para o lugar fundamental que a nação, enquanto expressão da vontade política unitária de um povo, possui na determinação da vida política em toda sua extensão, em particular quando não possui qualquer determinação jurídica, que é o que Schmitt chama, como já vimos, de exceção.

Os pontos de confluência do pensamento dos dois autores parecem-me claros. Resta investigar as diferenças, para saber se do poder constituinte, pensado durante a Revolução Francesa, chegamos a uma ideia da exceção, que coloca a decisão como fundamento último da vida política. As ideias do constitucionalista francês, citadas pelo jurista alemão, foram desenvolvidas em escritos que, em sua maior parte, se concentram nos anos 1789 e 1790, bem antes de ele arquitetar, junto com Napoleão, seu golpe de Estado. Em particular, foi em seu discurso dos dias 20 e 21 de julho de 1789, perante a Assembleia Nacional, que ele trouxe à baila suas concepções a respeito do poder constituinte.[63] Nele, Sieyès mostra que o poder político é uma decorrência do estabelecimento de uma Constituição. Para mostrar como isso se efetiva, ele recorre a conceitos correntes em seu tempo, como aqueles de vontade geral e outros presentes nas filosofias de Hobbes e Locke. Ele indica, sobretudo, que "todos os poderes públicos, sem distinção, são uma emanação da vontade geral, todos provêm do povo, quer dizer, da nação".[64]

Esses pontos podem sugerir que a proximidade entre os dois autores é grande, mas essa impressão se desfaz quando recordamos que para Sieyès: "toda união social e, por conseguinte, toda constituição política tem por objetivo manifestar, estender

---

63 E.J. Sieyès, "Préliminaire de la Constitution", p. 1004-1018.
64 Ibid., p. 1015.

e assegurar os direitos do homem e do cidadão".[65] Além do mais, ele acredita que o homem naturalmente procura seu bem-estar e emprega todos os meios para consegui-lo. Com isso, subsiste no pensamento do constituinte traços essenciais dos pensadores liberais, inclusive a defesa da primazia das liberdades individuais, que devem ser preservadas pela Constituição.[66] O ponto que me parece importante ressaltar é o da afirmação dos direitos humanos como base e fundamento de toda constituição de um Estado livre. Ou seja, para Sieyès, o lugar designado por Schmitt como aquele do *estado de exceção* encontra seus fundamentos num conjunto de direitos que transcendem as configurações particulares das nações. Os direitos humanos presidem o esforço constitucional e não podem ser deixados de lado no momento em que uma nação escolhe seus rumos e sua ordenação jurídica. Ora, nada é mais distante do pensamento de Schmitt do que a primazia acordada aos direitos humanos no processo de feitura de uma Constituição. Isso não quer dizer que eles não possam ser incorporados por decisão do poder constituinte à sua obra, mas sim que não podem ser considerados seu fundamento. Nesse sentido, a convergência do pensamento dos dois autores se mostra ilusória, embora Schmitt tenha se mostrado tão cioso em se aproximar da obra do pensador francês. Talvez, no entanto, não tenha escapado ao jurista alemão o papel que, como vimos, Sieyès teve no golpe do 18 Brumário, que inaugurou uma nova era na política moderna. Esse aspecto nunca foi lembrado por Schmitt, mas não pode ser deixado de lado, pois afinal ele aproxima os dois teóricos em sua preocupação com os momentos de ruptura e ameaça dos quadros legais.

Se voltarmos agora nossa atenção para o problema da ditadura, quando Schmitt fornece um exemplo interessante da

---

65 Ibid., p. 1005.
66 Ibid., p. 1010.

confluência entre o problema da exceção e o da norma, alguns pontos se esclareçam. O autor separa ditadura de despotismo, como separa a ditadura em duas formas.[67] Como lembra Ferreira: "a ditadura é pensada em Schmitt como um instituto do direito público cujo conteúdo, alcance e competência, em última análise, não podem ser delimitados juridicamente".[68] Ou seja, a ditadura não é pensada como uma forma de governo, mas como uma força, que atua no limite da vida política, lá onde as leis são forjadas. A ditadura comissarial age fora dos limites legais, mas com o intuito de preservar a norma. Desse ponto de vista, Schmitt não a vê como algo que ameaça destruir totalmente a ordem, mas sim como um instrumento que procura conciliar norma e realidade.[69]

A ditadura soberana é o verdadeiro problema, pois ela aparece nos momentos em que a ordem legal colapsou e não pode nem mesmo ser pensada como algo que está em suspenso. O ditador é o soberano em sua força máxima, mas também em sua máxima indeterminação. Todo o problema está em que as diferenças conceituais entre as duas formas de ditadura não parecem se reproduzir nos fatos. Não há como colocar um limite à ação do ditador, pois senão ele não seria um, e, portanto, no terreno dos fatos, não há como impedir que uma forma de ditadura se transforme em outra. Schmitt identifica a ditadura soberana com o poder constituinte tal como pensado por Sieyès.[70] Curiosamente, ele cita a experiência da Convenção francesa entre 1792 e 1795 com um primeiro exemplo de ditadura soberana.[71] Ora, não lhe ocorre mostrar que, se de fato a França procurou

---

67 C. Schmitt, *La dictature*, p. 93.
68 B. Ferreira, *O risco do político*, p. 103.
69 Ibid., p. 105.
70 Para um estudo do pensamento constitucional de Sieyès ver: P. Pasquini, "Emmanuel Sieyès: his Constitutional Republicanismo";.
71 B. Ferreira, *O risco do político*, p. 111.

elaborar nesse período várias constituições, uma delas de inspiração girondina e outra de inspiração jacobina, nenhuma chegou a governar a vida política francesa. Ao contrário, o exercício pela Convenção do poder, que Schmitt chamaria de ditatorial, terminou na criação de um governo pelo terror e não na criação de instituições de direito. O exemplo escolhido para ilustrar a ditadura soberana é uma demonstração explícita de sua incapacidade de criar leis e de sua tendência a fazer do uso abusivo da força a regra das disputas políticas.[72]

Tudo se passa, portanto, como se para Schmitt a figura do legislador, presente ao longo de quase toda a história da filosofia política, e a figura do soberano, própria às filosofias da modernidade, se fundissem em uma só. Com esse movimento, a ideia de exceção perde seu vínculo com aquela de contingência e passa a ocupar o núcleo da argumentação schmittiana. A vida política contemporânea, segundo ele, passa a ser regida, portanto, pelo que lhe escapa. Se na vida ordinária isso nem sempre acontece, a exceção é como um ator maior de um drama que não deixará de ocorrer, uma vez que não parece possível para Schmitt encontrar formas estáveis de poder ao longo da história. Ao contrário, ele não se cansou de denunciar o liberalismo por sua tendência a buscar a neutralização da política, como mostrou muito bem Bernardo Ferreira. Para o autor alemão, uma sociedade pacificada é uma sociedade sem conflitos, o que quer dizer que é uma sociedade morta e incapaz de fazer face aos desafios do tempo, sobretudo daqueles lançados por seus inimigos. Se a busca da estabilidade é uma ameaça para a vida política, a exceção ronda a democracia como uma parte necessária de sua existência.

Se aceitarmos a aproximação entre as teorias do golpe de Estado e as considerações de Schmitt sobre o estado de exceção

---

[72] Ver a esse respeito: R. Dupuy, *La Republique jacobine: Terreur, guerre et gouvernement révolutionnaire*, p. 35-77 e 117-172.

como razoáveis, podemos dizer que ele fez da justificação da tomada do poder pela necessidade de preservar a soberania uma verdadeira cortina de fumaça teórica para esconder a natureza crua da luta pelo poder, que está no fundamento de todo golpe de Estado. Ao mesmo tempo, ele expôs a necessidade sempre presente de se buscar uma forma qualquer de estabilização do poder dos novos senhores sob pena do golpe de Estado ser desvelado em sua natureza de momento excepcional da vida política.

Talvez, por isso, Hitler tenha parecido uma solução plausível no meio da crise pela qual passava a Alemanha e que parecia requerer a identificação de um novo paradigma político, o que só pode ser feito por aquele que decide do lugar do soberano. O que parece ter escapado a Schmitt é que esse soberano-legislador dos tempos atuais, liberado dos constrangimentos impostos pelo recurso ao freio do direito natural, mas também da regra prudencial, que comandava o comportamento dos legisladores da Antiguidade, só poderia se consolidar como um tirano. Num contexto no qual se perderam as salvaguardas representadas pela tradição ou pela natureza, a decisão erigida em princípio da vida política e encarnada em um ator concreto, seja ele um homem ou um partido, é a porta para uma aventura à qual continuamos a estar expostos, mas que já mostrou sua face terrível no curso do último século. Se a obra de Schmitt, ao longo dos anos, não perdeu sua capacidade de provocar uma reflexão instigante sobre a natureza do político, também não ofereceu um obstáculo convincente aos riscos proporcionados pelo recurso aos instrumentos extremos da vida política. Os golpes de Estado parecem poder se alojar confortavelmente no seio de um pensamento que nunca se preocupou em teorizá-los diretamente, como se eles contivessem a chave que abrisse o cofre dos segredos da radicalidade de um autor cuja biografia acabaria por se desvelar de maneira inequívoca nos anos terríveis de dominação nazista.

Malaparte e seus herdeiros

O escritor que ficou conhecido como Curzio Malaparte (1898-1957) era filho de mãe italiana e pai alemão de quem herdou o nome Suckert, que sempre o incomodou em sua vida pública. Quando jovem se alistou no exército italiano e combateu na Primeira Guerra Mundial, na região dos Alpes, na qual se desenrolaram algumas das batalhas mais ferozes da campanha da Itália. Como para muitos jovens de sua geração, essa foi uma experiência decisiva e forneceu-lhe a vivência de uma camaradagem e união com seus próximos que nunca mais experimentou. Kurt Erich (Curzio) sempre foi um individualista, que se dava mal em todas as situações nas quais era necessário compor com as ideias dos outros e obedecer a imperativos da realidade.[73] Mas os tempos eram severos para os que não se integravam em nada e, depois de um percurso tortuoso, o futuro escritor acabou se inscrevendo no Partido Fascista no dia 20 de setembro de 1922, pouco antes da Marcha sobre Roma de Mussolini e seus camisas-negras.[74]

Desde o início, ele visava alto. Ele queria ser "a pena do fascismo". Como resume seu biógrafo: "Do fascismo das origens, Curzio esposou a tendência jacobina, para não dizer revolucionária, que atraía também os futuristas, os sindicalistas revolucionários, os legionários de D'Annunzio expulsos de Fiume e os insatisfeitos de todos os lugares."[75] Desse lugar ideológico, ele partiu para a conquista de uma posição de relevo no movimento fascista, que ele nunca chegou a ocupar apesar de seus esforços contínuos. O desejo de alcançar um espaço de proeminência no novo poder levou-o a ter um papel lamentável nos acontecimentos que se seguiram ao assassinato do deputado socialista

---

[73] M. Serra, *Malaparte*, p. 91-98.
[74] Ibid., p. 104.
[75] Ibid., p. 105.

Giacomo Matteotti pelos seguidores de Mussolini no dia 10 de junho de 1924. O acontecimento teve grande repercussão e, por pouco, não custou o poder ao chefe dos fascistas. Malaparte permaneceu fiel ao Duce e contribuiu para abafar o caso prestando falso testemunho sobre um dos sicários que haviam massacrado o opositor. Segundo o escritor, Dumini, bandido com o qual tinha boas relações, havia confessado a participação nas ações que levaram à morte do deputado. Mas, segundo o malfeitor, não teria havido um projeto de eliminar Matteotti. Tudo teria sido um erro lamentável. Ao mesmo tempo que encobria o assassinato, Malaparte ajudou a montar a farsa que visava atribuir a morte de um dos seguidores do Duce, Bonservizi, ao deputado assassinado Matteotti. Esse fato, completamente fabricado pela mente ambiciosa do escritor, teria levado Dumini a supostamente agir por vingança no calor das emoções.[76]

A participação do escritor em um evento tão deplorável provou sua devoção ao Duce, mas não lhe rendeu o poder que esperava. No curso dos anos 1920, Malaparte empregou todos os meios para atrair a atenção do chefe do regime fascista. Suas expectativas, no entanto, nunca foram correspondidas. Enquanto escritor, Malaparte foi aos poucos se impondo e aperfeiçoando seu estilo. Como membro do partido continuou a ser posto de lado pelos barões do fascismo. Ele não tinha um caráter sistemático. Fazia um uso controverso da história, mesmo quando supostamente conhecia bem os eventos aos quais se referia. Não tendo conhecimentos precisos de sociologia nem sensibilidade para prever o rumo dos acontecimentos, Malaparte nunca desistiu de exercer uma influência direta sobre a cena política. Entre junho de 1924 e dezembro de 1928, ele tentou levar a cabo sua "missão" por meio da revista *La Conquista dello Stato* (A Conquista do Estado), que fundou e dirigiu. Nela, pregava o

---

76 Ibid., p. 122-125.

combate contra os adversários com "o extremismo necessário" e expunha suas ideias sobre o tempo em que vivia.[77]

Em 1930, depois de um período como diretor do jornal *La Stampa* de Torino, Malaparte se encontrava desempregado, depois de ter sido demitido por razões que não eram muito claras.[78] Aparentemente servia de espião para o Duce das atividades dos patrões do jornal. Ele nunca esclareceu os fatos. Foi nesse momento que recebeu o convite do editor francês Bernard Grasset para que levasse a cabo o projeto de um livro sobre os golpes de Estado. O editor havia sido informado da existência do projeto por seu colaborador Daniel Halévy (1872-1962), que acabaria tendo um papel essencial na vida de Malaparte.[79] Destituído de seu posto e sem saber como recuperar uma posição vantajosa na máquina do partido, o escritor partiu para Paris, com os documentos em ordem e com o vago sentimento de que o Duce acabaria por reconhecer seu valor e que o brindaria com um posto diplomático, que ele nunca ocupou. Mais tarde, ele alegaria que havia se desligado do partido fascista no começo do ano de 1931. Como os arquivos do partido haviam sido destruídos no curso da guerra, ele sabia que essa informação não tinha como ser conferida. Ela era, no entanto, uma vantagem inegável para quem, depois da guerra, queria se livrar de seu passado político.

Em julho de 1931, foi publicado o livro que iria finalmente catapultar Malaparte para a fama. Inicialmente, ele pensou em intitular a obra de "Europa catilinária", mas finalmente concordou com o editor de que o título mais adequado era o que iria consagrá-lo: *Técnica do golpe de Estado*.[80] O livro foi publicado inicialmente em francês e, embora não tenha sido proibido na

---

77 Ibid., p. 117.
78 Ibid., p. 205.
79 Ibid., p. 200.
80 Ibid., p. 211.

Itália, não foi traduzido nem atraiu a atenção do Duce, para grande decepção do autor, que contava com isso para retomar sua carreira na política italiana, uma vez que, como declarava para um amigo, "sou e permaneço fascista".[81]

Técnica do golpe de Estado tem o tom e a agilidade de um panfleto, mas acabou se transformando numa referência inultrapassável para todos os que se interessaram pelo tema no curso do século xx.[82] Logo no início, o autor se refere a Maquiavel, mas a menção ao autor florentino serve apenas para ajudá-lo a indicar para seus leitores o objeto do escrito: "É claro que nem os governos nem os catilinários se colocaram a questão de saber se existe uma técnica moderna do golpe de Estado e quais podem ser suas regras fundamentais."[83] Malaparte pretende demonstrar não só que existe uma técnica, mas que é possível desvendar suas regras e aplicá-las no curso de ações políticas destinadas a capturar um Estado. Pode parecer estranho que o autor fale de catilinários no texto, que ele identifica com os fascistas e com os comunistas, atores que aparecem juntos em muitos autores da época empenhados em atacar o que chamavam de Estado liberal burguês, cujas instituições deveriam ser tomadas de assalto. Os catilinários, referência direta à conspiração de Catilina, que mencionei na Introdução deste livro, são os que se jogam na luta pela posse do poder, sem se deixar impressionar pelos obstáculos que as instituições e governantes opõem às suas ações. São os atores destemidos da conquista do Estado, que desde cedo haviam fascinado Malaparte.

A aproximação entre os dois campos – fascistas e comunistas – revela-se decisiva no curso do livro, pois os capítulos mais importantes são dedicados justamente a eles e às suas grandes

---

81 Ibid., p. 212.
82 C. Malaparte, *Technique du coup d'État*.
83 Ibid., p. 31.

figuras. É dessa maneira que Trótski ocupa um lugar central na argumentação do escritor. O cenário é a noite do dia 24 para 25 de outubro de 1917, quando o partido bolchevique partiu para o ataque e acelerou seus planos de ocupação do poder no que viria a ser conhecido como a Revolução de Outubro. Malaparte dá a entender que conhece em detalhes os acontecimentos e que as teses que defende são o produto de uma análise direta dos fatos. Visto de hoje, fica claro que o autor distorce a história para servir a seus propósitos e que tinha uma visão bastante aproximativa dos acontecimentos e da dinâmica da Revolução Russa. Mas pouco importa. Hoje sabemos que o escritor italiano se utilizava de suas fontes e de suas memórias sempre para servir a seus propósitos e que nunca foi um bom conhecedor dos acontecimentos que interpretava e que nem procurou sê-lo. O que lhe importava era avançar suas ideias e dar a elas a feição de verdadeiras demonstrações científicas.

Seguindo os passos dos revolucionários da noite fatal para o regime de Kerensky, que fora implantado em fevereiro do mesmo ano, Malaparte acreditava detectar um conjunto de ações bem coordenadas e levadas a cabo com eficiência pelos comandados de Trótski. Enquanto alguns membros do Comando do Partido ainda hesitavam quanto aos passos a dar para a conquista do poder, Trótski colocou em movimento sua "tropa de choque". Lênin hesitava, Trótski agia. Para Malaparte: "Em sua concepção estratégica, Lênin não tinha senso da realidade, faltava a ele a precisão e a boa medida."[84] Ele queria a todo preço evitar ser chamado de "blanquista", pois a insurreição não deveria se apoiar em uma conspiração, mas sobre o movimento revolucionário de todo um povo. É verdade que autores e atores ligados ao pensamento de Marx sempre criticaram as ideias de Augusto Blanqui, sobre as quais falei no capítulo anterior. O contexto russo era

---

84 Ibid., p. 39.

extremamente complexo e diferente do que fora vivido por outras nações até então, o que tornava bastante difícil agir sem cair nas armadilhas de uma insurreição mal planejada. Mas o Lênin que surge da pena de Malaparte é puramente imaginário. O perfil que ele traça do líder bolchevique serve para que ele descreva o que acreditava ser o curso de um golpe de Estado em um momento em que a modernidade afirmava seu caráter inovador.[85]

Malaparte coloca na boca de Trótski a seguinte frase: "A insurreição não é uma arte, mas uma máquina."[86] E foi essa máquina que o criador do Exército Vermelho colocou em movimento, depois de ter treinado seus comandados de maneira disfarçada nas ruas de São Petesburgo nos dias anteriores. Nesses dias, revelou-se aos olhos dos iniciados a "técnica insurrecional moderna".[87] Ela implica conhecimento exato dos principais serviços da cidade: "as centrais elétricas, as linhas férreas, os telefones, os telégrafos, o porto, os gasômetros, os aquedutos".[88] O escritor italiano acredita resumir o pensamento de Trótski e o seu próprio dizendo: "O problema da insurreição é para ele um problema de ordem técnica. Para tomar um Estado moderno", diz ele, "é necessária uma tropa de assalto e técnicos: equipes de homens armados comandadas por engenheiros".[89]

Talvez sem saber, Malaparte, com seu livro, colocou uma nova camada de significado no conceito de golpe de Estado: a camada da técnica. Pouco importa se a narrativa que ele oferece da Revolução de Outubro seja uma mistura de fantasia pessoal e história. Próximo da mentalidade de apoiadores do fascismo, como os futuristas, ele soube compreender que, num mundo

---

85 Ibid., p. 40.
86 Ibid., p. 45.
87 Ibid., p. 48.
88 Ibid., p. 56.
89 Ibid., p. 55.

marcado pela presença da técnica em quase todos os domínios da vida, não havia como deixar de lado essa nova dimensão da arena pública. Fazendo de Trótski o mestre dos golpes de Estado, por ter sabido agir segundo os imperativos da técnica, e transformando Lênin no senhor das forças políticas, ele concebeu um lugar fundamental para a noção de golpe de Estado, ao mesmo tempo que a diferenciou do conjunto de ações que normalmente se seguem à tomada do poder.

Mas não devemos nos equivocar. Malaparte defendia a existência de uma técnica para a conquista do poder, mas não era um adepto do que hoje chamamos de sociedade da tecnologia. No tabuleiro das disputas ideológicas no interior do fascismo dos anos 1920, ele se alinhava com os que desejavam que o movimento conservasse a energia inicial, que o havia oposto tanto ao socialismo quanto ao liberalismo.[90] Para tanto: "Suckert (Malaparte) interpretava e justificava ideologicamente o fascismo como um fenômeno de reação cultural, ao qual atribuía, no entanto, um conteúdo social por meio da identificação do fascismo com o sindicalismo nacional."[91]

Para o escritor, a modernidade havia imposto um padrão a toda a Europa, que só fizera desvirtuar o caminho da Itália, que não podia e não devia abandonar sua herança histórica. "O valor e o significado do fascismo se concentram em sua função de restauração da antiga ordem clássica de nossos valores nacionais."[92] Nesse sentido, ele se identificava com as correntes antimodernas do fascismo, que desejavam preservar a herança do que chamavam de povo latino.

A linguagem empregada pelo autor italiano em boa parte de seus escritos está longe da precisão que ele pregava para os que

---

90 E. Gentile, *Le origini dell'ideologia fascista*, p. 354.
91 Ibid., p. 356-357.
92 C. Suckert, "Il dramma della modernità", p. 356.

desejam conquistar o Estado. Fascistas ligados à corrente do filósofo Giovanni Gentile (1875-1944) com frequência o criticavam por isso.[93] Muitas vezes, ele fala de insurreição, golpe e revolução sem distinguir claramente seu objeto. Mas seu objetivo principal, encontrar um novo significado para a temática dos golpes de Estado, é alcançado desde o primeiro capítulo do livro e, talvez, essa tenha sido a chave de seu sucesso. Como vimos, o termo golpe de Estado havia se popularizado e penetrado em várias línguas. Na linguagem ordinária, não era raro que a ele fossem referidas várias ações levadas a cabo na arena pública, mesmo se na maioria das vezes com muita imprecisão. A audácia de Malaparte foi interpretar a série de acontecimentos, que culminou com a queda da monarquia russa e a ascensão de um poder que reivindicava falar em nome do proletariado, a partir de um conceito que, embora popular, nunca estivera no centro da reflexão dos pensadores políticos. Ao mesmo tempo, ele via no comunismo e no fascismo o mesmo ódio da modernidade liberal que impedia os povos eslavos e latinos de se conectar com suas raízes.

Historiadores contemporâneos não hesitam, muitas vezes de maneira provocativa, a dizer que a Revolução de Outubro teve um início que lembra mais um golpe de Estado do que uma ação heroica, como foi retratada por muitas obras cinematográficas e literárias posteriores.[94] Outros insistem sobre o fato de que a Revolução foi um golpe de força conduzido por um pequeno grupo e não por um movimento de massas. Nessa lógica, as ações dos dias famosos de outubro foram um golpe de Estado precipitado pelas circunstâncias. Apesar desse caráter especial, dizem alguns, elas não estavam fora do planejamento de Lênin, que desde o começo desejava que a conquista do poder coincidisse com o Congresso Pan-russo dos Sovietes, que deveria se

---

93 Ibid., p. 358.
94 O. Figes, *La Révolution Russe. 1891-1924 : la tragédie d'un peuple*, p. 613.

reunir em São Petesburgo. Diz um historiador: "A missão de organizar a insurreição foi confiada a Trótski. Preocupado em dar ao golpe de Estado do Partido uma maior legitimidade proletária, Trótski retardou os preparativos para que eles coincidissem com o Congresso Pan-russo dos Sovietes, apesar das instruções formais de Lênin."[95] Trótski ele mesmo usa o termo golpe de Estado de maneira um pouco irônica em suas memórias dizendo: "Os jornais haviam tanto e tão doidamente gritado sobre o próximo ataque de soldados armados, sobre o saque, os rios de sangue que naturalmente iriam correr, sobre o golpe de Estado, que não perceberam a insurreição que se realizava de fato."[96]

Malaparte constrói uma narrativa sedutora que faz do comandante do Exército Vermelho o inventor de uma nova forma de ação na arena pública totalmente baseada no uso racional e controlado das forças materiais. Esse conjunto de medidas e cálculos táticos, ele chama de golpe de Estado. Para dar credibilidade a seu argumento, ele mostra que Trótski acerta ao comandar a conquista do Estado em 1917, mas falha miseravelmente ao resistir à conquista do poder por Stalin. Se tivesse sido fiel aos ensinamentos que dispensou aos que o seguiram no começo da Revolução, poderia ter resistido aos ataques de seu oponente, derrubando-o, como fizera com a autocracia russa.[97] Mas, ao tentar evitar a pecha de ser um novo Catilina, ele rompeu com a ideia que defendera antes: "A insurreição é uma máquina", diz Trótski, "são necessários técnicos para colocá-la em movimento e só técnicos podem pará-la."[98]

Com a descrição do confronto entre os dois líderes soviéticos,

---

[95] M. Malia, *La tragédie soviétique. Histoire du socialisme en Russie. (1917-1991)*, p. 141.
[96] L. Trotsky, *Minha vida*, p. 273-274.
[97] C. Malaparte, *Technique du coup d'État*, p. 72.
[98] Ibid., p. 78.

o escritor italiano fixou o norte de suas reflexões e partiu para a consolidação de seu ponto de vista. Segundo ele, Trótski havia posto em prática o golpe de Estado como uma técnica, mas fracassara em conservar o poder que havia ajudado a fundar justamente por não ter sabido recorrer às mesmas ferramentas que o haviam transformado num perito na técnica de atacar o poder. O líder russo se insurgiu contra Malaparte tratando-o de teórico fascista mentiroso, que havia inventado tudo sobre os acontecimentos de outubro e sobre os diálogos entre os dois revolucionários.[99] Para o autor italiano, sempre preocupado com a notoriedade de seu nome, a crítica do revolucionário vinha a calhar. Provava que o que escrevera era capaz de influenciar a cena internacional.

Ao fixar uma nova camada de significado ao conceito, Malaparte produziu um giro interessante na história que estou contando. Sua referência a Maquiavel serve para mostrar que ele pensa os golpes de Estado como parte das ações de conquista do Estado, mas numa ótica diferente da do florentino. Em primeiro lugar, ele não acredita que a conquista deva ser pensada junto com o problema da conservação do poder. Para ele, por ser uma ação técnica, ela pode ser isolada do movimento histórico no qual se insere e pensada no contexto reduzido dos acontecimentos insurrecionais, que muitas vezes se concentram em uma única noite. Essa maneira de pensar os golpes de Estado e as conjurações, no sentido maquiaveliano, o conduzem a desconsiderar as advertências do pensador renascentista que, como vimos no primeiro capítulo, acreditava que as conspirações são ações submetidas à contingência e às incertezas dos movimentos que não podem ser objeto de cálculos precisos, como outros acontecimentos humanos. Ao conceber os golpes de Estado a partir da ideia da técnica, Malaparte se afasta de Maquiavel, ainda que ele

---

99 M. Serra, op. cit., p. 221-222.

tenha pretendido situar suas reflexões nas águas do pensamento realista do florentino. Curiosamente, ele se serve das mesmas referências a acontecimentos do mundo antigo, à conjuração de Catilina em particular, para afirmar suas teses, como se a modernidade pudesse ser conectada à Antiguidade sem maiores considerações. Dessa maneira, ele se liga com a camada de sentido associada ao emprego da força na arena pública sem se preocupar com o percurso que essa ideia fez do mundo antigo ao século XX.

Para construir seu pensamento, Malaparte sente falta de uma tipologia dentro da qual o golpe de Estado técnico pudesse ser inscrito. Ele analisa os acontecimentos da Polônia com Józef Pilsudski (1867-1935), as ações de Primo de Rivera (1870-1930) na Espanha e os movimentos do jornalista e homem público Wolfgang Kapp (1858-1922) na Alemanha. Toda a série de acontecimentos que o interessam passam pelo crivo de sua ideia matriz de que para muitos "catiliñarios" de esquerda e de direita faltava "o conhecimento do método, da tática da técnica moderna do golpe de Estado, do qual Trótski forneceu o primeiro exemplo clássico".[100] Por isso, em diversos países, os movimentos de conquista do Estado não chegaram a se completar, ficando pelo meio do caminho, depois de terem iniciado a escalada em direção ao poder. Mas o passo argumentativo para a afirmação das teses do escritor italiano não é dado apenas pela demonstração do fracasso de alguns atores políticos em aplicar as técnicas do revolucionário russo, mas no destaque dado aos casos exemplares que apontam para duas modalidades diferentes de golpes de Estado: o de Napoleão Bonaparte e o de Benito Mussolini.

O capítulo dedicado a Bonaparte tem como objetivo: "considerar que a oposição entre a concepção clássica e a concepção moderna da arte de conquistar o poder se revela, pela primeira vez, com Bonaparte e que o 18 Brumário é o primeiro golpe de

---

100 C. Malaparte, op. cit., p. 116.

Estado no qual vemos colocados os problemas da tática revolucionária moderna".[101] Malaparte não define em lugar algum o que ele chama de concepção clássica de golpe de Estado. Como mostrei, sua referência a Maquiavel é fortuita e inexata. Ele não cita Naudé, ou os autores que se ocuparam com o tema da razão de Estado. Tudo se passa como se ele devesse estabelecer limites temporais e conceituais para melhor expressar suas ideias, mesmo se para isso precisasse falsificar os fatos históricos.

O escritor italiano contemporâneo, como já observei, nunca cita suas fontes históricas. É possível que conhecesse os escritos de Jacques Bainville, que eram populares na França e na Itália e dos quais parece ter retirado alguns dos relatos dos quais se serve no capítulo dedicado a Bonaparte.[102] O importante, para ele, no entanto, é mostrar que Napoleão aplicou o primeiro golpe de Estado parlamentar da história, mas não soube ir até o fim no uso das novas técnicas que iriam marcar esse tipo de ação na modernidade. Mesmo concedendo a primazia ao futuro imperador francês na experimentação da via parlamentar para a conquista do poder, Malaparte via com desprezo esse tipo de ação.[103] Para ele, faltava o conhecimento tático necessário para que Bonaparte pudesse ser considerado um fundador integral de uma nova via da política moderna. Isso o conduziu a exagerar o papel de Sieyès no desenrolar dos acontecimentos em contradição com quase todos os historiadores de seu tempo. Para o escritor italiano, o abade havia previsto e organizado tudo. Sem ele, o 18 Brumário teria sido um fracasso completo. É difícil saber até onde Malaparte era consciente de suas fabulações e das distorções que impunha à história para afirmar suas teses. O importante, no entanto, é que, se as narrativas dos fatos

---

[101] Ibid., p. 126.
[102] J. Bainville, *Le Dix-huit Brumaire*.
[103] J.M. Denquin, "Malaparte et le coup d'État".

são obscuras e desprovidas de qualquer precisão, as ideias que defende emergem translúcidas do texto. Para ele, criticar e diminuir Bonaparte era uma maneira de glorificar o Duce ao qual dedicava todo o seu interesse e engajamento.

Na época do lançamento do livro, Malaparte fez circular a notícia de que ele havia tomado parte direta na Marcha sobre Roma e que tinha conhecimentos precisos dos acontecimentos da Polônia e da Rússia. Essas informações eram falsas, mas contribuíram para o sucesso do livro, que foi rapidamente traduzido para outras línguas, salvo o italiano.[104] O penúltimo capítulo tem por objetivo dar ao leitor a sensação de que acompanha de dentro o que se passou na Itália em outubro de 1922, quando os camisas-negras, sob o comando de Mussolini, tomaram Roma e se tornaram os mestres da Itália. Num tom exaltado, ele fala da perícia dos fascistas em preparar o golpe e em executá-lo como se fosse uma máquina. A realidade do que aconteceu naqueles dias é bem diferente do que sugere Malaparte. Houve muita improvisação e o futuro Duce temeu até o fim o destino de sua empreitada.[105] O que ele escreveu é muito diferente de uma história detalhada dos dias agitados de outubro. Para ele, a ascensão do fascismo ao poder, por meio de um golpe de Estado, era o cenário ideal para provar suas teses. Segundo sua visão, os camisas-negras ocuparam de surpresa todos os pontos estratégicos das cidades, reproduzindo o que haviam feito os comandados de Trótski em 1917.[106] Dessa maneira, puderam alcançar os objetivos que vinham cultivando ao longo dos anos anteriores, quando lançaram um combate sem tréguas contra as forças da burguesia que dominavam o Estado.

---

104 M. Serra, op. cit., p. 220.
105 Para um estudo detalhado da tomada do poder pelos fascistas, ver: E. Gentile, *Soudain, le fascisme: La marche sur Rome, l'autre révolution d'octobre*.
106 C. Malaparte, op. cit., p. 158.

Ao relacionar os acontecimentos de 1917 e de 1922, Malaparte defende, em primeiro lugar, a tese do caráter técnico dos golpes de Estado. Para ele, essa proximidade não tinha nada de excepcional, uma vez que a seus olhos "a tática seguida por Mussolini para tomar o Estado só podia ser concebida por um marxista".[107] A aproximação pode surpreender o leitor atual, mas ela visava a afirmar o caráter realista e moderno do ator destemido que era o Duce. Seu ponto de encontro com o marxismo não era seu projeto de sociedade futura, mas a escolha dos meios adequados para levar a cabo suas pretensões políticas. De forma resumida, posso dizer que o escritor italiano via no uso da violência como método para conduzir a tomada do Estado o traço que unia os atores políticos modernos e os distanciava dos liberais de seu tempo, que não aceitavam desvelar o fundo de seu pensamento e de seus projetos de dominação. Sem nuançar seus propósitos, ele afirma: "Não é pela doçura nem pela astúcia que Mussolini conduz, depois de quatro anos, sua batalha política, mas pela violência: a mais dura, a mais inexorável, a mais científica das violências."[108]

A defesa do uso explícito da violência na cena pública não era nova no contexto do fascismo italiano.[109] Muitos autores mencionavam o uso de métodos radicais para sair dos impasses que, para eles, impediam as sociedades de avançar em direção ao futuro. Entre eles, Georges Sorel (1847-1922) foi dos mais influentes. Em seu livro *Reflexões sobre a violência*, ele diz compreender as objeções levantas pelos que defendem os métodos suaves, mas que ele não considera que isso possa ser contrário a seu pensamento, uma vez que para ele somente as consequências

---

107 Ibid., p. 177.
108 Ibid., p. 163.
109 Ver a esse respeito: Z. Sternhell, M. Sznajder e M. Asheri, *Naissance de l'idéologie fasciste*.

ideológicas da violência importam.[110] O pensamento do autor francês não se limitava a fazer a apologia do uso da violência. Suas ligações com o sindicalismo revolucionário o conduziram a pensar o papel do proletariado na condução das forças históricas em consonância e à distância do marxismo ao mesmo tempo. Como os marxistas de seu tempo, ele via na sociedade liberal burguesa um organismo fossilizado, que não podia mais fazer a sociedade avançar. Ao mesmo tempo, ele dizia que os marxistas deixavam de lado o papel dos mitos sociais e com isso impediam que os proletários pudessem se conectar ao próprio destino.[111]

Sorel se colocava, no começo do século XX, como um sindicalista revolucionário, adepto da tática da greve geral que, segundo ele, podia revolucionar o marxismo e, por essa via, a sociedade inteira. Num artigo publicado no jornal *Le Matin* do dia 18 de maio de 1908, chamado "Apologia da violência", ele afirmou sem meias medidas: "Hoje, eu não hesito em dizer que o socialismo não poderia subsistir sem uma apologia da violência." Mais à frente ele completa: "A greve é um fenômeno de guerra; é pois uma grande mentira que a violência é um acidente que vai desaparecer das greves."[112] Mussolini, em sua juventude, estava muito próximo de algumas das posições de Sorel. Durante os anos que passou na Suíça (1902-1904), tomou contato com as ideias do autor francês, seguiu alguns cursos do sociólogo Vilfredo Pareto (1848-1923) na Universidade de Lausanne, leu Nietzsche e Schopenhauer.[113] Desse período ficou a sensação de que os caminhos tradicionais do socialismo do século XIX não mais serviam para os que, como ele, queriam revolucionar a sociedade. Mais tarde, quando escreveu junto com o filósofo Giovanni Gentile o verbete sobre o

---

110 G. Sorel, *Réflexions sur la violence*, p. 273.
111 Z. Sternhell, M. Sznajder e M. Asheri, op. cit., p. 71.
112 G. Sorel, op. cit., p. 433-434.
113 P. Milza e S. Berstein, *Le fascisme Italien*, p. 92.

fascismo para a Enciclopédia italiana, ele reconheceu que muitas das ideias com as quais teve contato no período de sua formação ainda reverberavam no fascismo.[114]

Na Itália, nos anos que se seguiram à Primeira Guerra Mundial, Agostino Lanzillo (1886-1952) se encarregou de difundir as doutrinas de Sorel e de outros sindicalistas revolucionários, acrescentando a ideia de que era preciso forjar uma Terceira Força na política italiana para retirá-la do impasse em que se encontrava entre um socialismo que perdera a energia transformadora e o liberalismo imóvel dos governantes. Depois dos acontecimentos dos anos anteriores, não havia como negar que o uso da força era não só legítimo, para os que queriam mudar o estado das coisas, mas necessário.[115]

Malaparte havia sofrido a influência das correntes de pensamento que se disputavam na cena italiana e europeia e certamente conhecia as linhas gerais do pensamento do Duce e dos principais ideólogos do regime. Fazer o elogio da violência e associá-la aos golpes de Estado o ajudava a explicitar sua posição no seio das querelas doutrinais, que dominavam os meios fascistas italianos. Ao mesmo tempo, pensava ele, suas concepções o colocariam em boa posição aos olhos do Duce, que não deixaria de remarcar o refinamento de suas ideias. De alguma maneira, ele soube incorporar ideias que nem sempre andavam juntas no cenário cultural do fascismo, para elaborar uma visão original da questão da conquista do poder, que desde a juventude o havia interessado.

Para desespero de Malaparte, Mussolini não deu a menor bola para o seu livro. Da mesma maneira, seus planos de ingressar na diplomacia do Estado italiano fracassaram. Mas seu livro proporcionou-lhe uma evidência nos círculos intelectuais com a qual sonhava, mas que até então não conhecera. A nova

---

[114] E. Gentile, *Le origini dell'ideologia fascista*, p. 191-192.
[115] Ibid., p. 191-194.

camada de significado que foi acrescentada ao conceito de golpe de Estado foi uma virada fundamental nos estudos sobre a questão. Para operar esse giro, o escritor, talvez influenciado por seu pensamento antimodernista dos anos iniciais do fascismo, deixou de lado as considerações do século anterior, que colocavam no centro das reflexões o caráter destruidor da legalidade próprio aos golpes de força e o fato de que eles não podiam ser identificados com as revoluções. Da modernidade, que ele aparentava detestar, Malaparte conservou apenas a referência à violência explícita nos atos de assalto ao poder. Mas essa camada ele encontrava na farta literatura da Antiguidade sobre as conspirações, sem precisar recorrer aos autores do começo da Era Moderna. Seja como for, nos anos 1930, no auge do fascismo, um de seus escritores apontou para uma dimensão dos golpes de Estado que até hoje desafia os estudiosos da questão.

Malaparte não deixou um herdeiro no sentido tradicional do termo. Seu caráter narcisista e extravagante não produzia vínculos de proximidade com seus contemporâneos. Mas seu pensamento circulou muito naqueles anos e influenciou pensadores e investigadores das gerações futuras. Em seu tempo, ele se gabava de ter tido um sucesso extraordinário em vários países. Como sempre, ele exagerava um pouco, mas não se pode negar que sua obra foi recebida e estudada em muitos meios intelectuais e políticos. Um certo Olivier Brichet, por exemplo, defendeu em 1935 uma tese de doutorado na Faculdade de Direito da Universidade de Paris na qual citava abundantemente o texto do autor italiano. Num dado momento, ele chega a dizer que Malaparte "descreveu brilhantemente as operações que se desenrolaram na Rússia" sem se dar conta do caráter fantasioso das descrições dos acontecimentos do período abordado no livro.[116] Brichet afirma ter aprendido

---

116 O. Brichet, *Étude du coup d'État en fait et en droit:. Thèse pour le Doctorat*, p. 96-97.

com o escritor italiano que "o golpe de Estado é uma ação excessivamente rápida, que coloca em questão todo o regime político".[117] Seu caráter técnico se impõe pelo fato de que, para serem bem-sucedidos, os conspiradores não necessitam ter convencido uma parte importante da população da correção de seus projetos. Basta disporem de um grupo coeso de atores para tomar de assalto o Estado.[118] Essa era a tese do escritor italiano a respeito das ações de Trótski. Na esteira de Malaparte, o autor da tese não considera o movimento de manutenção do poder conquistado parte do golpe de Estado. As questões que decorrem da mudança de regime são, segundo ele, de outra natureza e não devem ser levadas em conta por quem prepara o ataque ao poder. Uma coisa é a execução do golpe de Estado; outra, o estudo de suas consequências.[119] A partir desse ponto do texto, Brichet procura alargar as bases de sua reflexão, ainda que as marcas do pensamento de Malaparte sejam visíveis até o fim do texto. Nos anos 1930 foram muitos os artigos na imprensa que fizeram referência à *Técnica do golpe de Estado*. Por caminhos inesperados, talvez para ele mesmo, o autor alcançou a fama que tanto desejava ao publicar um texto que, em sua visão, deveria servir para ajudá-lo a cair nas graças dos grandes líderes fascistas. Mais tarde, ele diria que o livro causou sua perda, o que era apenas parte da estratégia que adotou depois da Segunda Guerra para apagar os traços de seus vínculos estreitos com o regime fascista. A verdade é que o livro, junto com os romances que publicou posteriormente – *Kaputt* e *A pele* – garantiram a continuidade da reputação do autor que um dia sonhara ser o grande intelectual de Mussolini.

O fato é que, muitas décadas depois, seu pensamento continuava a ressoar. Em 1968, um historiador e cientista político

---

117 Ibid., p. 77
118 Ibid., p. 109.
119 Ibid., p. 147ss.

nascido na Romênia em 1942 e mais tarde radicado nos Estados Unidos publicou um livro que fazia eco ao livro de Malaparte. Edward Luttwak se formou na Inglaterra e se firmou como um estudioso de estratégia militar, tendo servido como conselheiro a governos e empresas no mundo todo. Seu livro é uma mistura curiosa de observações práticas e afirmações genéricas sobre a política. Como o escritor italiano, Luttwak possui uma personalidade narcisista e megalomaníaca, que repercute em tudo o que faz até hoje. Para escrever sobre o tema, ele mobilizou uma mistura de ironia e arrogância, que ajuda a compreender o sucesso de um escrito que estava inteiramente fora da curva dos interesses da maior parte dos pensadores políticos dos pós-guerra.

Os anos 1950 e 1960 foram palco de golpes de força para tomada do poder em quase todos os continentes. Em alguns países da África e das Américas se tornaram tão frequentes que um observador ingênuo poderia acreditar que eram um procedimento corriqueiro para efetuar a transição de poder. Em que pese, no entanto, a presença de golpes de Estado em tantos países, a palavra que estava em todas as bocas ainda era revolução. No Brasil, por exemplo, que sofrera um golpe de Estado militar em 1964, os primeiros livros de importantes opositores do novo regime, como Caio Prado Júnior, se preocupavam, em primeiro lugar, com a chamada revolução brasileira e não com o estudo detalhado da temática do golpe.[120] Na Europa, as gerações nascidas depois de 1945 desejavam criar um novo mundo e não refletir sobre formas de ação política que pareciam destinadas a perecer.[121] Escreveu-se muito sobre política, sociedade e história na década de 1960, a ponto de Tony Judt tê-la chamado de "era da

---

120 C. Prado Júnior, *A revolução brasileira*.
121 T. Judt, *Pós-guerra:Uma história da Europa desde 1945*. Ver especialmente o capítulo xii, "O fantasma da revolução", p. 396-426.

Teoria".[122] Nesse contexto social, político e cultural, o estruturalismo, representado por antropólogos como Claude Lévi-Strauss (1908-2009), e o marxismo, em suas várias vertentes, tiveram um papel de destaque e influenciaram de forma vigorosa uma geração que pretendia virar o mundo de ponta-cabeça em todos os seus aspectos. À pauta política e social se agregava a reivindicação para uma verdadeira revolução dos costumes, que deixou marcas profundas em vários campos da vida dos países afetados pelos muitos movimentos de contestação que explodiram em várias partes do mundo.[123]

O livro de Luttwak foi lançado em 1968. Pode ser que naquele momento ele não tenha se interessado pelo que se passava na França, na Itália, na Alemanha, nos Estados Unidos e em outros países, mas não podia desconhecer as revoltas estudantis e operárias que explodiam todos os dias. É até possível que não acreditasse no sucesso das movimentações, que tomavam conta de cidades como Paris, mas nada disso transparece em seu texto, que logo no início se anuncia com um manual.[124] Tendo estudado na Inglaterra e lecionado na Universidade de Bath no começo da vida, suas referências teóricas eram certamente diferentes daquela dos jovens franceses, italianos e alemães, mas não havia como não ter ouvido falar das discussões teóricas que galvanizavam os jovens de sua geração, ainda que tivesse escolhido um outro caminho. Seja como for, o jovem de 26 anos, que resolveu lançar um escrito polêmico, quando parte do mundo estava motivada pela esperança de uma profunda transformação das estruturas sociais e políticas vigentes, também não faz referência alguma aos autores do que se convencionou chamar de tradição

---

122 Ibid., p. 404.
123 Ibid., p. 406-414. Ver também: E. Hobsbawm, *Era dos extremos:. O breve século XX (1914-1991)*, p. 293-296.
124 E.N. Luttwak, *Tecnica del colpo di Stato*, p. 11.

anglo-americana, que naquele momento já começavam a estudar o problema dos golpes de Estado por um outro viés, como teremos ocasião de ver.

Luttwak dá grande importância ao método, que podemos chamar de "história comparada", usado para analisar os passos de um golpe de Estado. Em todo o livro, ele lança mão de exemplos da história contemporânea para afirmar a correção de suas teses. Com esse procedimento, pretende mostrar que golpes de Estado são ações "neutras", que podem servir a atores de todas as cores ideológicas. Por isso, acredita ele, pode usar o termo "técnica" sem ter de explicar para seus leitores as implicações teóricas contidas em sua escolha. Na esteira de Malaparte, o cientista político pretende fazer da ação política matéria a uma racionalização extrema, desembaraçada do problema dos valores. Numa linguagem que não era a sua, podemos dizer que, para ele, os golpes de Estado não eram nem de direita nem de esquerda. Eles não eram certos ou errados do ponto de vista ético ou segundo um conjunto de referências cívicas. Eram apenas uma das maneiras de se conquistar o poder pouco estudada pelos que se ocupavam de política, embora frequentemente usada pelos que ambicionam um novo *status quo*.[125]

Logo no início do livro, ele define conceitos como revolução, guerra civil, *pronunciamento*, *putsh* e liberação. Sem que fique muito claro as razões que o levam a separar, por exemplo, os golpes de Estado dos *pronunciamentos*, ele chega a uma definição, que pretende ser definitiva, para guiá-lo no resto do estudo. Para ele: "O golpe de Estado consiste na infiltração de um setor, limitado, mas crítico, do aparato do Estado e em seu emprego com a finalidade de subtrair do governo o controle dos setores remanescentes."[126] De posse dessa definição, que chama de

---

125 Ibid., p. 32.
126 Ibid., p. 33.

oficial e funcional, pode se lançar em sua tarefa principal que é esclarecer como ocorre um golpe, quais seus momentos principais e como evitar as armadilhas que, desde o começo, ameaçam os que pretendem tomar o poder.

Luttwak não cita outros autores. No começo de suas análises parece seguir Maquiavel, quando discute a disposição das populações em aceitar mudanças. Diz ele que quase sempre elas são aceitas, quando parecem favorecer os interesses reprimidos de parte importante do povo. As dificuldades surgem quando os novos donos do poder não se mostram capazes de responder de imediato às suas reivindicações. Para Maquiavel, esse momento delimita, como vimos, a passagem da conquista para a manutenção do poder. Nesse ponto do texto, Luttwak parece deixar de lado suas referências ao passado para seguir seu caminho. Essa referência escondida ao pensador florentino no fundo importa pouco, pois o que o autor contemporâneo deseja ao longo de todo o livro é afirmar a objetividade de suas considerações. Ele lista assim os fatores que favorecem um golpe de Estado: crise econômica, a derrota militar ou uma guerra longa envolvendo o país, a instabilidade crônica das instituições.[127]

A presença desses fatores não assegura, no entanto, que um golpe de Estado seja possível. Para responder à pergunta sobre a possibilidade de sucesso de uma ação dessa natureza, é preciso que algumas condições sejam preenchidas. A primeira condição é de ordem social e econômica. O país-"alvo" (termo que emprega o tempo todo) deve limitar a participação política a uma pequena parcela da população.[128] A participação à qual se refere o autor diz respeito, em primeiro lugar, à limitação econômica, mas ela se completa com o fato de que essa condição primária conduz, na maior parte das vezes, a uma baixa participação da

---

127 Ibid., p. 38.
128 Ibid., p. 45.

população nas decisões políticas. A segunda condição, afirma nosso autor, é que: "O Estado-alvo deve ser substancialmente independente e a influência das potências estrangeiras em sua vida política deve ser relativamente limitada."[129] Sem isso, fica impossível calcular o estado real das forças do Estado a ser ocupado, uma vez que os fatores externos podem se tornar determinantes no momento em que as ações se engajarem. Por fim, para que um golpe seja bem-sucedido, é preciso que ele tenha um "centro político". Sem isso, fatores geográficos ou étnicos podem fazer com que os atacantes terminem com uma vitória apenas parcial, que não lhes garante a posse do poder e os expõe à represália do governo e de seus aliados. Esse teria sido o caso do golpe intentado por Hitler em 1923.[130]

À luz desse conjunto de considerações, fica claro para Luttwak que tomar o poder por meio de um golpe de Estado não é algo simples. Numa revolução, diz ele, a tarefa é bem mais radical, pois visa a destruir um poder e colocar em seu lugar algo inteiramente novo. Nesse contexto, os métodos de ação só podem ser radicais e expõem, de imediato, uma fratura do corpo político, que não pode ser sanada por meros procedimentos de repressão policial. Num golpe de Estado, o que se deseja é a posse das estruturas de poder já instaladas. De um lado, pode parecer mais fácil de ser realizado, mas, de outro, aponta para o fato de que um governo tem sempre adeptos que não estão dispostos a abrir mão de suas prerrogativas em favor de um outro grupo minoritário que pretende derrubá-los.[131] A fase crítica de um golpe é sempre aquela na qual a conspiração já foi descoberta, ou se desvelou, mas ainda não tomou as rédeas do poder. Essa observação leva o autor a dizer que a característica principal de

---

129 Ibid., p. 54.
130 Ibid., p. 68.
131 Ibid., p. 71.

um golpe de Estado bem-sucedido é a rapidez das ações levadas a cabo pelos conspiradores.[132]

Com o correr do texto, vai ficando claro que Luttwak incorpora em suas análises muitas das camadas de significados que foram sendo depositadas no conceito de golpe de Estado ao longo dos séculos. Não é possível afirmar que ele tivesse consciência disso, mas elas são bem visíveis. Por exemplo, ele se refere ao termo usando referências que lembram muito a linguagem do Renascimento. As ações são precedidas por uma conspiração, que deve ser mantida em segredo, sob pena de fracassar.[133] Da mesma maneira, ele mostra que, para apreendermos corretamente a natureza do objeto que analisa, é fundamental diferenciá-lo das revoluções, que haviam mudado a face da modernidade e que continuavam a frequentar o imaginário político de seu tempo. Como Malaparte, ele não dá importância ao fato de que um golpe de Estado é uma violação, em boa parte dos casos, de uma Constituição, como insistiram os escritores do século XIX. Ele prefere afirmar o caráter técnico das ações, o que o coloca em sintonia com seu predecessor, que havia aflorado a camada da técnica nos significados que podem ser atribuídos ao termo.

Essa é a trilha pela qual segue o autor. O livro abunda em referências fatuais, que ajudam a explicar as teses que defende, mas que também obscurecem os pressupostos teóricos que as sustentam. O esforço de Luttwak é o de delimitar de tal maneira o objeto de seus estudos que, ao fim, não seja possível colocar em dúvida o conteúdo de suas análises. Nesse caminho, um passo decisivo é dado quando afirma: "A fase ativa de um golpe de Estado é análoga a uma operação militar, mas sob uma forma intensificada."[134] Essa aproximação é essencial para os argu-

---

132 Ibid., p. 72.
133 Ibid., p. 110.
134 Ibid., p. 186.

mentos do autor, mas tem seus limites, pois um golpe de Estado não tem profundidade temporal, ele ocorre em poucas horas, ou no máximo dias. Por isso, diferentemente de uma batalha clássica, os conspiradores não podem ter forças de reserva. Devem engajar todas as forças, para não arriscar uma reação que pode ser fatal para seus propósitos. Um golpe de Estado também não pode ser comparado a uma batalha no que diz respeito a um comando fixo ao qual se deve reportar o tempo todo. A fluidez do comando e das ações são condições importantes para o sucesso da empresa.[135]

Segundo Luttwak, um golpe de Estado, para ser bem-sucedido, deve seguir uma técnica que indica os caminhos e os perigos que circundam os conspiradores. O ponto crucial é a neutralização das forças que podem impedir o golpe. Devem ser anuladas: as polícias, os serviços secretos, as forças militares e as forças políticas. Por isso, antes de se jogar na ação, os atacantes devem conhecer as condições reais de cada parte do aparelho de Estado, para transformar uma ação dirigida a uma delas num ato contra toda a estrutura estatal. Pois como afirma o autor: "Nosso objetivo não é de destruir militarmente as forças legalistas (uma vez que sempre se pode resolver administrativamente o problema de seus quadros depois do golpe de Estado), mas simplesmente de imobilizar essas forças por poucas horas cruciais."[136]

Resumidamente, podemos alinhar alguns objetivos que devem ser atingidos para que o golpe dê certo. O primeiro deve ser a tomada dos lugares mais visados como o palácio do governo, o comando da polícia e do exército.[137] O segundo objetivo são os centros técnicos como os correios, as centrais de energia, as rádios e outros meios de comunicação. Normalmente, esses são

---

135 Ibid., p. 187.
136 Ibid., p. 190.
137 Ibid., p. 202.

objetivos mais fáceis de serem conquistados, pois são defendidos de forma menos sistemática.[138] Por fim, há indivíduos que são capazes de liderar a reação ao golpe e que devem ser isolados desde o início.[139] "Uma vez que nossos objetivos foram ocupados, as forças legalistas isoladas e o restante da burocracia e das forças armadas neutralizadas, a fase ativa (e mais mecânica) do golpe de Estado estará concluída."[140] Depois disso, só resta aos novos donos do poder estabilizar suas conquistas agindo sobre os elementos que podem oferecer alguma resistência: o aparato militar, a burocracia, os atores políticos e as massas. Para cada estrato, é preciso um tipo de ação, mas todas devem ser coordenadas para assegurar o sucesso final da empreitada.

Luttwak recheia seus argumentos com uma série de tabelas e referências históricas que ajudam a conferir confiabilidade a seus argumentos. Como já disse, esse procedimento parece bastante convincente se deixarmos de lado o fato de que, na maior parte do livro, esconde uma certa concepção da política e de seus meandros. A grande aposta teórica do autor é a aproximação entre a política e a guerra, que tem uma longa tradição na história do pensamento político e não só ocidental. É por meio dessa estratégia argumentativa que Luttwak consegue delimitar seu objeto e torná-lo claro aos olhos de seus leitores. Com ele, a camada de significado trazida por Malaparte, no terreno aberto por Schmitt, se consolida definitivamente em torno da noção de golpe de Estado. Isso não quer dizer que todas as outras camadas estejam presentes em cada autor que se ocupa do tema. No caso dos dois escritores citados, a camada do século xix, que tem a esfera constitucional como referência, simplesmente não é levada em conta. Mas ela permanece disponível para pensadores para os quais a

---

138 Ibid., p. 204.
139 Ibid., p. 205.
140 Ibid., p. 208.

ideia de Constituição é fundamental para se pensar a democracia e seus mecanismos institucionais em nossa época.

Com os dois escritores um novo caminho se abriu para os pensadores políticos. Para além da nova camada de significado, ao tratar o golpe de Estado como uma técnica, eles ajudaram a pensar que golpes de Estado são ações passíveis de serem compreendidas por meio de métodos quantitativos, que tanta importância adquiriram nas ciências sociais e políticas, em particular nos países anglo-saxônicos. É claro que nem todos os pesquisadores dos últimos anos concordam com as teses dos dois autores, mas muitos se serviram delas como de uma ferramenta para abrir um novo caminho de investigação em torno de uma questão que continua a fascinar e a intrigar as mentes mais abertas. Antes, porém, de voltar o olhar para essas abordagens, voltemos um instante para a França, que tanta importância teve na história que estou contando.

O golpe de Estado permanente

As duas primeiras décadas que se seguiram ao fim da Segunda Guerra Mundial foram marcadas na França pela forte instabilidade das instituições e pelo complexo processo de descolonização. Com a derrota do exército francês em maio de 1954 na Indochina e sua posterior retirada, ficou claro que a ordem mundial estava mudando e não havia muito o que fazer para manter o *status quo* das antigas potências coloniais. Com a eclosão da chamada Guerra Fria, os EUA viram seu poder e prestígio aumentar ainda mais no mundo, o que forçou os países europeus a mudar a linha de sua conduta na cena mundial. A França resistia, em alguma medida, aos efeitos do novo quadro geopolítico temerosa de perder seu lugar no concerto das nações. Ela se opunha até mesmo a partilhar integralmente sua defesa militar com seus parceiros europeus agregados nos novos mecanismos surgidos com a guerra, como era o caso da Organização do Tratado do Atlântico Norte (Otan).

Traumatizado com a derrota na Ásia, o exército francês passou a considerar a conservação do território argelino como essencial para os destinos do país. Perder mais uma colônia parecia impensável para os militares e para uma franja importante da classe política atemorizada pelo fantasma do declínio. Somava-se a isso o fato de que as instituições da IV República, nascidas depois de 1945, se mostravam incapazes de estabilizar a vida política do país, levando a uma sequência sem fim de conflitos entre os parlamentares, que almejavam o poder, e os membros do executivo. Foi nesse contexto convulsionado que, no dia 13 de maio de 1958, um grupo de militares, com o apoio explícito de dirigentes políticos locais e, certamente, com a cumplicidade de um grupo amplo de atores políticos e militares da metrópole, se reuniu em Argel na praça Plateau de Glières junto com uma multidão, que foi crescendo ao longo do dia. Por volta das 5 horas da tarde, um grupo de manifestantes atacou o Fórum onde se concentrava o governo local. Nesse dia especial, o nome de alguns generais, que iriam marcar a história do período – Salan, Jouhaud, Massu, Allard –, apareceram misturados aos de líderes estudantis e políticos locais. Embora o general Massu tenha afirmado em conversação com os governantes em Paris que "não se tratava de um golpe de Estado" e que os revoltosos queriam apenas afirmar que a Argélia deveria permanecer francesa, o fato é que haviam ultrapassado um limite e não havia como desconhecer a gravidade dos fatos.[141]

Os dias seguintes ao movimento de Argel foram de grande tensão. No momento em que o Fórum foi ocupado ocorreram

---

141 G. Anderson, *La guerre civile en France, 1958-1962. Du coup d'État gaulliste à la fin de l'OAS*, p. 83.

manifestações em pelo menos 17 cidades na metrópole. Depois que o general Massu anunciou do balcão do prédio governamental a criação de um Comitê de Salvação Pública, a ideia se espalhou pela Argélia e, em menos de 24 horas, a iniciativa foi replicada em quase todas as grandes cidades do território.[142] Onze dias depois dos acontecimentos na África do Norte foi a vez da rebelião se expandir para a Córsega com a tomada da prefeitura e a ulterior formação de um Comitê de Salvação Pública aos moldes de Argel. Ao mesmo tempo se intensificavam os preparativos pelos generais próximos de Salan para um ataque a Paris com tropas de paraquedistas. O medo invadiu a cidade e uma boa parte da classe política. Pode parecer estranho para o leitor atual que a França metropolitana tenha se sentido tão ameaçada pela ação de tropas que estavam baseadas fora da Europa.[143] É preciso, no entanto, lembrar que a nata do exército francês se encontrava na Argélia naquela ocasião e era superior tanto em número quanto em equipamentos às forças baseadas na metrópole. Um ataque a Paris era possível, sobretudo por contar com apoio também entre os militares baseados perto da capital. Um segundo aspecto importante é que as forças armadas haviam passado por um processo radical de politização nos últimos anos da experiência colonial e acreditavam ser responsáveis pelo destino da França.

Durante esses dias, o general de Gaulle, herói incontesto da Segunda Guerra Mundial, teve um comportamento ambíguo, que exasperou mais de um líder político. Desde o início do golpe, os partidários da ação, que o consideravam uma alternativa para o que acreditavam ser os desmandos e a fraqueza da IV República, gritavam seu nome. Muitos de seus amigos o procuraram para que ele tomasse as rédeas dos revoltosos. O líder socialista Guy Mollet, ao contrário, chocado com os acontecimentos da Córsega,

---

142 Ibid., p. 86-87.
143 Ibid., p. 100.

se dirigiu ao general para exigir que ele agisse contra os conspiradores. "Uns loucos se lançam numa tentativa de pronunciamento e o senhor ainda não os criticou até agora", escreveu ele, enquanto a situação política e militar se degradava.[144]

De Gaulle calculou cuidadosamente seus passos. Seus partidários estavam em contato permanente com os conspiradores de Argel, sem, no entanto, se declararem inteiramente favoráveis ao golpe e a seus intentos. Com a tensão ao máximo, a invasão de Paris era uma questão de horas no dia 29 de maio. Por volta das 19 horas, o velho general se dirigiu ao palácio do Eliseu, sede do poder francês. Depois de uma longa conversa com o presidente René Coty, De Gaulle aceitou a investidura como chefe do governo, o que se consolidou no dia 1º de junho daquele ano com seu discurso diante do parlamento. O golpe dos generais baseados na Argélia parecia ter dado resultado.[145] A IV República chegava ao fim sem muitas glórias em seu currículo.

Uma nova Constituição foi apresentada por ocasião de uma festa na praça da República em Paris no dia 4 de setembro de 1958.[146] Ela seria promulgada no dia 4 de outubro depois de ter sido referendada por 80% dos eleitores na metrópole e 97% na Argélia. Com a fundação da V República, o poder executivo foi notavelmente fortalecido. O general de Gaulle, que se tornaria presidente da França entre 1959 e 1969, congregava todas as esperanças de que uma solução harmoniosa seria encontrada para os conflitos que dividiam o país. Desde os primeiros meses de governo, ele se deu conta de que não seria nada fácil aplicar seu programa e suas ideias sobre o futuro da França. Os militares, lançados no centro da cena política, não desistiam de ocupar um lugar determinante no interior das forças que decidiam os

---

144 Ibid., p. 103.
145 Ibid., p. 125.
146 Ibid., p. 148.

destinos da nação. Eles passaram a exigir cada vez com mais força o atendimento de suas reivindicações, que estavam focadas na manutenção da Argélia como parte integral da França. Essa demanda tinha a simpatia de parte da população francesa, sobretudo dos moradores europeus do território norte-africano, mas estava longe de ser uma questão fácil de resolver. A presença das forças armadas na África do Norte, a guerra que se travava contra as forças locais favoráveis à independência, consumiam uma parte importante do orçamento militar e atiçavam a crítica em várias partes do mundo, sobretudo, depois que ficou claro que o exército francês se servia da tortura como uma de suas armas prediletas.

De Gaulle chegou ao poder por meio de um golpe de Estado levado a cabo por alguns generais baseados na Argélia, com a cumplicidade, maior ou menor, de muitos de seus colaboradores mais próximos. Longe de pacificar as forças em disputa nos primeiros anos de seu mandato, ele teve de enfrentar uma série de tentativas de tomada do poder por grupos variados, muitas vezes perpetradas pelos generais que o haviam apoiado no início. No começo de 1960, um acontecimento que ficou conhecido como a Semana das Barricadas sacudiu a cena política, quando um grupo de militares misturados com civis ocupou o centro da cidade de Argel e, bem na tradição francesa, levantou barricadas, que resistiram por quase uma semana aos apelos e aos ataques das autoridades.[147] Este acontecimento levou a uma série de reformas jurídicas, que só fizeram aumentar o poder do Estado para reprimir os que se revoltavam contra suas determinações. Mas as medidas não foram suficientes para conter a agitação sem fim que dominava a cena pública francesa.

Nesse período, o vocabulário político ficou saturado com vocábulos que exprimiam o medo, as ambições e os desejos de boa

---

147 Ibid., p. 184-210.

parte do universo político. Com as constantes movimentações de forças antagônicas, o temor da guerra civil se imiscuiu nas conversações corriqueiras. Falava-se muito na imprensa dos perigos que rondavam o país dividido por conta da política argelina, mas também com relação aos rumos que a França devia tomar no interior da Europa e no mundo. O cidadão comum discutia os acontecimentos nos cafés temendo que o país se perdesse em disputas internas, que poderiam acabar por destruí-lo. O exemplo da Espanha de antes da guerra (1936-1939)[148] lembrava a todos que a guerra civil era uma possibilidade real na Europa, ainda que o contexto geral fosse diferente daquele dos anos 1930. A Guerra Fria servia para alimentar o medo de que a combinação de forças internas e externas pudesse conduzir o país a uma ruptura interna sem recuperação.[149] Uma série de atentados, que sacudiram a França no período, e a revelação de que cidadãos franceses faziam parte da rede de apoio dos partidários da independência argelina convenceram uma parte da opinião pública de que os riscos de uma guerra fratricida era real.[150] Ao lado dessa apreensão, a referência aos golpes de Estado também passou a ser frequente na linguagem cotidiana da política como se fosse normal discutir a tomada do poder por meios excepcionais.

No mês de março de 1961, mais uma tentativa de um grupo de militares de tomar o poder pela força convenceu até os mais céticos de que o perigo era real. De Gaulle jogava com a ambiguidade para preparar, segundo muitos, o abandono da Argélia. Isso era inaceitável para a população europeia que vivia no território africano e para muitos militares, que travavam uma guerra duradoura para conservar a Argélia ligada à França. No

---

148 A. Beevor, *La guerre d'Espagne*.
149 D. Armitage, *Civil Wars: A history in ideas*.
150 G. Anderson, op. cit., p. 211-240.

dia 22 de abril, os rebeldes, coordenados por generais como Challe, Jouhaud, Zeller e, é claro, Salan, tomaram a dianteira do processo de contestação da política do Estado com relação ao problema colonial. Suas ações pareciam orientadas pelos escritos de Malaparte e Luttwak. Eles ocuparam os pontos estratégicos da cidade de Argel, controlaram as comunicações, prenderam os representantes do governo, que estavam presentes e, de novo, assumiram o controle do Fórum, local onde funcionava o governo. Tratava-se de um golpe de Estado cujas consequências pareciam decisivas para a continuidade da v República. Como das vezes anteriores, a ocupação de Paris por tropas de paraquedistas favoráveis aos revoltosos foi anunciada, mas nunca cumprida.[151] De Gaulle, em discurso dirigido à nação no dia 23 de abril, falou dos atores do golpe de Estado como "de um poder insurrecional que se estabeleceu na Argélia por meio de um 'pronunciamento' militar".[152] Embora o tom fosse calmo, ele sabia dos riscos que corria e nos meses seguintes fez uso de todos os poderes que a Constituição lhe concedia para fortalecer sua posição enquanto chefe de Estado e acabar com a conspiração. Decretando o estado de urgência ainda naquele mês, ele se deu os meios para lidar com uma crise que parecia não ter mais fim. A França foi sacudida por atentados dos membros da Organisation Armée Secrète (OAS), que se opunham à independência da Argélia e pela presença e ações dos adeptos da Front de Libération Nacionale (FNL), que desde 1954 lutavam contra o governo francês. Foi um período difícil que só encontrou um desfecho com os Acordos de Évian, em 18 de março de 1962, que abriram as portas para a criação do Estado argelino.

A v República francesa, que dura até hoje, foi fundada em 1958, tendo por ato inaugural um golpe de Estado. Maquiavel sabia

---

[151] Ibid., p. 256-268.
[152] Ibid., p. 260.

que os fundadores devem agir sozinhos e deixar escondidos nas brumas do tempo os atos que praticaram para fundar um novo poder.[153] De Gaulle e seus partidários provavelmente também conheciam os riscos simbólicos e práticos de ter uma Constituição associada a um conjunto de atos contrários às leis vigentes no momento em que o processo de destruição da IV República se embalou. Mas havia pouco a ser feito. Os atores de 1958 não tinham nem mesmo como recorrer à prestigiosa tópica das revoluções, pois era evidente que não fora isso o que ocorrera nas ruas de Argel. Por outro lado, sabiam que não podiam aceitar o fato de que uma Constituição republicana tivera suas origens em um golpe de Estado. De fato, essa era uma novidade. Em geral, os autores de golpes de força se serviam da nova situação para governar de maneira ditatorial. Carl Schmitt, como vimos, defendia explicitamente esse caminho, como uma forma suposta de garantir a continuidade das leis. Mas os gaullistas não queriam se associar a um pensador comprometido com o nazismo nem pretendiam afirmar que o poder nascente da V República era um poder ditatorial. Restava-lhes criar uma narrativa diferente para o que se passara naqueles dias de maio de 1958.

Serge Berstein e Pierre Milza resumiram muito bem o dilema em que se encontram até hoje historiadores, pensadores políticos e personalidades públicas dizendo:

> Resta um problema histórico que apresentaremos sem resolvê-lo. O general de Gaulle retornou ao poder na esteira dos insurgentes de Argel e seu regime porta a marca original do golpe de Estado, que lhe deu nascimento, como acusa a esquerda? Ou, não tendo aprovado a insurreição, embora compreendesse seus motivos, ele se interpôs para evitar a ameaça de uma guerra civil respeitando rigorosamente as formas

---

153 N. Machiavelli, "Discorsi sopra la prima deca di Tito Livio", p. 223-225.

legais (designação pelo Chefe de Estado, investidura pela Assembleia, aprovação pelo referendo popular)?[154]

Esse debate permanece aberto até hoje. Maurice Agulhon, historiador da França contemporânea, em um livro no qual percorre o caminho da ideia de golpe de Estado na história francesa, afirma, sem hesitação, que à luz do que foram os golpes do passado, muitos dos quais examinei aqui, não se pode classificar os acontecimentos de maio de 1958 como um golpe de Estado.[155] Já o historiador Grey Anderson, no livro que usei para me orientar, não hesita em empregar o termo no título de seu escrito, para se referir aos acontecimentos que deram origem à v República francesa. O certo é que a questão tem algo de especial. Olhando a criação da nova República francesa apenas do ponto de vista da conquista do poder, não há razão para não classificar como um golpe de Estado as ações dos generais nos dias fatídicos de 1958 nem os movimentos que desencadearam nos anos seguintes. Nada falta nas insurreições que dominaram a história francesa entre 1958 e 1962, quando De Gaulle conseguiu dar uma solução, ainda que parcial, para o problema colonial. Os golpes nasceram em maior ou menor segredo, foram organizados por conspiradores, que visavam o poder e conheciam as engrenagens das instituições republicanas, se serviram das forças militares que comandavam, ocuparam os centros nevrálgicos das cidades, como recomendavam os autores que estudei antes. Mas as coisas se complicam quando olhamos para a fase da manutenção do poder conquistado. De Gaulle, de fato, expandiu ao máximo suas atribuições no seio do governo, mas não é evidente que tenha aspirado à ditadura. No segundo momento do golpe, ele

---

[154] S. Berstein e P. Milza, *Histoire de la France au xxème siècle. II-1930-1958*, p. 671.
[155] M. Agulhon, *Coup d'État et République*, p. 77.

se comportou como alguém que desejava dotar seu país de um quadro legal e constitucional capaz de tirá-lo dos impasses nos quais estava atolado para lançá-lo na modernidade tecnológica, que parecia o rumo seguido pelas outras nações desenvolvidas.

A polêmica sobre o significado dos acontecimentos que apresentei não atingiu apenas os historiadores e pensadores e jornalistas, mas também homens e mulheres, que foram marcados pelos acontecimentos e deles participaram diretamente, como foi o caso do futuro presidente François Mitterrand (1916-1996). Nos anos 1950, ele já era, junto com Pierre Mendès France (1907-1982), de quem foi ministro, uma figura marcante da esquerda, que se opunha ao movimento político que viria a ser conhecido como gaullismo. Quando publicou seu livro *O golpe de Estado permanente*, em 1964,[156] a política francesa parecia ter encontrado um novo ponto de equilíbrio com o fim das guerras coloniais, mas estava apenas se recuperando do trauma causado pelas muitas guerras nas quais os franceses haviam se envolvido, conduzidos pelas decisões erráticas dos governantes da IV República. O livro foi um sucesso. Escrito de forma elegante e incisiva, mostrou para o grande público o talento de polemista daquele que viria a ser um dos presidentes mais marcantes da história da v República (1981-1995). Nele, o velho general é objeto de uma sequência de ataques bem orquestrados retoricamente, que o colocam não só ao lado dos conspiradores de 1958, mas como seu verdadeiro guia e mentor.

Mitterrand não tinha a intenção de escrever um tratado teórico sobre os golpes de Estado. Mergulhado no universo semântico das ações políticas, que interferem no curso dos acontecimentos fora dos quadros institucionais tradicionais, ele lança mão de um vocabulário forjado ao longo do tempo. Ele fala, por vezes de maneira indistinta, de sedição, conjuração, rebelião, *putsch*, golpe de

---

156 F. Mitterand, *Le coup d'État permanent*.

Estado. O fundamental está em uma de suas frases de efeito: "Entre De Gaulle e os republicanos existe, em primeiro lugar e sempre, o golpe de Estado."[157] O livro deve ser lido, antes de tudo, como uma ação política de combate ao gaullismo em seu momento de afirmação do ponto de vista de um republicano de esquerda. Isso não invalida, no entanto, uma leitura que procure desvelar as teorias políticas mobilizadas pelo autor para construir sua narrativa.

O futuro presidente não tinha dúvidas de que o velho general havia confiscado o golpe de Estado, articulado pelos militares baseados na Argélia, para servir a seus propósitos.[158] Desde o início, observa o autor, os conspiradores tinham dois caminhos: a busca do apoio de De Gaulle, depois da formação do Comitê de Salvação Pública em Argel, ou o emprego da força em um ataque direto da metrópole, que exigiria uma solução radical por parte da classe política. O problema é que, em ambos os casos, a presença do general herói não podia ser descartada. Mitterrand considera que, uma vez iniciado um golpe de Estado, só restam duas vias. Na primeira, quando o golpe é vitorioso, os novos senhores do poder podem simplesmente descartar os adversários restantes e estabelecer um novo governo. Se o golpe fracassa em suas primeiras horas, só resta aos conjurados "transformar o *putsch* em guerra civil, conduzir a batalha em todos os terrenos, destruir o adversário pelo ferro e pelo fogo, considerar como inimiga toda fração do território nacional que resiste".[159] Em ambos os casos, os conspiradores têm de associar o poder conquistado por vias ilegais à violência que o viu nascer.[160]

Esse foi o dilema no qual se viram envolvidos os golpistas de 1958 e do qual se aproveitou De Gaulle. Afinal, ninguém desejava

---

157 Ibid., p. 73.
158 Ibid., p. 61.
159 Ibid., p. 65.
160 Ibid., p. 66.

abertamente uma guerra civil na França. As lembranças da Espanha ainda eram vivas para que alguém desejasse repetir o que havia acontecido naquele país. Com habilidade, o velho general, e seu grupo político, soube disfarçar, segundo Mitterrand, a tomada do poder em ações que lembravam, pela forma, a maneira como Carl Schmitt pensava o estado de exceção.[161] É pouco provável que De Gaulle tenha sido influenciado pelo jurista alemão. Mas ele segue, com propósitos diferentes, o mesmo caminho que fora trilhado pelo jurista ao falar do uso da força para preservar a ordem legal. A diferença é que, para o pensador alemão, esse era um caminho válido, ao passo que, para Mitterrand, a ditadura deve ser sempre condenada. Daí uma das afirmações mais conhecidas do livro: "De Gaulle, ditador, é possível que ele não tenha nem o gosto nem o desejo da coisa. Mas que a v República tende à ditadura, seu sistema judiciário o prova de maneira evidente."[162]

Do ponto de vista teórico, podemos dizer que Mitterrand segue a linha de pensamento que associa os golpes de Estado ao nascimento dos regimes violentos. Para ele "uma ditadura não pode, sem se contradizer e se destruir, agir contra sua lógica que é a de submeter à sua lei os homens e as coisas..."[163] Num país de forte tradição bonapartista, segundo ele, a solução encontrada pelos conspiradores tinha algo de natural. Ele afirma: "Chamo o regime gaullista de ditadura porque, considerando tudo, é a isso que mais se aparenta, pois é em direção de um reforço contínuo do poder pessoal que ele tende ineluctavelmente, porque não depende mais dele para mudar de rumo."[164] Golpe de Estado, violência, momento de exceção, ditadura – esse é o caminho seguido pela França depois de maio de 1958; essa é

161 Ibid., p. 78.
162 Ibid., p. 207.
163 Ibid., p. 83.
164 Ibid., p. 84.

a matriz teórica da qual se serve o futuro presidente para interpretar os fatos. Para muitos de seus contemporâneos, essa via de compreensão dos acontecimentos pareceu razoável, sobretudo por se acordar perfeitamente com a via dominante de análise dos golpes de Estado desde o século XIX. À camada de significado da presença da violência e do uso da força, ele agrega a oposição à revolução e a violação constitucional, que os partidários do general pretenderam esconder. Mitterrand também se lembra dos que, como Malaparte, haviam tentado forjar uma interpretação técnica dos golpes de Estado, observando, no entanto, que os golpistas franceses haviam escolhido limitar o desgaste provocado pelas ações brutais.[165]

É no momento de interpretar o que chamei até aqui da fase de manutenção/consolidação do poder dos conspiradores que ele agrega o termo que dá nome ao livro. Segundo ele, para se conservar no poder, o general De Gaulle tinha de manter a pressão sobre as instituições e os atores políticos. A essa ação contínua, Mitterrand chama de golpe de Estado permanente. Segundo ele, "um golpe de Estado permanente supõe uma mobilização extraordinária de energia, uma tomada radical do Estado até seus mais ínfimos mecanismos, o enraizamento do partido majoritário até que ele se pareça como um irmão a um partido único".[166] Como a primeira fase do golpe não pode durar eternamente, é preciso, segundo Mitterrand, "abandonar as maneiras da conjuração".[167] Isso é possível construindo novas formas de dominação que mascaram a origem do poder. Faz parte, portanto, do golpe de Estado permanente sugerir e aprovar uma nova Constituição, que possa ocupar aos olhos da população o lugar daquela que foi violada e destruída pelo golpe. Já aos olhos

---

[165] Ibid., p. 92.
[166] Ibid., p. 87.
[167] Ibid., p. 119.

de Mitterrand, as ações de 1958 haviam seguido todos os caminhos tradicionais dos golpes de Estado na modernidade e só podiam conduzir a uma ditadura como a que ele via dominando a França naqueles longínquos anos 1960.

O golpe de Estado permanente é um escrito teoricamente coerente. Nele encontramos várias das camadas de significados que foram se agregando ao conceito ao longo do tempo. Também há uma análise arguta dos acontecimentos do período depois da guerra. No momento em que foi publicado, caiu como uma luva para os republicanos de esquerda, que sentiam um certo mal-estar diante do que estava acontecendo no país sacudido pelas guerras coloniais, por atentados perpetrados por aderentes de múltiplas correntes ideológicas e por uma vida parlamentar atravessada por conflitos sem fim. Mitterrand forneceu um norte teórico e uma ferramenta retórica de combate contundente para os que se opunham ao caminho do gaullismo. No meio das profundas divisões do país, ele mostrou que o novo regime sofria de um vício de origem que parecia não poder ser sanado. Com o passar do tempo, no entanto, as coisas foram se tornando mais complexas. Afinal, sem que tenha havido uma grande transformação constitucional, Mitterrand foi eleito presidente da República por dois mandatos. Nesse período, as origens da nova Constituição não foram esquecidas nas brumas da história, como recomendava Maquiavel. A vida política francesa havia seguido seu curso e, apesar de muitos percalços, havia conseguido se estabilizar.

Dizendo de maneira direta: a história da v República continua a desafiar o pensamento político ao sublinhar o fato de que (aparentemente) uma república livre pode se originar de um golpe de Estado. É claro que partes da oposição ao gaullismo continuou a sustentar que seu poder nasceu de um ato de força. Nesse caso, o preço a pagar por esses agentes políticos foi o ostracismo da vida política regular, à espera de que novos tempos restituíssem a inteira legitimidade e legalidade dos verdadeiros regimes livres. Para os que aceitaram as novas regras do jogo, ficou o peso de agir na cena pública sob a égide de uma Constituição que, do ponto de vista das doutrinas que classificavam 1958 como golpe de Estado, deveria ser considerada ilegítima. Está claro que esse não é o comportamento da maioria dos atores políticos franceses, que se engajaram na vida pública do fim dos anos 1950 até hoje. Alguns estudiosos procuraram evitar o que podemos chamar de dilema da v República, afirmando, em sintonia com as teorias mais influentes sobre os golpes de Estado, que o que ocorreu naquele ano em que o velho general voltou à cena política foi uma revolução e não um golpe de força levado a cabo por militares.[168] Nesse sentido, a fundação de um novo corpo político se deu pelo mesmo caminho dos outros regimes oriundos de revoluções na modernidade. A nova lei constitucional nasceu quando o antigo corpo político se dissolveu e arriscava perder sua unidade. Nesse quadro, só lhe restava desaparecer ou refundar-se.

Essa maneira de ver as coisas é compatível com os significados surgidos no século xviii e xix e que se agregaram ao conceito aqui examinado. Ela oferece uma solução teórica coerente para o problema que apontei. Resta saber se ela descreve corretamente o que aconteceu na história política contemporânea da França. Não tenho a pretensão de resolver o enigma da República francesa atual. As duas soluções apontadas têm seu mérito ao evitar as dificuldades de se associar um regime de liberdades a um golpe de Estado. Mas prefiro aceitar que se trata de um desafio teórico ainda não resolvido do que me alinhar com uma das duas soluções – a da ditadura ou a da revolução –, que possuem coerência argumentativa, mas deixam de lado o fato primordial de que o regime republicano continua a existir na França até hoje sem que tenha sido solucionado o enigma de sua fundação.

---

168 F. Rouvillois, "La v République, un coup d'État de tous les jours?", p. 191-211.

As ciências sociais e a tomada do poder pela força

Depois da Segunda Guerra Mundial, os estudos sobre o tema central deste livro se multiplicaram de tal maneira que seria preciso escrever um livro só para dar conta de todo material publicado. Golpes de Estado passaram a fazer parte da vida política de nações de todos os cantos do planeta e a desafiar pensadores que acreditavam que os Estados constituídos depois da Segunda Guerra Mundial se veriam livres do pesadelo das tomadas de poder pela força. O caso francês, que acabei de examinar, mostra bem que nenhum continente se viu livre dos movimentos de ataque ao poder que se dirigiram contra várias formas políticas e institucionais.

Para continuar o percurso que fiz até aqui, escolhi apresentar trabalhos que tiveram impacto decisivo tanto no campo das ciências sociais quanto na maneira como a imprensa e a opinião pública de muitos países passaram a olhar os golpes de Estado nas últimas décadas. Sem ter a pretensão de criar uma tipologia capaz de dar conta de todo o campo intelectual mais recente a partir da obra de alguns autores, vou lançar mão de três pensadores que, cada um a seu modo, contribuíram para forjar algumas das análises teóricas mais influentes de nossa época. O primeiro autor será o conservador Samuel Huntington (1927-2008), que ficou famoso nos anos 1990 com suas teorias sobre o choque entre civilizações. Em segundo lugar, vou examinar os escritos do cientista político especialista em questões de terrorismo David C. Rapoport (1929-). Para terminar vou recorrer aos escritos do cientista político, economista e professor de direito Gordon Tullock (1922-2014), que teve um papel decisivo na chamada escola da Escolha Pública, que propugna o exame das sociedades atuais a partir da investigação dos laços entre a política e a economia. Embora as teorias elaboradas pelos três tenham poucos pontos de convergência, todos apostam na ideia de que é possível abordar o problema dos golpes de Estado servindo-se de ferramentas intelectuais retiradas de vários campos das ciências sociais contemporâneas. Ainda que não façam uso direto dos estudos de autores como Malaparte, os três acreditam, de maneira diferente, que uma abordagem a partir do ponto de vista da técnica pode ser útil para desvendar os movimentos de ocupação do poder por meios alheios aos quadros legais e constitucionais. A partir dessa crença, eles concederam uma carta de nobreza a um tema que até a segunda metade do século passado era pouco visitado por cientistas políticos, sociólogos e economistas.

Quando o livro de Huntington foi publicado em 1968, o Ocidente vivia um momento de grande efervescência política. Nos Estados Unidos, a escalada na Guerra do Vietnã elevara a temperatura política a níveis extraordinários. O assassinato de Martin Luther King (1929-1968) no dia 4 de abril mostrou que os grandes progressos alcançados pelos muitos movimentos que haviam se engajado na luta pelos direitos civis se faziam num contexto conflagrado e ao preço de muitas vidas. O livro de Huntington, *Ordem política nas sociedades em mudança*,[169] não fala de nada disso. É claro que ele não desconhecia o que estava acontecendo à sua volta, mas acreditava que sociedades como os Estados Unidos, a Inglaterra e a União Soviética tinham um tal grau de desenvolvimento institucional que dificilmente protestos como os que estavam ocorrendo poderiam abalar o edifício político de cada um dos regimes aos quais se refere. A inclusão da União Soviética no grupo de nações que resistiam com facilidade aos solavancos da conjuntura, mesmo quando expressos em movimentos de massa, provocou muitas críticas e, com o tempo, se revelou uma descrição inexata da realidade daquele país. Mas sua observação da natureza dos regimes supostamente resistentes aos

---

169 S.P. Huntington, *Political Order in Changing Societies*.

solavancos da conjuntura estava em conformidade com as estruturas conceituais que o cientista político forjou para compreender as mudanças contínuas às quais estavam sujeitas uma boa parte das sociedades contemporâneas.

O objeto central do livro são os muitos regimes que, ao longo do século xx, foram sacudidos por desastres políticos e econômicos, rebeliões civis e militares, corrupção endêmica das elites políticas e golpes de Estado. Países da África, Ásia e América Latina fornecem o grosso do material empírico sobre o qual se baseiam as análises do autor. Uma de suas teses fortes é a de que a presença da violência e da instabilidade na cena pública desses países se deve às mudanças sociais rápidas e à mobilização de novos grupos na arena política em contraposição com o lento desenvolvimento das instituições políticas.[170] Contrariamente a muitos estudiosos de seu tempo, que acreditavam que o desenvolvimento econômico levava necessariamente ao desenvolvimento político, tese que orientou a política externa americana do período, Huntington achava que essas duas variáveis eram independentes, ainda que pudessem em diversas circunstâncias terem algum grau de interação.[171] Isso representava uma verdadeira revolução teórica e criava um campo de análise bem diferente do que sustentava uma boa parte das pesquisas políticas americanas.

Para estudar as mudanças nas sociedades contemporâneas, mas não apenas, é preciso levar em conta o nível de desenvolvimento das instituições políticas. O autor tem uma ideia bem ampla do que são essas instituições, que situa no terreno das manifestações de comportamento em torno do "consenso moral e no interesse mútuo."[172] Para orientar suas reflexões, Huntington estabelece desde o início um conjunto de referências que o

170 Ibid., p. 4
171 Ibid., p. 6.
172 Ibid., p. 10.

acompanham ao longo do livro. A maioria delas se refere ao estado de desenvolvimento das instituições. Para ele: "Institucionalização é o processo pelo qual organizações e procedimentos adquirem valor e estabilidade. O nível de institucionalidade de qualquer sistema político pode ser definido pela adaptabilidade, pela complexidade, autonomia e coerência das organizações."[173] Com esses parâmetros, é possível conhecer o estado real das instituições e sua vulnerabilidade aos ataques destrutivos das forças envolvidas nos diversos processos políticos. As instituições, em toda sua complexidade, são o fator determinante na estabilidade das sociedades políticas. Como se anunciasse um teorema, o autor afirma: "Sem instituições políticas fortes, a sociedade não possui os meios para definir e realizar seus interesses comuns."[174]

À luz dessas balizas teóricas é que o problema dos golpes de Estado surge quase naturalmente no texto. O autor não afirma de maneira peremptória que sociedades bem estruturadas, como as que cita no início do livro, não podem sofrer golpes. Seus argumentos, no entanto, levam o leitor a considerar que o verdadeiro objeto a ser pesquisado, quando ele fala de "sociedades em mudança", são os países em constante instabilidade política. Ainda que o tema apareça de forma dispersa em vários capítulos do livro, é no momento de tratar o que chama de "sociedades pretorianas" que o autor aprofunda seu estudo sobre os golpes de Estado. Numa primeira abordagem da questão, do ponto de vista de Huntington, podemos dizer que ele a considera como um caso específico de tomada do poder, o que o coloca em sintonia com muitos estudiosos que citei ao longo do livro, inclusive com o ponto de vista que adotei desde o início. Ao realizar, no entanto, um estudo abrangendo várias formas políticas em mudança, o autor acaba não concedendo centralidade ao tema

---

173 Ibid., p. 12.
174 Ibid., p. 24.

que me guia aqui. Para ele, golpes de Estado não possuem um caráter especial na vida política, apesar da frequência com que ocorrem na cena política mundial.

Depois de tratar das monarquias tradicionais e de mostrar que, dado seu caráter fechado, são regimes vulneráveis a mudanças,[175] o autor afirma que golpes de Estado são as formas mais brandas de transição nos regimes monárquicos que chegam ao fim. A outra possibilidade são as revoluções violentas, que botaram abaixo mais de um regime, abrindo com frequência espaço para regimes ditatoriais.[176] Como quase todos os autores que abordaram esse tipo de questão nos tempos atuais, Huntington se vê obrigado a diferenciar os golpes de Estado das revoluções. Para ele, há uma gradação entre os diversos movimentos que alteram a face das sociedades. Golpes de Estado costumam mudar basicamente as lideranças políticas e suas políticas de governo, enquanto as rebeliões ou insurreições afetam em geral a liderança, suas políticas e também as instituições. As revoluções são movimentos extremos e raros, que explodem os quadros institucionais e aceleram a participação política como em nenhum outro ato político. O resultado é a criação de uma nova sociedade, na qual os quadros institucionais devem ser completamente reconstruídos.[177]

O cientista político se coloca assim em sintonia com a ideia de que o aparecimento dos eventos revolucionários alterou o significado de outras transformações sociais e políticas, como apontei no terceiro capítulo. Golpes de Estado implicam, segundo Huntington, na presença de um uso intenso, mas limitado da violência interna. Como diz o autor: "O golpe de Estado – a guerra limitada de violência doméstica – pode ser substituído

---

175 Ibid., p. 188.
176 Ibid., p. 191.
177 Ibid., p. 264.

pela guerra revolucionária ou outra insurreição violenta envolvendo elementos numerosos da sociedade."[178] Ele não afirma que essa seja uma sequência lógica e necessária do desenrolar das transformações políticas, mas sim que ela aponta para um conjunto de possibilidades que podem surgir no curso das mudanças sociais e políticas que investiga em seu livro. Fica claro, no entanto, que o primeiro significado que destaquei para a compreensão da natureza dos golpes de Estado – a presença da violência na cena pública – é o operador central do pensamento de Huntington, que faz dela uma medida da intensidade da ação política e de seu caráter transformador. Para continuar a análise do fenômeno, vale a pena investigar o sentido atribuído pelo cientista político à noção de sociedade pretoriana.

O elemento mais visível, mas não o único, definidor de uma sociedade pretoriana é a presença constante e invasiva dos militares na vida pública. Em um certo sentido, na América Latina estamos acostumados com esse tipo de sociedade e sua associação aos golpes militares. O cientista político, aliás, se serve de muitos exemplos de nossa história para ajudar na demonstração de suas teses. Curiosamente, referindo-se à história recente dos países latino-americanos, Huntington afirma que a ajuda militar americana a esses países não tem impacto na militarização da política, o que contraria o que sabemos hoje da importância dos Estados Unidos na determinação do rumo da política no continente. Fiel, no entanto, às balizas que estabeleceu no começo de seu trabalho, ele diz que: "Em tais sociedades, a política sofre com a falta de autonomia, complexidade, coerência e adaptabilidade."[179] Esses são, como vimos, os fatores que garantem a estabilidade das instituições e blindam as sociedades contra o uso da violência como parte das relações sociais e políticas. Uma sociedade pretoriana é,

---

178 Ibid., p. 231.
179 Ibid., p. 194.

num sentido limitado, um corpo social no qual os militares intervêm continuamente na arena pública. Num sentido mais amplo, é aquela na qual várias forças sociais procuram intervir no cenário político sem passar pelas mediações institucionais. Para o autor, o resultado só pode ser o enfraquecimento institucional e a perda de uma autoridade capaz de estabilizar a vida política.[180] "Uma sociedade pretoriana à qual faltam a comunidade e instituições políticas efetivas pode existir em qualquer nível de evolução da participação política", afirma ele.[181]

É com esse quadro de referências teóricas que Huntington pensa os golpes de Estado. De maneira tradicional, ele se refere à etapa de preparação, à necessidade de guardar segredo por parte dos conspiradores, à importância de se prever uma segunda etapa para a consolidação da tomada do poder. Para saber se um golpe de Estado pode ser bem-sucedido, ele propõe uma série de cenários. Entre eles, os únicos que se mostram propícios em sociedades pretorianas são aqueles nos quais os militares estão envolvidos de alguma maneira. Protestos de trabalhadores e estudantes podem criar um clima propício para mudanças institucionais, mas nunca são inteiramente determinantes. Talvez, por isso, Huntington não deu muita importância para os protestos que sacudiam os Estados Unidos naquele ano de 1968. Segundo ele, num regime estável, sem a participação dos militares na política e com instituições fortes, seja uma democracia ou um regime totalitário como o da União Soviética, sua destruição é muito pouco provável.

Tendo esse tipo de consideração em mente, Huntington propõe uma análise mais detalhada dos golpes de Estado. Considerado "um exercício extremo de ação direta contra a autoridade

---

180 Ibid., p. 197.
181 Idem.

política",[182] os golpes podem até levar à constituição de uma nova autoridade política. Nesse caso, no entanto, a recuperação da estabilidade das instituições está longe de ser uma tarefa fácil. Enquanto uma técnica – o autor assume plenamente a camada de significado aposta pelo século XX ao conceito –, golpes de Estado possuem características que os distinguem de outras ações políticas. Em primeiro lugar, eles são caracterizados como o esforço de uma coalizão política para derrubar por meios ilegais e violentos, ou pela ameaça do uso da força, o poder constituído. Para o autor, em consonância com escritores como Malaparte, que ele não cita, não é necessário o emprego de uma grande dose de violência nem de um número expressivo de participantes para alcançar os objetivos delimitados pelos líderes do complô. Na maioria das vezes, os atores envolvidos possuem uma entrada nas instituições de poder que lhes permite conhecer as engrenagens do governo e suas fraquezas. Como mostrou Maquiavel, uma conspiração só é bem-sucedida quando o número de participantes não é muito elevado a ponto de ameaçar o segredo que precede a ação. Huntington concorda com essa observação, ainda que afirme ser possível que um golpe de Estado se origine do apoio maciço de um grande número de envolvidos. Nesse caso, o segredo não existe, mas, sendo muito forte o suporte dos envolvidos, ele pode ser determinante para o sucesso das ações de tomada do poder. Um exemplo, segundo ele, foi o levante do exército espanhol em 1936, que, no entanto, acabou conduzindo o país a uma guerra civil e não a uma simples tomada do poder pelos insurgentes.[183]

As sociedades pretorianas, sejam elas oligárquicas (como as latino-americanas), de massa ou resultado da ocupação colonial, são o quadro privilegiado para a ocorrência de golpes de Estado. Segundo ele: "O golpe que traz os militares ao poder em

---

182 Ibid., p. 217.
183 Ibid., p. 218.

um sistema pretoriano maduro é uma ação política tanto quanto militar."[184] A descrição das etapas normais de um golpe militar feito por Huntington se encaixa como uma luva na história do golpe brasileiro de 1964. Como ele mostra, esse tipo de golpe é normalmente o produto de uma coalizão de grupos militares e civis, que começam a aventar a possibilidade de tomar o poder muitos anos antes dos movimentos decisivos. Na fase de preparação, muitas pessoas e agrupamentos são sondados, como foi o caso do Brasil ao longo dos anos 1950, e, no período imediatamente anterior às ações, a agitação nas ruas ajuda na preparação do clima de insurgência, mesmo sem o uso explícito, num momento inicial, de um alto grau de violência. Os líderes golpistas negociam vários pontos de um programa de reorganização do poder, o que faz com que "a tomada do poder ela mesma pode ser o resultado da ação de um pequeno número de homens, sustentados por um número maior de atores políticos antes que o golpe seja desencadeado".[185] Se o golpe for bem-sucedido, a resistência inicial é pequena, o que faz com que, como supunha Malaparte, as coisas podem se desenrolar sem que a população em geral se veja envolvida em cenas de violência. Os problemas surgem depois, quando se trata de estabilizar o novo poder. O que num primeiro momento tornou o golpe possível, para o cientista político, ou seja, a fraqueza das instituições, é um dos fatores que dificultam a duração da nova ordem política.

As formulações de Huntington a respeito dos golpes de Estado se encaixam perfeitamente no que aprendemos até aqui com relação ao acúmulo de significados, ao longo do tempo, ao conceito estudado. Ele destaca a fase de preparação, o segredo e a dificuldade de mantê-lo numa conspiração; a presença da violência na cena pública, ainda que de forma limitada, e a

---

184 Idem.
185 Ibid., p. 219.

possibilidade de transformar em uma técnica o ato de tomar o poder de forma ilegal. A maior originalidade de sua abordagem está no fato de que ele considera a ilegalidade das ações tendo por referência sua capacidade de manter coeso o poder efetivo de um país e não apenas o fato de que se trata de uma violação de uma Constituição. Para ele, uma Constituição só é válida quando dá origem a um quadro institucional sólido e duradouro. Ainda que com essa formulação ele não se distancie necessariamente da tópica do século xix, seus argumentos se fundam numa visão das sociedades contemporâneas que é substancialmente diferente da maneira como os autores que estudei no capítulo anterior pensavam os regimes políticos legítimos e sua destruição por ações de grupos radicalizados.

* * *

Dois anos antes do aparecimento do livro de Huntington, um capítulo de um livro organizado por Carl J. Friedrich (1901-1984), cientista político muito influente na época, colocava em cena uma concepção instigante sobre o tema que me interessa. O autor, David Rapoport, era professor da universidade de Los Angeles e já começara a se interessar por ações violentas levadas a cabo no interior das sociedades contemporâneas. No livro, no entanto, suas reflexões são guiadas inteiramente pelos debates que ocorriam na cena intelectual norte-americana e europeia. Seu texto se ancora em três pilares: a concepção do senso comum do que é um golpe de Estado, as ideias que circulavam sobre o tema no meio dos cientistas políticos e o pensamento de Naudé.

A ideia do senso comum é, segundo ele, a de que um golpe de Estado é uma ação inesperada e extralegal, que abala os pilares dos regimes políticos.[186] Para muitos, essa maneira de abordar

---

186 D.C. Rapoport. "Coup d'État: The View of The Men Firing Pistols", p. 53-74.

a questão, ainda que simples, é bastante profícua e permite até mesmo supor que, em alguns contextos, os golpes podem servir como uma forma de expressão da opinião pública, próxima do que se observa nas revoluções.[187] Rapoport cita inúmeras vezes a América Latina para exemplificar essa tese, ainda que não demonstre ao longo do texto ter um conhecimento aprofundado da realidade latino-americana. Servindo-se da leitura dos escritos de Samuel Huntington, ele afirma que no continente ao sul dos Estados Unidos existem vínculos permanentes entre as eleições, os golpes de Estado e as revoluções. Esses laços não deveriam, no entanto, ser vistos como inteiramente negativos, pois, em várias ocasiões, servem para operar mudanças na cena política que, em outras paragens, ocorrem no interior do jogo político normal. A primeira abordagem do fenômeno dos golpes tem assim algo de provocativo, mas está longe de satisfazer nosso autor. Em momento algum do texto ele abandona essa via de análise, mas desde o começo parece insatisfeito com essa *démarche*.[188]

A segunda etapa de seu caminho é realizada com a leitura de autores como Henry Spencer e George Pettee. Surge daí a ideia de que um golpe de Estado talvez possa ser caracterizado como uma revolução no plano das leis, mas não no da política. O ponto de partida dessa interpretação é a ideia forjada no século XIX de que os golpes de Estado são em sua essência um ataque à Constituição. Por essa razão operam no plano legal uma transformação que não conseguem realizar no campo da política.[189] Em sintonia com alguns dos autores do século XIX, que estudei no capítulo anterior, Rapoport distancia-se dessa abordagem, pois ela implica concordar com uma separação rígida entre política e lei, que ele não está disposto a aceitar. Para ele, "um golpe de

---

187 Ibid., p. 53.
188 Ibid., p. 55.
189 Ibid., p. 56.

Estado rompendo com a constituição, invalida todas as leis existentes", e, por isso, não pode ser analisado sem levar em conta o amplo espectro de suas consequências para a vida de um país.[190]

À luz das duas vias citadas, o autor se depara com o fato de que nenhuma delas parece dar inteiramente conta do fenômeno que o interessa. Afirmar que os golpes devem ser diferenciados das revoluções e são atos que visam destruir o edifício constitucional faz ressoar as camadas de significados que vimos surgir nos séculos XVIII e XIX. Curiosamente, ele se serve de algumas definições encontradas em dicionários para lembrar o fato de que golpes são atos operados, por atores diversos, no interior dos Estados constitucionais. Sua primeira definição completa do fenômeno é a seguinte: "Em resumo, golpe de Estado é um ato inesperado, decisivo, potencialmente violento e ilegal, perigoso para o conspirador tanto quanto para as vítimas, exigindo grandes habilidades para a execução."[191] Muitas das características que encontrei até aqui em meu percurso estão presentes nessa definição, mas Rapoport as considera insuficientes e decide continuar suas investigações.

Poderíamos esperar que ele fosse, como outros autores de seu tempo, seguir a pista das "habilidades" técnicas necessárias aos golpistas, tal como sugerido acima, mas ele parte em outra direção. Insatisfeito com o que alcançou até esse ponto do texto, ele decide se alinhar com o pensamento de Naudé. Sua análise do autor do século XVII é bastante peculiar. Ele não relaciona em momento algum o conceito de golpe àqueles que, como vimos, lhe eram próximos, tais como razão de Estado, segredo de Estado etc. Da mesma maneira, não sublinha o fato de que, no contexto no qual Naudé escreveu, os golpes eram pensados como atos de afirmação do poder, mais do que ações de conquista de

---

190 Ibid., p. 57.
191 Ibid., p. 60.

um novo território. Considerando o ponto de vista metodológico adotado por Rapoport, acredito que o mais prudente talvez seja abandonar a perspectiva da história das ideias, para buscar no texto as linhas mestras da teoria do cientista social construída por meio de uma leitura bastante anacrônica de um texto do passado. Desse ponto de vista, parece-me possível reconstituir os fios de sua argumentação, deixando de lado o problema de sua fidelidade ou não ao autor do passado.

Um dos pontos centrais de sua *démarche* é a afirmação de que golpes de Estado não contam jamais com garantias legais para serem executados, tal como pretendia Schmitt com sua noção de estado de exceção. Ao contrário, são sempre uma violação das leis, que é apresentada aos membros do corpo político como um fato definitivo.[192] Essa abordagem, que lembra bem mais aquelas do século XIX do que a de Naudé, termina justificando a ideia de que, em algumas ocasiões, os golpes de Estado podem se transformar em revoluções, quando o edifício constitucional vem abaixo depois da tomada do poder por um grupo de atores radicais. Esse pode ter sido o caso, por exemplo, da revolução na Rússia em 1917, que começou com a tomada do poder e se transformou numa ação de reconstrução total da sociedade russa nos anos que se seguiram aos atos de Trótski, Lênin e seus seguidores. Seguindo essa linha de argumentação, Rapoport chega à conclusão de que "um golpe de Estado é claramente a maneira mais econômica para produzir uma revolução".[193] Seguindo Naudé no que diz respeito à presença da violência no seio de muitos golpes de Estado, o cientista político insiste na ideia já apresentada que liga os golpes a uma "expressão da opinião pública",[194] que de outra maneira não teria como se fazer ouvir.

192 Ibid., p. 65.
193 Ibid., p. 70.
194 Idem.

Essa última observação pode parecer provocativa, mas é preciso lembrar que Rapoport se apresenta como um crítico dos golpes de Estado e de seus efeitos e busca apenas esclarecer de um ponto de vista analítico bastante específico tal qual a natureza do fenômeno que estuda. Para ele, num ambiente no qual prosperam golpes de Estado, geralmente o regime é corrupto e abriga pessoas corruptas. Fiel à defesa das instituições políticas de nosso tempo, ele diz que nem mesmo personalidades excepcionais podem garantir a estabilidade e a continuidade dos regimes. Ao fim, nosso autor chega a uma conclusão que resume bem seu percurso, mas que também revela sua insatisfação com as ciências sociais de seu tempo:

> O golpe de Estado tem sido mal compreendido porque não prestamos atenção para suas características distintivas. Na linguagem ordinária, as ideias de incerteza, perigo, surpresa e ilegalidade são parte integral do conceito. Mas a significação política desses termos não pode ser inteiramente esclarecida sem lembrar que são, em geral, percebidos primeiramente por protagonistas e vítimas. A análise de Naudé se assenta nessas afirmações e, ainda que elas sejam incompletas, seguem sendo nosso melhor ponto de partida.[195]

Não acredito que os argumentos de Rapoport possam ser retirados, como ele propõe, do pensamento de Naudé. Seja como for, suas considerações ajudam a entender o percurso de alguns cientistas sociais na segunda metade do século xx e como pretendiam lidar com as dificuldades que o conceito oferecia para ser tratado dentro dos quadros teóricos que estavam sendo elaborados nos muitos centros de pesquisa de língua inglesa espalhados pelas mais diversas universidades.

---

195 Ibid., p. 74.

* * *

Gordon Tullock foi dos primeiros cientistas sociais a abordar a temática dos golpes de um ponto de vista metodológico que se tornou dominante nas últimas décadas.[196] Desde o início de suas análises da questão, ele busca definir não apenas os conceitos, mas o que podemos chamar de variáveis do problema, que são os grupos de atores envolvidos nos diversos acontecimentos da cena política. Sua escolha metodológica permite que ele possa trabalhar com um quadro de problemas bem menos sujeito a flutuações do que estudos que se debruçam sobre toda a complexidade dos acontecimentos históricos. O palco dos acontecimentos são os Estados contemporâneos. Em cena estão os integrantes do corpo de governo, considerados elementos internos do processo, os cidadãos em geral, além dos elementos externos ao país estudado, como as forças militares e diplomáticas das nações. Golpes de Estado e revoluções são encenadas com esses personagens centrais. Por isso, é fundamental distinguir os dois conceitos a partir da ideia de Estado. Revoluções, na visão de Tullock, são operadas de fora do corpo de funcionários do Estado, pelo que chama de massas. Golpes de Estado são ações perpetradas por elementos internos ao Estado e envolvem todos os funcionários em graus diversos.[197] Um aspecto interessante no estudo do autor é que ele insiste, desde o começo, que, para os que são internos ao Estado, a posição de neutralidade no curso de um golpe é a posição mais perigosa. Ele não chega, no entanto, a essa conclusão por razões de ordem moral, mas sim depois de calcular que a posição neutra traz mais desvantagens práticas aos que optam por ela do que a escolha de um dos

---

[196] G. Tullock, *The Social Dilemma of Autocracy, Revolution, Coup d'Etat, and War*.
[197] Ibid., p. 267.

lados envolvidos no conflito. Tomar partido depois que as coisas já se decidiram, seja no curso da vida política normal, seja numa conspiração, rebaixa o valor da ação e, com isso, a recompensa a ser esperada pela adesão a um projeto qualquer.

Tullock não abordou o tema com o olhar de um historiador. Seu ponto de vista é o de um estudioso que olha para um objeto das ciências sociais como se olha para um objeto qualquer nas ciências naturais. Com isso, ele pretendia afirmar que o problema pode ser melhor compreendido se for observado a partir de seus elementos essenciais, passíveis de serem tratados por meio de métodos quantitativos e de argumentos racionais. Para ele, esse procedimento aumenta enormemente a fiabilidade das análises dos fenômenos sociais. Os acontecimentos são tratados com ferramentas matemáticas, que diminuem ao máximo o impacto do fator subjetivo do autor. Na era da técnica e da ciência, o que escapa a seus métodos e procedimentos parece suspeito aos olhos do cientista social. Talvez por isso, Tullock menciona poucos autores do passado, ainda que muitas vezes recorra a argumentos defendidos por eles. Tudo se passa como se todo autor pudesse ser reduzido a seus argumentos, que deveriam buscar uma validade universal sem lastro na situação histórica na qual foram elaborados. Com isso não estou dizendo que a história esteja ausente das reflexões do autor, mas sim que seus exemplos servem como amostras das estruturas subjacentes aos fenômenos que pretende investigar e não como um campo de pesquisa particular. Como muitos de seus contemporâneos, o autor se serve amplamente da história africana e latino-americana para fundamentar suas análises, sem, no entanto, se preocupar em estudar a fundo o que de fato aconteceu nos diversos países nos quais os eventos que apresenta ocorreram. Acontecimentos e autores interessam pelos argumentos que propuseram e pelo que ajudam a compreender do problema investigado. Países são estruturas das quais se pode deduzir o sentido dos acontecimentos que modelaram sua história se os elementos constitutivos de sua sociedade e, mais particularmente, de seus órgãos de poder forem devidamente reduzidos a suas partes determinantes.

Tendo isso em mente, Tullock privilegia a análise das ditaduras, ou, como as nomeia, dos despotismos e dos agentes de governo como campo de estudo para chegar ao que acredita ser uma teoria geral dos golpes de Estado. Suas reflexões são guiadas pela ideia de que conceitos emocionais como "lealdade ou devoção ao bem comum" devem ser afastados por terem um lugar muito modesto no desenrolar dos golpes.[198] Golpes são para ele maneiras de conquistar o poder, na maioria das vezes, por intermédio dos agentes do governo, ou por grupos diretamente ligados a eles. Nessa lógica, os elementos importantes para se compreender a dinâmica de um golpe de Estado não são muitos. O ditador é o centro de gravidade, que pode tanto resistir aos ataques quanto ser deslocado e destruído. Em torno desse referencial, gravitam os altos funcionários, que na maioria dos casos englobam os militares e o restante dos corpos de Estado, que podem ou não participar do movimento de tomada do poder. Sem entender a posição do ditador, seus pontos fracos e as possibilidades que tem de resistir aos ataques a seu poder, a compreensão da dinâmica de conquista do poder fica muito prejudicada. Ditadores podem estar mais ou menos próximos de seus subordinados, serem mais ou menos bem-sucedidos no plano econômico. Para o autor, para se manter no poder, o ditador pode tanto eliminar seus rivais[199] quanto construir um sistema de vigilância, que afasta o desejo de agir dos conspiradores.[200] Com o passar do tempo, acredita Tullock, o poder ditatorial fica mais firme e menos sujeito aos efeitos de uma conspiração, mas nada

---

198 Ibid., p. 285.
199 Ibid., p. 274.
200 Ibid., p. 276.

permite dizer que um golpe de Estado não irá ocorrer, pois não há nada mais comum do que um ditador ser trocado por um outro ditador depois de um golpe bem-sucedido.[201] Mesmo ditaduras fortes são passíveis de serem atacadas, exatamente porque os principais atores de um golpe de Estado são, segundo nosso autor, funcionários do governo que pretendem derrubar.

Nesse cenário reduzido a seus elementos mais simples, constrói-se o objeto a ser estudado. Para isso, é necessário encontrar a motivação principal que coloca os diversos atores em movimento. Para Tullock, a busca pela realização dos interesses pessoais e particulares está na raiz de quase todos os golpes de Estado. Na esteira de Luttwak, ele aceita a ideia de que existe uma técnica que pode guiar os conspiradores em suas ações.[202] Discursos sobre questões gerais e de interesse público podem até aflorar em *pronunciamentos*, como os que ocorrem com frequência em países de tradição latina. Dito isso, um golpe de Estado só é inteiramente compreensível se formos capazes de descobrir o movimento de interesses que recobrem a luta pela conquista do poder. Para realizar a análise das probabilidades de sucesso das várias tentativas de tomada do poder, o cientista político lança mão de vários modelos de investigação de comportamentos coletivos. Entre eles estão as teorias segundo as quais seres humanos são capazes de tomar decisões racionais mesmo quando não se falam, bastando ser capazes de identificar conjuntamente o que acreditam ser seus objetivos primários.[203] Nos casos limites, nos quais o grupo que permaneceu fiel ao ditador não consegue deter os conspiradores e esses não atingem sua meta, o país sucumbe numa guerra civil, como a

---

201 Ibid., p. 287.
202 Ibid., p. 281.
203 Tullock retira essa ideia, segundo afirma, do livro: T.C. Schelling, *Strategy of Conflit*.

que ocorreu na Espanha em 1936.[204] Apesar dessa possibilidade funesta, Tullock diz que: "Em geral as chances são favoráveis aos déspotas e contrárias aos que querem derrubá-lo. De fato, podemos dizer que um déspota prudente e ativo normalmente será capaz de prevenir qualquer golpe ou revolução."[205]

As análises do cientista político norte-americano parecem, numa primeira abordagem, se aproximar da ideia que defendi no começo do livro de que um golpe de Estado deve ser pensado como um ato de conquista do poder. Apoiado na leitura de Maquiavel, sugeri, no entanto, que a esse primeiro momento devemos sempre acrescentar a necessidade da manutenção do poder conquistado. Um golpe só é bem-sucedido quando dá origem a um novo poder, que luta para sobreviver à desorganização que provocou nas instituições de poder. Esse aspecto é abordado por Tullock na última parte de seus escritos, quando analisa as ações que devem ser levadas a cabo por ditadores para permanecerem no cargo. Sua *démarche* lembra muito a de Aristóteles no quinto livro de *A política*, ainda que o cientista político nunca mencione o pensador grego. O estagirita dedica todo um livro mostrando que, para um tirano conservar seu poder, ele deve seguir dois métodos. Um primeiro é o de rebaixar seus súbitos, evitando que eles sejam capazes de conspirar.[206] Uma segunda maneira de proceder é se aproximar ao máximo do comportamento dos bons governantes, "ele deve parecer para seus sujeitos não como um mestre tirânico, mas como um administrador e um rei; mostrar que não quer se apropriar do bem dos outros, mas que ele é um gerente fiel que busca viver com moderação e evitar os excessos".[207]

---

204 G. Tullock, op. cit., p. 288.
205 Ibid., p. 289.
206 Aristóteles, *La Politique*, p. 1314 a 10-30.
207 Ibid., 1315 b 1-5.

Como para o cientista político o aspecto moral dos governos não deve ser levado em conta para pensar a manutenção dos detentores do poder, ele deduz uma regra bem mais simples para a conservação do poder pelos ditadores: "O ditador deve prevenir a formação de coalizões subversivas. A regra básica para impedir sua criação é convencer os conspiradores de que serão mal-sucedidos."[208] Do ponto de vista dos possíveis conspiradores, Tullock recorre lateralmente ao pensamento de Maquiavel para mostrar as dificuldades internas de todo movimento de derrubada do poder. Diferentemente, no entanto, do pensador florentino, ele coloca no centro de sua investigação a noção de recompensa e ganho para cada um dos atores envolvidos. O ditador tem muito a ganhar dissuadindo os habitantes de seu país de se levantar contra ele, especialmente os que lhe são próximos, que são, segundo ele, os únicos com alguma possibilidade de serem bem-sucedidos. Para isso, ele tem sempre de levar em conta o que cada um pode ganhar e o que pode perder. Reforçando as punições contra conspiradores, o ditador aumenta os riscos de uma ação de tomada de poder e diminui a possibilidade de recompensa. Com esses parâmetros, o autor acredita ter colocado as bases teóricas para se pensar a manutenção do poder.

Por sua insistência em centrar suas observações no comportamento do que chama, de maneira pouco precisa, de ditadores ou déspotas, Tullock acaba deixando de lado o fato de que repúblicas democráticas, como a República de Weimar, sobre a qual falei no início do capítulo, podem ser minadas por tentativas de golpes e finalmente destruídas. No caso brasileiro, que o autor cita de maneira incorreta, falando dos nazistas que ameaçaram o poder de Getúlio Vargas, devemos levar em conta que golpes de Estado, na maioria dos casos, ameaçaram a sobrevivência de regimes democráticos e não somente de ditaduras, que foram

---

208 G. Tullock. op. cit., p. 300.

bastante comuns ao longo de nossa história e continuam a assombrar nossa vida política. Tullock aceita a ideia de que existe uma técnica que pode guiar conspiradores no momento em que agem. No afã, no entanto, de apresentar uma teoria racional dos golpes de Estado, ele vai mais longe. Ele acredita poder oferecer ao leitor uma verdadeira ciência dos golpes de Estado, que exclui de seu estudo todo elemento que chama de emocional e toda contingência. A meu ver, ao tentar dar esse passo, ele acaba limitando o alcance de suas observações no lugar de conferir-lhes maior cientificidade e objetividade.

* * *

No fim do século XX, a ideia de golpe de Estado estava plenamente incorporada à linguagem da política e aos debates teóricos de várias disciplinas. O fato de que essas ações tenham sido pensadas como uma técnica de tomada do poder por alguns autores ajudou a transformá-las num objeto que pode ser tratado pelas ciências sociais como qualquer outro de seu repertório. Isso fez explodir o número de estudiosos que se dedicaram a tentar decifrar a natureza dessa irrupção na cena política de atores que devem romper com a institucionalidade para alcançar seus objetivos políticos. Ao mesmo tempo, o fato de que os golpes não estão circunscritos a apenas um continente, mas que acontecem em todas as latitudes, ajudou a multiplicar o número de estudos de casos, que passaram a povoar as revistas científicas. Golpes de Estado deixaram de ser um tema lateral das histórias políticas, das ciências sociais e da filosofia política para dividirem a cena com outras ações mais nobres da política. A era da técnica foi também, em alguma medida, o tempo dos golpes de Estado.

SÉCULO XXI
A atualidade dos golpes de Estado

Com a derrocada do comunismo soviético, muitos pensadores acreditaram que o modelo de democracia parlamentar liberal iria se converter no único referencial político e que, aos poucos, revoluções e golpes deixariam de acontecer nos países mais desenvolvidos.[1] De fato, lá onde as instituições democráticas se mantiveram estáveis o número de golpes de Estado diminuiu, mas o fenômeno está longe de ter se esgotado. De um lado, a democracia, mesmo onde parecia consolidada, se mostrou menos resistente aos ataques das forças autoritárias em suas várias formas do que supunham seus arautos mais entusiastas. De outro lado, o sonho de que a "história teria acabado" e que só restava propagar os valores liberais para que todos os povos os aceitassem foi apenas uma miragem, que se evaporou diante da complexidade da cena política contemporânea. O aparecimento, por exemplo, de movimentos radicais de cunho religioso na cena internacional foi uma surpresa que abalou a crença na aceitação por todos os povos dos ideais de liberdade política e do estado de direito como metas a serem atingidas. A implantação da democracia, sobretudo em sua forma republicana, talvez seja o melhor antídoto para os golpes de Estado, mas a dinâmica dos conflitos

[1] Sobre esse período, ver: E. Hobsbawn, *Era dos extremos: O breve século XX*, p. 460-482.

internacionais e a das forças presentes no interior das sociedades atuais mostrou que a consolidação e a aceitação dos regimes democráticos são muito mais difíceis do que parecia. Em vários países, grupos de origens diversas lançaram-se na conquista do poder orientados por crenças religiosas ou por simples desejo de ampliar seus poderes, ou de tomar posse do Estado para dele se servir. Na Europa do Leste, por exemplo, a pregação dos "especialistas em Constituição" nos anos 1990 não impediu golpes de Estado e o surgimento de movimentos políticos autoritários. A maneira como o poder se consolidou na Rússia é uma demonstração clara de que a democracia de feição liberal está longe de ser o modelo efetivo da vida política de muitos países da região. O mesmo fenômeno se viu nos países da América Latina e nos países árabes. O problema é que, como mostrou Thomas Piketty, o "hipercapitalismo" se acomoda muito bem com regimes de força desde que mantenha sua corrida em direção a uma crescente concentração de renda e propriedade nas mãos de uma parcela cada vez menor da população.[2] Nada indica que essa associação perversa entre as forças do mercado e os déspotas de plantão está prestes a ser abandonada.

Ao longo dos séculos, o interesse pelos golpes de Estado só fez crescer. As camadas de significados que foram sendo depositadas sobre a ideia permanecem sólidas, ainda que nem sempre tenham sido mobilizadas todas juntas pelos que executam os golpes de Estado. Nas artes, o tema serviu como cenário para peças de teatro, filmes e livros. Na América Latina, palco de muitas ações violentas de tomadas do poder ao longo do tempo, vários cineastas se serviram do tema dos golpes de Estado para realizar obras de grande impacto junto ao público. Para ficar apenas com uma pequena fatia das produções latino-americanas, podemos lembrar: *O desafio* (1965), de Paulo Cézar Saraceni;

---

[2] T. Piketty, *Capitalisme et idéologie*.

Chove sobre Santiago (1976), de Helvio Soto; *Pra Frente, Brasil* (1983), de Roberto Farias; *O que é isso, companheiro?* (1997), de Bruno Barreto; *Kamchatka* (2002), de Marcelo Piñeyro; *O ano em que meus pais saíram de férias* (2006), de Cao Hamburger. Em cada uma delas, uma faceta do que ocorreu nos países do continente serviu para produzir um quadro rico e profundo dos acontecimentos que transformaram a face política de muitos países e as vidas de seus habitantes.

Na literatura, se Naudé tiver razão e a Noite de São Bartolomeu (23-24 agosto 1572) tiver sido um "golpe de Estado perfeito" (na acepção do século XVII), Alexandre Dumas foi dos primeiros escritores modernos a usar como cenário de um romance um golpe de Estado. Em seu livro *A rainha Margot*,[3] o desejo de conservar o poder levou o rei Carlos IX a ordenar ações que escapavam inteiramente do que ele estava acostumado a fazer para bem administrar sua posição de poder. Massacrar os súditos protestantes dos quais até então tinha procurado se aproximar pareceu-lhe o passo necessário para a consolidação de uma posição de mando que estava ameaçada. Depois de Dumas, obras literárias se multiplicaram e conquistaram a atenção do público em várias partes do planeta. No século XXI, o interesse não diminui. Escritores se serviram das ações de tomada do poder como pretexto para criar romances de vários tipos. Muitos são narrativas de aventuras. Nesse caso, os cenários distantes da Europa e dos Estados Unidos foram os preferidos, criando uma atmosfera de mistério e exotismo que fascinam os leitores.[4] Outros, seguindo um modelo mais clássico, voltaram-se para o passado e construíram romances que nos levam para momentos da história que parecem distantes do que estamos vivendo, mas que conservam uma instigante proximidade com a

---

[3] A. Dumas, *La Reine Margot*.
[4] Como exemplo recente do gênero, ver: B. Coes, *Coup d'État*.

vida política atual. Esse é o caso, por exemplo, do livro de Pierre Moinot (1920-2007), *Coup d'État*.[5] Nele, o autor narra as aventuras de um veterinário de convicções republicanas do interior da França, que passa a ser perseguido quando Luís Napoleão chega ao poder em 1851. Ao centrar as ações do romance no interior do país, o autor ajuda a compreender a extensão da repercussão de um golpe de Estado no tecido social. Diferentemente de Malaparte e seus herdeiros, que enxergavam nos golpes a simples aplicação de uma técnica, o romancista mostra que a noite do 2 de dezembro foi apenas o início de um processo, que afetou a vida de muitas pessoas, mesmo quando não estavam diretamente envolvidas com a política. O personagem central, Paul Méhus, vive e trabalha na região em que nasceu e faz parte de um dos muitos grupos de republicanos, socialistas e comunistas que sonhavam com o advento de uma nova sociedade. Longe de Paris, esses grupos foram informados rapidamente do que se passava e não demoraram em compreender que a instalação de um novo poder autoritário iria destruir não apenas seus sonhos, mas o cotidiano de trabalho, afetos e devoções que estruturavam suas vidas. O golpe narrado por Moinot não é um momento fugaz vivido na capital pelos grandes atores da República. Ele se infiltra pelos poros da sociedade francesa e a transforma profundamente. Seus heróis são taberneiras, agricultores, lutadores de feira, operários de várias profissões. De uma maneira ou de outra, todos são colhidos pela tempestade política que, ao buscar a conservação do novo poder, destrói a vida de tantos que haviam desejado e lutado para construir uma sociedade mais livre e mais justa. No romance de Moinot, a tese que defendi desde o início, a saber, que golpes de Estado são movimentos de conquista e manutenção do poder, recebe uma demonstração sensível e emocionante. Ele mostra que momentos

---

5 P. Moinot, *Coup d'État*.

como esse são vividos na tessitura da experiência em comum da sociedade e não como puras abstrações teóricas.

Em outra chave, Javier Cercas (1962-), em seu livro *Anatomia de um instante*,[6] narrou os instantes intensos e enigmáticos de um *pronunciamento* que sacudiu a vida espanhola depois da redemocratização do país na década de 70 do século passado. Golpes de Estado são, por vezes, como raios que cortam os céus. A aproximação da tempestade anuncia a possibilidade de que podem ocorrer, mas nada garante que esse será o destino da concentração de forças que desencadeiam fenômenos com baixo grau de previsibilidade. Como os golpes são quase sempre preparados em segredo, e essa é uma condição para seu sucesso, sua irrupção na cena pública tem sempre algo de fortuito. As ciências sociais têm procurado preencher esse espaço de acaso buscando compreender a estrutura dos movimentos golpistas, suas causas e seus vínculos com outros movimentos da cena política. Cercas escolheu situar seu romance nesse instante fugaz em que uma ação de tomada do poder vacila entre o sucesso e o fracasso. Seu olhar se dirige para uma espécie de brecha temporal na qual vários caminhos se abrem sem que os participantes das ações, seja em que posição se encontrem, oscilem entre a aceitação e a resistência. Nesse intervalo, o acaso se imiscui e faz a história vacilar entre mundos possíveis.

O romancista descreve a tentativa de golpe de Estado na Espanha ocorrida em 23 de fevereiro de 1981. Às 6h23 da tarde de um dia ventoso, o tenente-coronel Antonio Tejero se deslocou com um certo número de oficiais e 170 suboficiais pelas ruas de Madri para tomar de assalto o parlamento. Ele era apenas a ponta de lança de um movimento que contava com a participação de muitas outras pessoas, mas sua ação havia sido pensada como um sinal para desencadear uma série de outros atos

---

6 J. Cercas, *Anatomia de um instante*.

que deveriam impor um novo governo ao país. Parecia que tudo estava dando certo. Os militares que protegiam o prédio do congresso não reagiram. Os golpistas interromperam sem dificuldades as atividades dos deputados. A ideia era andar rápido para passar a uma segunda fase da tomada do poder.[7] Circulava nos meios golpistas a ideia de que o sucesso de um golpe se decide logo nos primeiros momentos. Se isso fosse verdade, 23 de fevereiro teria dado certo, pois, por volta das 18h35, as coisas pareciam estar decididas no parlamento, e as forças comandadas pelo general Milans del Bosch patrulhavam as ruas de Valência, enquanto tropas motorizadas comandadas pelo general Armada se punham em movimento para dominar a capital.

O acaso, no entanto, fez das suas. No plenário, os guardas abriram fogo obrigando os presentes a se jogarem no chão. O evento foi transmitido ao vivo pelo rádio, o que contribuiu para alertar o país sobre o que estava acontecendo. Nesses instantes cruciais, em que tudo podia acontecer, a determinação de três personagens quebrou a magia da força, que parecia reinar soberana sobre o cenário do golpe. Adolfo Suárez, presidente da Espanha, permaneceu calmo em sua poltrona, recusando-se a se jogar no chão. A seu lado, o velho general Gutiérrez Mellado, vice-presidente, de maneira obstinada também se recusou a obedecer aos soldados, mesmo quando o ameaçaram com suas armas. No outro lado do plenário, Santiago Carrillo, secretário-geral do Partido Comunista, permaneceu impassível durante o tiroteio. Instado diretamente por um guarda a seguir o exemplo dos outros, inclinou-se em sua cadeira, mas não obedeceu.[8]

Nenhum dos três personagens era herói. Na turbulenta vida política espanhola, haviam agido segundo suas convicções e as

---

7 Ibid., p. 78-90.
8 Ibid., p. 157.

traído, quando lhes pareceu necessário.[9] A importância do gesto de resistência está em outro lugar. Se golpes de Estado fossem apenas um conjunto de ações técnicas, o fracasso podia ser sempre atribuído a um mal planejamento e a uma concepção errada da natureza das ações políticas. Mas há outra coisa no ar. Os três homens que se mantiveram impassíveis tinham pouco em comum. Suas trajetórias políticas se cruzavam, mas raramente coincidiam. Naquele instante, o gesto de recusa do império da força os uniu e sacudiu os planos dos conspiradores. Era para a tomada do parlamento ser discreta e eficaz, para dar tempo aos generais Milans e Armada de executar a parte que lhes cabia na conspiração. Mas, transmitido ao vivo, o ato de força se revelou bem mais frágil do que parecia. Era possível resistir-lhe, como bem mostraram os três personagens. Mesmo diante da ameaça de morte, eles se mantiveram ao lado de um país que já vivera por muitos anos sob uma ditadura. A força da obstinação na resistência aos golpistas nos três homens abriu uma brecha num mecanismo que havia sido minuciosamente preparado.

É claro que não podemos atribuir o fracasso do golpe ao instante preciso em que ele foi contrariado pelo gesto dos três políticos. A preparação havia sido longa e envolvia muitas esferas do poder. A fala do rei, na madrugada seguinte, exigindo respeito à Constituição foi fundamental para agregar as forças democráticas. Na manhã seguinte, o sentimento antigolpista tomou conta do país. Adolfo Suárez e o general Gutiérrez Mellado deixaram o prédio com um ar aliviado, que não tinha nada de triunfante. O autor resumiu assim o fim do ato: "Era meio-dia em ponto de uma terça-feira gelada e brumosa, tinham acabado de transcorrer as dezessete horas e meia mais confusas e decisivas do último meio século de história da Espanha, e o golpe de

---

9   Ibid., p. 249.

23 de fevereiro havia terminado."[10] Cercas mostra, com riqueza de detalhes, que um golpe de Estado pode ser preparado com a minúcia de quem põe um mecanismo delicado para funcionar. Mas ele está, desde o momento em que deslancha, sujeito à contingência que circunda todas as ações humanas, em particular as que são levadas a cabo na esfera da política.

No campo das ciências sociais e políticas os caminhos são outros. Os estudiosos atuais herdaram de alguma maneira as ferramentas forjadas pelos estudiosos da segunda metade do século XX, mas também dos que, como Malaparte e Luttwack, acreditaram poder circunscrever os golpes de Estado nos momentos iniciais da tomada do poder, quando as ações se aceleram e dão rosto aos conspiradores. Poucos são os que ainda acreditam que o problema pode ser abordado pela ótica exclusiva de uma técnica que se desvela como uma tática política. Mas a ideia de que se trata de um tipo de ação política passível de ser compreendida por meio do emprego de métodos quantitativos é um dos pontos fortes das atuais *démarches* investigativas do tema. Circunscrever o problema apontando as variáveis principais a serem analisadas é o caminho seguido pelos que pensam poder aproximar as ciências sociais e políticas das ciências exatas e dos métodos que empregam. Seguindo por essa via, os estudiosos atuais costumam buscar uma definição simples do que é um golpe de Estado, muitas vezes retirada da tradição analítica, para depois enunciar suas teses. Um conjunto de autores, por exemplo, preocupado com a frequência dos golpes de Estado em algumas regiões do mundo, depois de tê-los definido como movimentos de mudança repentina na estrutura institucional dos países afetados, procura mostrar que o sucesso dos golpes está diretamente relacionado ao nível de corrupção e à redução

---

10   Ibid., p. 383.

do nível de contenção oferecido pelo aparelho judicial.[11] Numa outra direção, estudiosos procuraram refletir sobre o papel das forças armadas na prevenção e na execução de golpes, chegando à conclusão de que esse pode ser um fator mais importante do que considerações de ordem econômica ou mesmo política.[12] Num outro estudo, conduzido com ferramentas matemáticas sofisticadas, um grupo de pesquisadores procurou desvendar os fatores que podem conduzir aos golpes de Estado. Eles partiram do fato de que, embora abundantes, as pesquisas levadas a cabo por economistas e cientistas políticos não se mostraram efetivas para se prever mudanças políticas radicais. Os cientistas chegaram a essa conclusão depois de conduzir suas análises levando em conta 66 fatores propostos na literatura recente, aplicados a 164 países. Entre os fatores pesquisados está o fato de que, para os autores, os perpetradores dos golpes de Estado sempre agem racionalmente e procuram maximizar a utilidade de suas ações.[13] Para eles, os que se lançam na conquista do poder autocrático sabem que correm um risco enorme e devem agir a partir desse dado. Na mesma lógica, países que possuem instituições frágeis estão mais vulneráveis. Um outro fator a ser levado em conta é a necessidade do segredo, o que nos dias atuais, com toda a tecnologia de controle dos cidadãos, se torna um problema maior. O que acontece no mundo também pode influenciar o andamento das ações, mesmo que não seja necessariamente um

---

11 D.L. Bennett et al., "Coups, Regime Transitions, and Institutional Change", p. 2.
12 J. Powell, "Determinants of the Attempting and Outcome of Coups d'État", p. 1017-1040. Ver também: Nam Kyu Kim, "Revisiting Economic Shocks and Coups", p. 3-31.
13 M. Gassebner et al., "When to Expect a Coup d'État? An Extreme Bounds Analysis of Coup Determinants", p. 296. Na mesma direção: B. Bouzid, "Using a Semi-parametric Analysis to Understand the Occurrence of Coups d'État in Developing Countries".

fator causal. Ainda que os autores não tenham querido chegar a conclusões definitivas, eles adotam como ponto de partida o pressuposto de que "o baixo crescimento econômico, experiências passadas com golpes e outras formas de violência política podem ser particularmente indutoras para produzir golpes".[14] Ao escolher esses fatores, que não são necessariamente causas diretas dos eventos, mas que estão presentes em muitos deles, os pesquisadores acreditam ter separado os elementos centrais de uma abordagem rigorosa dos golpes de Estado.

Poderíamos multiplicar as referências aos estudos recentes sobre o tema e ainda assim estaríamos longe de esgotar o exame da literatura mais relevante. Alguns, por exemplo, pretendem que a análise das despesas militares é um bom caminho para prever o aparecimento dos golpes,[15] outros preferem investigar a relação entre golpes e o direito de propriedade. Para esses: "estudos de casos que serão discutidos em breve compartilham um tema predominante: Estados em desenvolvimento, com instituições estatais ineficazes, têm mais probabilidade de sofrer o colapso de governos civis por meio de intervenção militar devido à sua incapacidade de garantir os direitos de propriedade e o bem-estar econômico de uma classe proprietária".[16]

São muitas as perspectivas analíticas, mas nenhuma parece

---

14 Idid., p. 293.
15 V. Bove e R. Nistico, "Coups d'État And Defense Spending: A Counterfactual Analysis", p. 321-344. Sobre o mesmo tema: R. Diamint, "A New Militarism in Latin America", p. 155-168; V. Piplani e C. Talmadge, "When War Helps Civil-military Relations: Prolonged Interstate Conflict and the Reduced Risk of Coups", p. 1368-1394.
16 R.F. Tusalem, "Determinants of Coup d'État Events 1970-90: The Role of Property Rights Protection", p. 347. Na mesma vertente analítica: C. Houle, "Why Class Inequality Breeds Coups But Not Civil Wars?", p. 680-695; D. Acemoglu e J.A. Robinson, "A Theory of Political Transitions", p. 938-963.

inteiramente satisfatória para desvelar o núcleo de um conceito que há séculos desafia a compreensão dos pensadores políticos. Nunca foi minha intenção ao longo do livro propor uma teoria capaz de abarcar e superar todas as outras. Ao explorar os caminhos percorridos por vários autores ao longo dos séculos, contentei-me em mostrar a complexidade que envolve o tema e como as diversas camadas de sentido que o recobriram mostraram que, longe de ser uma questão menor do pensamento político, toca o coração das investigações sobre o poder e suas ramificações. Isso talvez explique a proliferação atual de estudos que seguem trilhando espaços teóricos cada vez mais vastos. Isso também explica a fascinação que os golpes de Estado exercem sobre seus observadores e sobre o público em geral.

* * *

Chegou o momento de fechar o caminho percorrido até aqui. O fantasma dos golpes de Estado continua a rondar o planeta. Mesmo nos Estados Unidos, país frequentemente citado como um oásis democrático, as ameaças existem. A historiadora Jill Lepore afirma que, desde o governo de Bill Clinton nos anos 1990, o país anda flertando com os golpes de Estado, introduzindo um elemento de contínua instabilidade no sistema político.[17] A resistência de Donald Trump em deixar o poder, mesmo diante das evidências de sua derrota nas eleições de 2020, acionou novamente o alarme e fez ver o risco que correm os mecanismos institucionais, quando colocados à prova por atores que não se importam em quebrar as regras do jogo para alcançar seus objetivos. A tentativa fracassou quando uma multidão invadiu o Capitólio para tentar evitar a ratificação da vitória de Joe Biden no

---

17 J. Lepore, *Estas verdades: a história da formação dos Estados Unidos*, p. 780-781.

dia 6 de janeiro de 2021, mas serviu para lembrar que todas as formas de governo podem ser alvo de um ataque radical contra suas estruturas. As cenas dos congressistas se jogando no chão para se proteger e dos invasores depredando e invadindo áreas reservadas do prédio do Congresso lembraram o cenário do livro de Cercas, ainda que os contextos institucionais e políticos sejam muito diferentes. No Brasil, depois do golpe parlamentar de 2016, que contribuiu para fragilizar as instituições nascidas da Constituição de 1988, as ameaças do presidente Bolsonaro e de seus apoiadores de recorrer à força para manter o poder são uma advertência de que, em determinado contexto, elas podem se transformar num atentado às liberdades democráticas. Atos dessa natureza não têm nada de uma simples fanfarronada de tolos e podem levar ao surgimento de ditaduras que se perpetuam no tempo. Golpes de Estado fazem parte da linguagem política e do repertório de ações que estruturaram o mundo moderno e contemporâneo. Conhecer seus meandros e suas formas pode ajudar a combater um mal que não foi expurgado de nossas vidas com o desenvolvimento das forças econômicas e políticas ao longo dos últimos séculos. Se há algo que a história que estudamos demonstrou foi que nações desenvolvidas do ponto de vista econômico não estão livres de governos autoritários nem dos golpes de Estado. Ao contrário, só uma análise ampla da natureza dos golpes de Estado permite compreendê-los e combatê-los em tempos dominados pelas forças do mercado e pela quebra das referências políticas que, no passado, colocavam valores como liberdade, igualdade e bem comum no centro das decisões públicas.

Referências bibliográficas

ACEMOGLU, Daron; ROBINSON, James A. "A Theory of Political Transitions", *The American Economic Review*, vol. 91, nº 4, set. 2001.
ACTES DU TRIBUNAL RÉVOLUTIONNAIRE. Paris: Mercure de France, 1986. Recueillis et commentés par Gérard Walter.
ADVERSE, Helton. "Maquiavel, a República e o desejo de liberdade", *Trans\Form\Ação*, vol. 30, nº 2, 2007.
_____. *Maquiavel: política e retórica*. Belo Horizonte: Editora da UFMG, 2009.
AGAMBEN, Giorgio. *Stato di eccezione*. Turim: Bollati Boringhieri, 2004.
AGULHON, Maurice. *1848 ou l'apprentissage de la République: 1848-1852*. Paris: Éditions du Seuil, 2002.
_____. *Coup d'État et République*. Paris: Presses de Sciences Po., 1997.
_____. *Les Quarante-huitards*. Paris: Gallimard, 1992.
AIGNAN, Étienne. *Des coups d'État dans la monarchie constitutionnelle*. Paris: Librairie Delaunay/Librairie de la Minerve Française, 1818.
ALMEIDA, Rodrigo de. *À sombra do poder: bastidores da crise que derrubou Dilma Rousseff*. São Paulo: Leya, 2016.
AMES, José Luiz. "Liberdade e conflito: o confronto dos desejos como fundamento da ideia de liberdade em Maquiavel", *Kriterion*, nº 119, 2009.
AMON, H. "Usurpation et coup d'État dans l'empire romain: nouvelles approaches", *Cahiers d'Histoire*, vol. 31, nº 2, p. 33-65, 2012.

ANDERSON, Grey. *La guerre civile en France, 1958-1962: du coup d'État gaulliste à la fin de l'OAS*. Paris: La Fabrique, 2018.

ANDRESS, David. *O Terror: guerra civil e a Revolução Francesa*. Rio de Janeiro: Record, 2009.

APPONYI, Rodolphe. *De la révolution au coup d'État: 1848-1851*. Genève: La Palatine, s/d.

ARENDT, Hannah. *Sobre a Revolução*. São Paulo: Companhia das Letras, 2011.

ARISTÓTELES. *La Politique*. Tradução de J. Tricot. Paris: J. Vrin, 1982.

ARMITAGE, David. *Civil Wars: a History in Ideas*. Nova York: Alfred A. Knopf, 2017.

ASHCRAFT, Richard. *Revolutionary Politics and Locke's Two Treatises of Government*. Princeton: Princeton University Press, 1986.

Au roi et à la nation, sur la crise actuelle et le coup d'État tenté involontairement par la dernière chambre des députés, ou de la distinction établie par la charte entre le pouvoir absolu et le pouvoir réel ou relatif du roi et des chambres; par un enfant de la révolution. Paris: Imprimerie-Librairie de G.A. Dentu, 1830.

AURÉLIO, Diogo Pires. "Antinomias da razão de Estado", in *Maquiavel e herdeiros*. Lisboa: Círculo de Leitores, 2012.

_____ . "Richelieu, ou de como se faz o Estado", in *Maquiavel e herdeiros*. Lisboa: Círculo de Leitores, 2012.

BACZKO, Bronislaw. *Politiques de la Révolution Française*. Paris: Gallimard, 2008.

BAINVILLE, Jacques. *Le Dix-huit Brumaire*. Paris: Hachette, 1925.

_____ . *Le Dix-huit Brumaire*. Paris: Bernard Giovanangeli Editeur, 2009.

BAKER, Keith Michael (org.). *The Terror*. Oxford: Pergamon, 1994.

_____ . "Constitution", in FURET, F.; OZOUF, M. *Dictionnaire critique de la Révolution Française*. Paris: Champs-Flammarion, 1992. Vol. Institutions et Créations.

BARRAS. *Mémoires de Barras: le Directoire du 18 Fructidor au 18 Brumaire*. Paris: Librairie Hachette, 1896. Tomo III.

BARROS, Alberto Ribeiro de. *A teoria da soberania de Jean Bodin*. São Paulo: Unimarco, 2001.

BEEVOR, Antony. *La guerre d'Espagne*. Paris: Calmann-Lévy, 2006.

BÉLY, Lucien. *Les secrets de Louis XIV: mystères d'État et pouvoir absolu*. Paris: Tallandier, 2015.

BENNER, Erica. *Machiavelli's Ethics*. Princeton: Princeton University Press, 2009.

_____. *Machiavelli's Prince: a New Reading*. Oxford: Oxford University Press, 2013.

_____. "The Necessity to Be Not-good: Machiavelli's Two Realisms", in JOHNSTON, David; URBINATI, Nadia; VERGARA, Camila. *Machiavelli: on Liberty and Conflit*. Chicago: The University of Chicago Press, 2017.

BENNETT, Daniel L. et al. "Coups, Regime Transitions, and Institutional Change", in *Center for Entrepreneurship and Free Enterprise*, abr. 2019.

BERSTEIN, Serge; MILZA, Pierre. *Histoire de la France au XXe siècle*: II-1930-1958. Paris: Perrin, 1991.

_____; WINOCK, Michel. *L'Invention de la Démocratie*: 1789-1914. Paris: Éditions du Seuil, 2002.

BIGNOTTO, Newton. "Soberania e exceção no pensamento de Carl Schmitt", *Kriterion*, vol. XLIX, nº 118, 2008, p. 401-416.

_____. *As aventuras da virtude: as ideias republicanas na França do século XVIII*. São Paulo: Companhia das Letras, 2010.

_____. "Maquiavel e as conjurações", in ADVERSE, Helton; PANCERA, Carlo Gabriel. *As faces de Maquiavel*. Belo Horizonte: D'Plácido, 2019, p. 195-216.

BIGONNET, Jean Adrien. *Coup d'État du Dix-huit Brumaire*. Paris: Au Bureau du Censeur Européen, 1819.

BLANQUI, Louis Auguste. "Instructions for an Armed Uprising", in *The Blanqui Reader. Political Writings, 1830-1880*. Londres: Verso, 2018.

BODIN, Jean. *Les six livres de la République*. Paris: Le livre de Poche, 1993.

BOTERO, Giovanni. *Della ragion di Stato*. Turim: UTET, 1948.

BOUZID, Bechir. "Using a Semi-parametric Analysis to Understand the Occurrence of Coups d'État in Developing Countries", *International Journal of Peace Studies*, vol. 16, nº 2, Autumn/Winter 2011.

BOVE, Vincenzo; NISTICO, Roberto. "Coups d'État and Defense Spending: A Counterfactual Analysis", *Public Choice*, 2014, n.161.

BOYER, Pierre Xavier. "Coup d'État et Révolution", in BOUTIN, Christophe; ROUVILLOIS, Fréderic. *Le coup d'État. Recours à la force ou dernier mot du politique.* Paris: François-Xavier de Guibert, 2007, p. 15-24.

BRICHET, Olivier. Étude du coup *d'État en fait et en droit: thèse pour le doctorat.* Paris: Les Éditions Domat-Montchrestien, 1935.

BUONARROTI, P.H. *Conspiration pour l'égalité dite de Babeuf.* Paris: Au Bureau de la Propagande Démocratique et Sociale, 1849.

CALVERT, Peter. *Revolution and Counter-Revolution.* Buckingham: Open University Press, 1990.

CAPORAL, Stéphane. "Coup d'État et Constitution", in BOUTIN, Christophe; ROUVILLOIS, Fréderic. *Le coup d'État. Recours à la force ou dernier mot du politique.* Paris: François-Xavier de Guibert, 2007, p. 261-279.

CARDOSO, Sérgio. "Em direção ao núcleo da 'obra Maquiavel': sobre a divisão civil e suas interpretações", *Discurso*, nº 45/2, 2014.

CARPENTIER, Franck. "Destitution de Dilma Rousseff: farce juridique, coup d'État constitutionnel ou naissance d'une nouvelle convention de la Constitution?", *Revue Française de Droit Constitutionnel*, Presses Universitaires de France, nº 109, 2017/1, p. 5-22.

CERCAS, Javier. *Anatomia de um instante.* São Paulo: Globo, 2012.

CHASSAGNE, Dr. *Histoire populaire des coups d'État en France.* Paris: E. Dentu, 1888.

CHATEAUBRIAND, François-René de. *De la monarchie selon la charte.* Paris: Imprimerie de le Normant, 1816.

_____. *Chateaubriand illustré; Mélanges politiques.* Paris: Impr. de Lacour, 1828.

_____. *Oeuvres complètes de Chateaubriand*. 14, Mémoires d'outre--tombe. Paris: Librairie Garnier Frères, 1859-1861.

CÍCERO, Quintus Tullius. *Como ganhar uma eleição*. Rio de Janeiro: Bazar do Tempo, 2018.

CICÉRON. *Catilinaires*. Paris: Les Belles Lettres, 2011. (Trad. de Édouard Bailly).

COES, Ben. *Coup d'État*. Nova York: St. Martin's Press, 2011.

CONSTANT, Benjamin. *Des effets de la Terreur*. Paris, 1776.

_____. *Des réactions politiques*. Paris, 1776.

_____. *Principes de politiques applicables a tous les gouvernements représentatifs et particulièrement à la constitution actuelle de la France*. Paris: A. Eymery, 1815.

_____. "De la suspension et de la violation des Constitutions", in *Oeuvres politiques de Benjamin Constant*. Paris: Charpentier et Cie., 1874. Introduction, notes et index par Charles Louandre.

_____. "De l'esprit de conquête et de l'usurpation", in *De la Liberté chez les Modernes*. Paris: Hachette, 1980.

_____. *Fragments d'un ouvrage abandonné sur la possibilite d'une constitution républicaine dans un grand pays*. Paris: Aubier, 1991.

_____. *Principes de politique applicables a tous les gouvernements (version 1806-1810)*. Paris: Hachette Littératures, 2006.

CORNETTE, Joël (org.). *La Monarchie: entre Renaissance et Révolution: 1515-1792*. Paris: Éditions du Seuil, 2000.

COSANDEY, Fanny; DESCIMON, Robert. *L'absolutisme en France*. Paris: Éditions du Seuil, 2002.

COURS de Paris. *Affaire des 12 et 13 mai 1839*. Paris: Impremirie Royale, 1839.

CROUZET, Denis. *Les Guerriers de Dieu: la violence au temps des troubles de religions (vers 1525-1610)*. Seyssel: Champ Vallon, 1990.

DEBITOUR, Antonin (org.). *Recueil des actes du Directoire exécutif: procès-verbaux, arrêtés, instructions, lettres et actes divers*. Paris: Imprimerie Nationale, 1910-1917, 4 tomos.

DENQUIN, Jean-Marie. "Malaparte et le coup d'État", in BOUTIN, Christophe; ROUVILLOIS, Frédéric. *Le coup d'État: recours à la force ou dernier mot du politique?* Paris: François-Xavier de Guibert, 2007.

DIAMINT, Rut. "A New Militarism in Latin America", *Journal of Democracy*, vol. 26, nº 4, oct. 2015.

DIDEROT; D'ALEMBERT. *Verbetes políticos da Enciclopédia*. Tradução de Maria das Graças Souza. São Paulo: Discurso Editorial, 2006.

_____ . *Encyclopédie ou Dictionnaire raisonné des sciences, des arts et des metiers*. Paris, 1751-1765.

DOTTI, Jorge. "Some Remarks on Carl Schmitt's Notion of 'Exception'", *Kriterion*, nº 94, p. 24-35, 1996.

DOTTI, Ugo. *La révolution Machiavel*. Grenoble: Éditions Jérôme Millon, 2006.

DUMAS, Alexandre. *La Dame de Monsoreau*. Paris: Garnier-Flammarion, 2016.

_____ . *La Reine Margot*. Paris: Les Livres de Poche, 2018.

_____ . *Les Quarante-Cinq*. Paris: Gallimard, 2019.

DUMONT, Jean. *Les coups d'État*. Paris: Éditions Club des Amis du Livre, 1963.

DUPUY, Roger. *La republique jacobine: terreur, guerre et gouvernement révolutionnaire*. Paris: Éditions du Seuil, 2005.

ELIAS, Norbert. *La société de cour*. Paris: Champs-Flammarion, 1985.

ERLANGER, Philippe. *Richelieu*. Paris: Perrin, 2006.

EVANS, Richard J. *The Coming of the Third Reich*. Londres: Penguin Books, 2004.

FALCÃO, Luís. "Benjamin Constant: os princípios e as repúblicas", *Leviathan*, São Paulo, nº 3, p. 190-221, 2011.

_____ . "Benjamin Constant and the Combination of the Freedom of the Ancients with that of the Moderns", *Brazilian Political Science Review*, v. 14, p. 1-28, 2020.

FERREIRA, Bernardo. *O risco do político*. Belo Horizonte: Editora UFMG, 2004.

FIGES, Orlando. *La Révolution Russe: 1891-1924: la tragédie d'un peuple*. Paris: Denoël, 2007.

FIOCCHI, Claudio. *Mala Potestas: la tirania nel pensiero politico medioevale*. Bergamo: Lubrina Editore, 2004.

FLAUBERT, Gustave. *L'Éducation sentimentale*. Paris: Garnier--Flammarion, 1985.

FONDS VICTOR HUGO. II – VARIA. Juliette Drouet. *Journal du coup d'État*, 1801-1900.

FOUCAULT, Michel. *Sécurité, Territoire, Population*. Paris: Gallimard/Seuil/EHESS, 2004.

FRELLER, Felipe. "Madame de Staël, Benjamin Constant e a reavaliação do arbítrio após o Golpe do 18 Frutidor", *Revista Brasileira de Ciências Sociais*, vol. 34, n° 100, 2019.

FUBINI, Riccardo. *Italia Quattrocentesca*. Milão: Franco Angeli, 2007.

FURET, François. "Dix-huit Brumaire", in FURET, François; OZOUF, Mona. *Dictionnaire critique de la Révolution Française*. Paris: Champs-Flammarion, 1992. Vol. Événements.

GAILLE-NIKODIMOV, Marie. "Machiavel, penseur de l'action politique", in GAILLE-NIKODIMOV, Marie e MÉNISSIER, Thierry. *Lectures de Machiavel*. Paris: Ellipses, 2006.

GALLI, Carlo. *Genealogía de la política: Carl Schmitt y la crisis del pensamiento político moderno*. Buenos Aires: Unipe/Editorial Universitaria, 2018.

GASSEBNER, Martin et al. "When to expect a coup d'État? An extreme bounds analysis of coup determinants", in *Public Choice*, 2016.

GAUCHET, Marcel. *La Révolution des pouvoirs*. Paris: Galliamard, 1995.

_____ . *Robespierre: l'homme qui nous divise le plus*. Paris: Gallimard, 2018.

GAY, Peter. *Le Suicide d'une republique: Weimar 1918-1933*. Paris: Gallimard, 1993.

GENTILE, Emilio. *Le origini dell'ideologia fascista*. Bolonha: Il Mulino, 1996.

_____. *Soudain, le fascisme: la marche sur Rome, l'autre révolution d'octobre*. Paris: Gallimard, 2015.

GILBERT, Felix. "Le idee politiche a Firenze al tempo di Savonarola e Soderini", in *Machiavelli e Il suo tempo*. Bolonha: Il Mulino, 1977.

GONÇALVES, Eugênio Mattioli. *Prudência e razão de Estado na obra de Gabriel Naudé*. Dissertação de mestrado, Universidade de São Paulo, São Paulo, 2015.

GRIBAUDI, Maurizio; RIOT-SARCEY, Michèle. *1848 la révolution oubliée*. Paris: La Découverte, 2009.

GRIMAL, Pierre. *Cicéron*. Paris: Texto, 2012.

GUARINI, Elena Fasano. "Il termine congiura nell'Italia moderna", in FOURNEL, Jean-Louis et al. (orgs.). *Catégories e mots de la politique à la Renaissance italienne*. Bruxelas: Peter Lang, 2014, p. 67-85

GUENIFFEY, Patrice. *La politique de la Terreur*. Paris: Gallimard, 2000.

_____. *Le Dix-huit Brumaire: l'epilogue de la Révolution Française*. Paris: Gallimard, 2008.

GUIZOT, François. *Mémoires pour servir à l'histoire de mon temps*. Vol. 2. Paris: Michel Lévy Frères- Libraires-Éditeurs, 1859.

HILDESHEIMER, Françoise. *Du Siècle d'or au Grand siècle: l'état em France et em Espagne, XVI-XVII siècle*. Paris: Flammarion, 2000.

HOBSBAWM, Eric J. *A era das revoluções: 1789-1848*. Rio de Janeiro: Paz e Terra, 1981.

_____. *Era dos extremos: o breve século XX (1914-1991)*. São Paulo: Companhia das Letras, 2008.

HOFFMANNS, M. de. *Des réactions politiques et des coups d'État; précédés d'un coup d'oeil rétrospectif sur quelques hommes célèbres du XVIIIe siècle considérés comme écrivains politiques*. Bruxelas: Librairie De Deprez-Parent, 1843.

HOULE, Christian. "Why class inequality breeds coups but not civil wars?", *Journal of Peace Research*, 2016, vol. 53, nº 5.

HUGO, Victor. *Chatiments*. Genebra/Nova York: Imprimerie Universelle, 1853.

_____. "Histoire d'un crime", in *Oeuvres complètes. Histoire*. Paris: Robert Lafont, 2009.

_____. "Napoléon le Petit", in *Oeuvres complètes. Histoire*. Paris: Robert Lafont, 2009.

HUNTINGTON, Samuel P. *Political Order in Changing Societies*. New Haven/Londres: Yale University Press, 2006.

JACOBSON, Arthur J.; SCHLINK, Bernhard. *Weimar: a Jurisprudence of Crisis*. Berkeley: University of California Press, 2000.

JARDIN, André. *Alexis de Tocqueville*. Paris: Hachette Littérature, 1984.

JENNINGS, Jeremy. "Constant's Idea of Modern Liberty", in ROSENBLATT, Helena (org.). *The Cambridge Companion do Constant*. Cambridge: Cambridge University Press, 2009.

JOUANJAN, Olivier. *Justifier l'injustifiable: l'ordre du discours juridique nazi*. Paris: PUF, 2017.

JOUANNA, Arlette. *La Saint-Barthélemy: les mystères d'un crime d'État*. Paris: Gallimard, 2007.

JOURDAN, Annie. *La Révolution, une exception française?* Paris: Flammarion, 2006.

JOUTARD, Philippe. *La révocation de l'édit de Nantes ou les faiblesses d'un État*. Paris: Gallimard, 2018.

JUDT, Tony. *Pós-Guerra: uma história da Europa desde 1945*. Rio de Janeiro: Objetiva, 2008.

KANTOROWICZ, Ernest. *The King's Two Bodies*. Princeton: Princeton University Press, 1957.

KELSEN, Hans. *Pure Theory of Law*. Berkely: University of California Press, 1967.

_____. *Teoria geral do Direito e do Estado*. São Paulo: Martins Fontes, 2000.

KERSHAW, Ian. *Hitler*. São Paulo: Companhia das Letras, 2010.

KIM, Nam Kyu. "Revisiting Economic Shocks and Coups", *Journal of Conflict Resolution*, 2016, vol. 60, nº 1.

KRITSKI, R. P. A. *A natureza de classe do golpe jurídico-parlamentar de 2016: um olhar a partir do conflito de classes no Brasil contemporâneo (2003-2016)*. Dissertação de mestrado, Universidade Federal Fluminense, Niterói, 2019.

LACRETELLE. "Le 13 Vendémiaire", in LESCURE, Mathurin de (org.). *Mémoires sur les Journées Révolutionnaires et les Coups d'État*. Paris: Librairie de Firmin-Didot et Cie., 1975.

LAGOUEYTE, Patrick. *Le coup d'État du 2 décembre*. Paris: CNRS Éditions, 2016.

LAS CASES, comte de. *Mémorial de Sainte-Helène*. Paris: Ernest Bourdin, 1842. Tomo I.

LEFORT, Claude. "Guizot: le libéralisme polemique", in *Écrire à l'épreuve du politique*. Paris: Calmann-Lévy, 1992.

LEFORT, Claude. *Le travail de l'œuvre Machiavel*. Paris: Gallimard, 1972.

LEBRUN, François. *La puissance et la guerre: 1661-1715*. Paris: Éditions du Seuil, 1997.

LEPORE, Jill. *Estas verdades: a história da formação dos Estados Unidos*. Rio de Janeiro: Intrínseca, 2020, p. 780-781.

LENTZ, Thierry. *Le 18 Brumaire*. Paris: Perrin, 1997.

LESCURE, Mathurin de (org.). *Mémoires sur les Journées Révolutionnaires et les Coups d'État*. Paris: Librairie de Firmin-Didot et Cie., 1975.

LITTRÉ, Émile. *Dictionnaire de la langue française*. Paris: Hachette, 1883, tomo I, p. 844.

LOCKE, John. *Two Treatises of Governement*. Cambridge: Cambridge University Press, 1965.

LOWE, Kate. "The Political Crime of Conspiracy in Fifteenth- and Sixteenth-century Rome", in DEAN, Trevor; LOWE, K.J.P. (orgs.). *Crime, Society and The Law in Renaissance Italy*. Cambridge: Cambridge University Press, 1994.

LUTTWAK, Edward Nikolai. *Tecnica del colpo di Stato*. Milão: Longanesi, 1969.

MACHIAVELLI, Nicollò. *Opere*. Turim: Einaudi-Galliamard, 1997-2005. 3 vol.

_____. "Discorsi sopra la prima deca di Tito Livio", in *Opere*. Paris/Torino: Einaudi- Gallimard, 1997. [Ed. Bras.: *Discursos sobre a primeira década de Tito Livio*. São Paulo: Martins Fontes, 2007.]

_____. "Il Principe", in *Opere*. Paris/Torino: Einaudi-Gallimard, 1997, vol. I.

_____. "Istorie Fiorentine", in *Opere*. Torino: Einaudi, 2005.

_____. *O Príncipe*. Tradução de Diogo Pires Aurélio. São Paulo: Editora 34, 2017.

MAIA NETO, José Raimundo. *Academic Skepticism in Seventeenth-Century French Philosophy: The Charronian legacy 1601-1662*. Heidelberg: Springer, 2014.

MALAPARTE, Curzio. *Technique du coup d'État*. Paris: Bernard Grasset, 1966.

MALIA, Martin. *La tragédie soviétique: histoire du socialisme en Russie (1917-1991)*. Paris: Éditions du Seuil, 1995.

MANENT, Pierre. *Tocqueville et la nature de la démocratie*. Paris: Fayard, 1993.

MANSFIELD, Harvey. *Machiavelli's New Modes and Orders: A Study of the Discourses on Livy*. Ithaca: Cornell University Press, 1979.

MARAT, Jean-Paul. *The Chains of Slavery*. Londres: J. Almon; T. Paine, 1774.

_____. *Les chaînes de l'Esclavage*. Paris: Complexe, 1988.

MARTINES, Lauro. *Abril sangrento: Florença e o complô contra os Médici*. Rio de Janeiro: Imago, 2003.

_____. *Savonarola*. Milão: Mondadori, 2009.

MARX, Karl. *O 18 de Brumário de Luís Bonaparte*. Tradução de Leandro Konder. São Paulo: Editora Abril, 1978.

_____ ; ENGELS, Friedrich. *O partido de classe*. Porto: Publicações Escorpião, 1975, 2 vol.

MAZZARINO, Giulio. *Breviário dos políticos*. Rio de Janeiro: Nova Aguilar, 1997.

MÉLONIO, Françoise. *Tocqueville et les Français*. Paris: Aubier, 1993.

MESNARD, Jean-Baptiste. *Le coup d'État et la Révolution*. Paris: Imprimerie de Selligue, 1830.

MILZA, Pierre; BERSTEIN, Serge. *Le fascisme Italien: 1919-1945*. Paris: Éditions du Seuil, 1980.

MIRABEAU, Honoré-Gabriel Riquetti, comte de. "Rapport du comité diplomatique sur les moyens de pourvoir à la sûreté du royaume, lors de la séance du 28 janvier 1791", in *Archives Parlementaires de 1787 à 1860 – Première série (1787-1799) Tome XXII – Du 3 janvier au 5 février 1791*. Paris: Librairie Administrative P. Dupont, 1885.

MITTERAND, François. *Le coup d'État permanent*. Paris: Julliard, 1984.

MOINOT, Pierre. *Coup d'État*. Paris: Gallimard, 2004.

MONPROFIT, Onésime. *Les coups d'État, histoire et théorie. 18 Brumaire, 1830, 2 Décembre*. Paris: Georges Carré, 1887.

MONTESQUIEU. "De l'esprit des lois", in *Oeuvres complètes*. Paris: Éditions du Seuil, 1964.

NAPOLITANO, Marcos. "Golpe de Estado: entre o nome e a coisa", *Estudos Avançados*, vol. 33, n° 96, 2019, p. 397-420.

NAUDÉ, Gabriel. *Considérations politiques sur les coups d'État*. Paris: Gallimard, 2004.

NIGRO, Roberto. "Quelques considérations sur la fonction et la théorie du coup d'État", *Rue Descartes*, Collège International de Philosophie, n° 77, 2013/1.

NOVES, Adauto (org.). *Dissonâncias do progresso*. São Paulo: Edições Sesc São Paulo, 2019.

OSTRENSKY, Eunice. *As revoluções do poder*. São Paulo: Alameda, 2006.

OZOUF, Mona. "Marat", in FURET, Françoise; OZOUF, Mona. *Dictionnaire critique de la Révolution Française*. Paris: Champs-Flammarion, 1992. Vol. Acteurs.

_____. "Révolution", in FURET, Françoise; OZOUF, Mona. *Dictionnaire critique de la Révolution Française*. Paris: Champs-Flammarion, 1992. Vol. Idées.

PASQUINI, Pasquale. "Emmanuel Sieyès: his constitutional republicanismo", in FONTANA, Biancamaria (org.). *The Invention of The Modern Republic*. Cambridge: Cambridge University Press, 2006.

PEUCHET, Jacques (org.). *Encyclopédie Méthodique*. À Paris, Chez Panckouke, 1782-1791.

PIKETTY, Thomas. *Capitalisme et idéologie*. Paris: Éditions du Seuil, 2019.

PIPLANI, Varun; TALMADGE, Caitlin. "When War Helps Civil-military Relations: Prolonged Interstate Conflict and the Reduced Risk of Coups", *Journal of Conflict Resolution*, vol. 60, nº 8, 2016.

POCOCK, J.G.A. *The Machiavellian Moment*. Princeton: Princeton University Press, 1975.

POLIZZOTTO, Lorenzo. *The Elect Nation: The Savonarolan Movement in Florence: 1494-1545*. Oxford: Clarendon Press, 1994.

POPKIN, Richard. *História do ceticismo de Erasmo a Spinoza*. Rio de Janeiro: Livraria Francisco Alves, 2000.

POWELL, Jonathan. "Determinants of the Attempting and Outcome of Coups d'Étad", *The Journal of Conflict Resolution*, vol. 56, nº 6, dez. 2012.

PRADO JUNIOR, Caio. *A revolução brasileira*. São Paulo: Companhia das Letras, 2014.

PROUDHON, Pierre Joseph. *La Révolution sociale démontrée par le coup d'État du 2 décembe*. Paris: Garniers frères, 1852.

_____ . *Qu'est-ce que la propriété?* Paris: Le Livre de Poche, 2009.

RAPOPORT, David C. "Coup d'État: The View of The Men Firing Pistols", in FRIEDRICH, Carl J. (org.). *Revolution*. Nova York: Routledge, 2017.

RICHELIEU. *Testament politique*. Paris: Perrin, 2017.

RICHET, Denis. "Coup d'État", in FURET, Françoise; OZOUF, Mona. *Dictionnaire critique de la Révolution Française*. Paris: Champs-Flammarion, 1992. Vol. Événements.

ROBESPIERRE. "Sur les príncipes du gouvernement révolutionnaire", in *Pour le bonheur et pour la liberté*. Paris: La Fabrique, 2000.

ROSANVALLON, Pierre. *Le moment Guizot*. Paris: Gallimard, 1985.

_____. *Le sacre du citoyen: histoire du suffrage universel em France*. Paris: Gallimard, 1992.

_____. *La démocratie inachevée: histoire de la souveraineté du peuple en France*. Paris: Gallimard, 2000.

ROSENBLATT, Helena. *Liberal values: Benjamin Constant and the politics of religion*. Cambridge: Cambridge University Press, 2008.

ROUGERIE, Jacques. *La Commune de 1871*. Paris: PUF, 2014.

_____. *La Commune et les Communards*. Paris: Gallimard, 2018.

ROUSSEAU, Jean-Jacques. *Do contrato social*. Tradução de Eduardo Brandão. São Paulo: Penguin-Companhia, 2011.

ROUVILLOIS, Frédéric. "La v République, un coup d'État de tous les jours?", in BOUTIN, Christophe; ROUVILLOIS, Frédéric. *Le coup d'État: recours à la force ou dernier mot du politique?* Paris: François-Xavier de Guibert, 2007.

RIDOLFI, Roberto. *Biografia de Nicolau Maquiavel*. São Paulo: Editora Musa, 1999.

SALÚSTIO. *A conjuração de Catilina*. Tradução de Antônio da Silveira Mendonça. Petrópolis: Vozes, 1990.

SANTO-DOMINGO, Joseph-Hippolyte de. *Les Prêtres instigateurs du coup d'État, ce qu'ils ont fait, ce qu'ils auraient fait, ce qu'ils peuvent faire*. Paris: A.J. Dénain, 1830.

SCHELLING, Thomas C. *Strategy of Conflict*. Cambridge: Harvard University Press, 1960.

SCHMITT, Carl. *Teoria de la Constitución*. Madri: Editorial de Derecho Privado, 1956.

_____. "L'idée de raison d'État selon Friedrich Meinecke", in *Parlementarisme et démocratie*. Paris: Éditions du Seuil, 1988, p. 171-185.

_____. *Théologie politique*. Paris: Gallimard, 1988.

_____. *La dictature*. Paris: Éditions du Seuil, 2000.

SCHWARCZ, Lilia M. "O autoritarismo e o sentido da história. Ou, então, quem tem medo de golpes democráticos", in NOVAES, Adauto (org.). *Mutações: a outra margem da política*. São Paulo: Edições Sesc São Paulo, 2019, p. 131-144.

____ ; STARLING, Heloisa M. *Brasil: uma biografia*. São Paulo: Companhia das Letras, 2015.

SENELLART, Michel. *Machiavélisme et raison d'État (XIIe-XVIIIe siècle)*. Paris: PUF, 1989.

____ . *Machiavélisme et Raison d'État*. Paris: PUF, 1989.

SERRA, Maurizio. *Malaparte*. Paris: Perrin, 2012.

SIEYÈS, Emmanuel-Joseph. *Écrits politiques*. Bruxelas: Éditions des Archives Contemporaines, 2007.

SIEYÈS, Emmanuel-Joseph. "Préliminaire de la Constitution. Reconnaissance et exposition raisonnée des droits de l'homme et du citoyen", in FURET, François; HALÉVI, Ram (orgs). *Orateurs de la Révolution Française*. Paris: Gallimard, 1989.

SIMARD, Augustin. "Le libéralisme avant la liberté: le républicanisme et la crise du Directoire chez Benjamin Constant", in *Tangence*, 2014.

SIRMOND, Jean. *Le coup d'Etat de Louis XIII. Au roi*. Paris: s/n, 1631.

SOBOUL, Albert. *La France napoléonienne*. Paris: Arthaud, 1983.

SOREL, Georges. *Réflexions sur la violence*. Paris: Librairie Marcel Rivière et Cie., 1946.

STAËL, Madame de. *Des circonstances actuelles qui peuvent Terminer la Révolution des principes qui doivent fonder la République en France*. Paris: Librairie Fischbacher, 1906.

____ . *Considérations sur la Révolution française*. Paris: Tallandier, 2000.

STERNHELL, Zeev et al. *Naissance de l'idéologie fasciste*. Paris: Fayard, 1989.

STRAUSS, Leo. *Pensées sur Machiavel*. Paris: Payot, 1982.

SUCKERT, Curzio Erich. "Il dramma della modernità", in *Rivoluzione liberale*, 1922 apud GENTILE, Emilio. *Le origini dell'ideologia fascista*. Bolonha: Il Mulino, 1996.

TACKETT, Timothy. *Par la volonté du peuple*: comment des députés de 1789 sont devenus révolutionnaires. Paris: Albin Michel, 1997.

____ . *Anatomie de la Terreur*. Paris: Éditions du Seuil, 2018.

THE COUP D'ÉTAT. *A Drama in Five Acts*. Nova York: F. Widdows, 1858.

THOMA, Richard. "The Reich as a Democracy", in JACOBSON, Arthur J.; SCHLINK, Bernhard. *Weimar: a Jurisprudence of Crisis*. Berkeley: University of California Press, 2000.

THUAU, Etienne. *Raison d'État et pensée politique à l'époque de Richelieu*. Paris: Albin Michel, 2000.

TOCQUEVILLE, Alexis de. *Ouevres complètes d'Alexis de Tocqueville*. Paris: Michel Lévy, 1864-1866.

_____. "Fragments sur la Révolution: deux chapitres sur le Directoire", in *L'Ancien Régime et la Révolution*. Paris: Garnier-Flammarion, 1988.

_____. *Lettres choisies*. Paris: Gallimard, 2005.

_____. *Souvenirs*. Paris: Gallimard, 2005.

_____. *Lembranças de 1848: as jornadas revolucionárias em Paris*. São Paulo: Penguin/Companhia das Letras, 2011.

TODOROV, Tzvetan. *Benjamin Contant. La passion démocratique*. Paris: Éditions Hachette Littératures, 1997.

TROTSKY, Leon. *Minha vida*. Rio de Janeiro: Paz e Terra, 1978.

TULLOCK, Gordon. *The Social Dilemma: of Autocracy, Revolution, Coup d'État, and War*. Indianapolis: Liberty Fund, 2005.

TUSALEM, Rollin F. "Determinants of Coup d'État Events 1970-90: The Role of Property Rights Protection", *International Political Science Review / Revue internationale de science politique*, vol. 31, nº 3, jun. 2010.

VIROLI, Maurizio. *Il sorriso di Niccolò*. Roma-Bari. Laterza, 2000.

VOCABULAIRE JURIDIQUE. Association Henri Capitant. Paris: PUF, 2000.

VOLTAIRE. *Le siècle de Louis XIV*. Paris: Gallimard, 2015.

WALTER, Gérard. *Maximilien de Robespierre*. Paris: Gallimard, 1989.

WEBER, Max. *Parlamentarismo e governo*. São Paulo: Abril Cultural, 1980.

WICQUEFORT, Abraham. *L'ambassadeur et ses fonctions*. Paris: La Haye, 1680.

WINOCK, Michel. *1789, l'année sans pareille*. Paris: Perrin, 2004.

_____. *As vozes da liberdade: os escritores engajados do século XIX*. Rio de Janeiro: Bertrand Brasil, 2006.

_____. *Madame de Staël*. Paris: Pluriel, 2012.

_____. *Flaubert*. Paris: Gallimard, 2013.

WOODCOCK, George. *Anarquismo: uma história das ideias e movimentos libertários.* Porto Alegre: LPM, 1983.
ZARKA, Charles Yves. *Contre Carl Schmitt.* Paris: PUF, 2004.
ZOLA, Émile. *La débâcle.* Paris: Gallimard, 1984.
ZWEIG, Stefan. *Le monde d'hier.* Paris: Gallimard, 2013.

Este livro foi editado pela Bazar do Tempo
em setembro de 2021, na cidade de São Sebastião
do Rio de Janeiro, e impresso em papel
Pólen Bold 90 g/m² pela gráfica Vozes. Foram
usados os tipos Silva Text e Neue Plak.